なぜ子どもは神を信じるのか?

人間の宗教性の心理学的研究

J. L. バレット　［監訳］松島公望　［編訳］矢吹理恵／荒川 歩

教文館

Born Believers: The Science of Children's Religious Belief

Published by arrangement with the original publisher, Atria Books,
a Division of Simon & Schuster, Inc.
through Tuttle-Mori Agency, Inc., Tokyo

目次

第2部　エビデンスが指し示すこと

装丁　後藤葉子

序章　ジャイプールに向かう列車内にて

またあの暑い季節が始まり、インド北部のアグラからジャイプールに向かう列車の窓から見える荒れた土地には、太陽が照りつけていた。車内には、琥珀色の埃のうずが通路や席の間に散っては積もっている。私は、ターコイズブルーの色をした、べたつくビニールの座席〔しかも姿勢を変えるたびにきしむ〕に、居心地悪く腰掛け、同乗している旅人を見ていた。近くにいるのは、一枚の明るいオレンジ色の布をトーガ〔日本の袈裟のように着る、古代ローマの外衣〕のように片方の肩にかけた中年の男性である。頭頂部ははげて地肌が見えているが、残った灰色の髪は、あらわになっている肩から腕、そして足にまで垂れている。

「彼は聖者なんですよ」、私の視線に気づいたのか、通路の向かい側に座る高そうな服を着た男性が教えてくれた。立派な口髭を蓄えた、その小綺麗なバラモン〔バラモン教やヒンドゥー教の司祭のこと〕は、私と長話をはじめ、ヒンドゥー教のさまざまな側面について教えてくれた。最終的に話題は、私が何のためにインドを訪ねているのかに移った。私は心理学者として、人々が神という概念をどのように捉えているかを研究するためにインドを訪れていた。

「で、何がわかりましたか?」。彼は私に尋ねた。若い研究者なら、十分なエビデンスがなければ結論を導き出すことができないということの重要性をよく知っている。私は、〔少なくともその時点ではまだ〕何かを見出したということには抵抗を感じたが、彼の質問からは何らかの答えが求められていると感じた。私は、最初の神概念の実験によると、大人は、神について自分たちが口では説明していることを、文脈によってはうまく使いこなせないようだと話した。たとえば、大人は、神がある物質的空間にいることを否定するにもかかわらず、私の研究の参加者の多くは、神が人間のようにあるときはある場所にいるかのように、神についての物語を理解していた（詳しくは第6章を参照）。しかし、幼い子どもたちは、私が予想したよりもはるかに簡単に神について考えることができることを示す新しい実験も、私は始めていた。大人は神の概念をうまく使いこなせないのに、子どもはそれを簡単に使うのである。

私は、バラモンはきっと「あなたの話はよくわかりませんし、そんなことを気にする人がいるのがわかりませんが、それを指摘するほど私は失礼ではないんですよ」という意味を込めて頷き、私の友人や家族が寛大にもこれまでしてきたように微笑むだろうと思っていた。しかし、バラモンは、その代わりに、当然わかっているといったように微笑み、自信満々に「それがなぜだか知りたいのですか」と聞いた。私が「もちろん」と言うと、彼は説明を始めた。私たちは死ぬと、神のところに行き、その後生まれ変わる。子どもはごく最近まで神のもとにいたので、大人よりも神のことをよく理解することができる。子どもはまだ忘れても混乱してもいないし、この世界に汚染されてもいない。彼が言うには、事実上、子どもは、大人よりも純粋かつ正確に神について知っている状態で、この世にやってくるのである。

この列車での出来事以来、私は宗教的信念についての多くの研究を実施し、宗教認知科学者たちは、子どもが自然的（natural）に神について考え、神を信じることに慣れ親しんでいるという多くの証拠を発見してきた。今日まで蓄積されたエビデンスは、驚くべきことに、バラモンが示したように、子どもは自然的に神について考え、神を信じることに驚くほど慣れ親しんでいることを、おそらく示している。子どもは、生まれ育った文化において信じられている神あるいは神々についての信念を受容する。本書は、その受容する心がどのように自然的に発達するのかについて紹介しようと思う。人は、実際には、信仰者として生まれているのかもしれない。

この際、ほかのことと比較することが役に立つかもしれない。「○○さんは生まれながらの歌い手だよね」とか「○○さんは生まれながらのアーティストだよね」といった表現を聞いたことがおそらくあるだろう。私の母が弟を産んだ時、医者が、「生まれながらのバスケットボール選手だ」と言ったのを思い出す（実際にはそうはならなかったが）。生まれたばかりの子どもは、歌を歌うことも、絵を描くことも、バスケットボールのゴールにジャンプシュートすることもない。しかし、これらの表現は、乳児が――最低限の機会や文化的なサポートがあれば――将来的に、歌うことや、絵を描くこと、バスケットボールをすることへの才能を開花させることにつながる能力を持って生まれているということを意味している。完全に同じというわけではないが、これに関わる別の例として、本質的に全ての人間は、生まれながらの話者であり（言語を獲得することになる）、歩行者である（自然的に歩行を学ぶ）。同様に、子どもは、生まれながらにして神のような存在の信仰者なのである。

子どもは人生最初の四年間、通常の人間的環境下での通常の認知発達において、霊やおばけ、天使や悪魔、神といった超自然的な存在を信じがちである。実際に子どもは、特に超越的な力、超越的な知識、超越的な知覚を持ち、人間とは異なる自然界の創造者であり、不死であり道徳的に正しい者を自然的に見出すという証拠が存在する。この種の超越的創造者を、短く「神」と呼ぶことができる。その通り、子どもの心は一般的に、神々、特に唯一の神の存在を信じる方向に自然的に向かいやすいのだ。

宗教的信念は自然的なことであるというこの提案を耳にして、あなたはおそらくすでに、子どもの宗教性について別の説明がありうることに気づいているだろう。あなたは伝統衣装を身にまとい、毎日数時間にわたってうやうやしくコーランの一節を繰り返しているイスラム教徒の小学生のビデオをおそらく見たことがあり、それは外部の人間には、強制的な行動プログラムを実行しているように見えるだろう。また、生活の大部分をほぼ監禁されて過ごし、年長者の価値観や行動と完全に一致するようになるまで外部世界と接触されることが許されない、修道院の慣習についてもおそらく聞いたことがあるだろう。これらの例は、子どもに教義的信念を信じさせるのに必要なのは、徹底的で容赦ない一貫した教え込みであることを示すと、一部の宗教性発達の観察者には思われるであろう。

子どもが簡単に神（神々）を信じるように見える理由についてのこの常識的な説明の学術的な名称が、「教え込み仮説」（indoctrination hypothesis）と呼ばれるものである。要するに、両親をはじめとして子どもが属するコミュニティの重要な大人たちが、信じるように子どもに教える（教え込む）ので、子どもは信じるようになるのだというものである。つまり子どもは大人に教え込まれるのだ。子どもは実際に、自分で考える心の資源を持たないので、考えもせずに大人の言うことに従う。結局、同意しないと言うことは、危険をもたらすのかもしれない。とても学識のある人の中にも、教え込みが全てだと誤解している人がいる。宗教認知科学者のパスカル・ボイヤーと私はある学会の大会で、人間の心が持つ自然な構造は通常の環境下で神についての信念を自然的に作り出すという説――「宗教の自然性」理論という――を発表したのだが、そのとき私たちは、「あなたたちは、単に反証ができないという理由だけで、子どもにおかしなことを信じるように教えたり、もし子どもが信じなければ罰したりしているのではないですか？」という質問を受けた。ボイヤーは次のように答えた。「もしあなたが子どもに、ディック・チェイニー〔アメリカの元副大統領〕は誰も見ていないときには緑色のチーズでできていると教え、子どもがそれを信じないといって叩いたり、信じるまでずっとしかり続けたりして脅したところで、それは有効に機能するでしょうか」。たとえそれが反証不能であっても、できるのはせいぜい、子どもに、ディック・チェイニーは緑色のチーズでできていると信じているかのように振る舞わせることであり、子どもにこの信念を強制することも、教え込むこともできない。ボイヤーが、就学前の子どもでさえ現実とファンタジーの違いを理解していることを示したヘンリー・ウェルマンやポール・ハリスのような発達心理学者の研究を想定していたことは言うまでもない。就学前の子どもは、たとえ自分の想像の中のポニーや怪獣が、安心や恐怖の感情を自分に強く引き起こすにしても、それは他の人からは触ることも見ることもできないことを知っている[1]。このように、就学前の子どもは、映画であると知りながら感情を揺さぶられる大人とそれほど違っていないのである。私たちは映画が現実ではないと知っているが、それでも私たちは映画に心を躍らせ、涙を誘われる[2]。

宗教的考えは、見せかけや幻想ではない。この本のもとになる科学的証拠をめぐって、私が一般向けの講演を始めた頃、多くの人が、子どもたちがいかに容易に宗教を信じるか、いかに神への信念をあきらめさせるのが困難なのかを伝えに来た。私の前の共同研究者は三人の娘（一番上の子ですらたった8歳）の母親であったが、「私はキリスト教徒ですが、夫は無神論者です。だから子どもたちにはどちらの考えも押しつけないようにしてきました。でも、うまくいかなかったようです。三人の娘は全員、熱心に神様を信じています。長女のソフィー（本書に登場する他の子どもたちの名前と同様に仮名）は、父親の隣に腰かけて、神様なんていないとパパが言っているのは間違いだと諭していました」と言っていた。イギリスのオックスフォードから来た無神論者の母親は、そうならないよう努力しているにもかかわらずに、5歳の息子が神を固く信じているのに気づいたと驚いていた。インディアナからきた信仰を持たない夫婦は、幼稚園児の娘を休暇中にバイブルスクールに行かせるのに気が進まなかったが、行かせてみると、帰ってきた娘は神について学び続けたいと熱心に訴えてきたと話していた。あるデンマーク人の同僚は、地球上で最も世俗的な地域の一つに住んでいるにもかかわらず、自分の小さな娘が、平気で有神論を揺るぎなく主張するようになったと教えてくれた。これらを含め、多くの事例は、子どもは生まれながらの信仰者であると私が主張するために挙げたものではなく、偶然や教え込み以上の何かがあることを示唆するものである。なぜ、神のような存在を子どもに信じさせるのは、ブロッコリーを食べなければならないことや、大叔母さんは本当は怖い人ではないこと、そして神がいないと信じさせることといった他の種類の信念を信じさせるより簡単なのだろうか。

幼い子ども（と特に10代の子ども！）の親は、子どもに信念を教え込むことができないことを知っている。「教え込む」ことができる場合もあるのかもしれないが、それはたいていうまくいかない。たとえば、コメディアンであるジュリア・スウィーニーは、自分の娘を無神論者として育てようとしてきたが、明らかにそれは容易ではなかった。『サンフランシスコ・クロニクル』に掲載されたインタビューからの興味深い抜粋で、スウィーニーは次のように説明している。

「神なんて、空の雲の中に大男が住んでいて、その人がありとあらゆるものを創造しているっていう考えなのよ」と私は娘に言いました。そしたら、娘は「えっと、私はそう信じているの」と言うのです。そこで私は「あら、そうなのね。アニメのキャラクターみたいだからね。でもそれは本当じゃない。私が本当のことを教えてあげる」と言いました。

そして、生物の進化について、娘に実際に教えました。娘も「寝る前のお話」としてそれを話して、といつもせがんできました。娘は「恐竜がいた頃にはなぜ人間がいなかったのか、お話しして」といつも言うので、私はまた同じ話を繰り返していました。その話を何回もして、それをどのぐらい理解したかはわからないけれども、娘はその話が好きでした。今はそれはなくなりましたが。ところが今、彼女は言うのです。「私は学校では神様を信じているけど、家に帰ってきたら信じていないの」(3)。

この引用は、子どもに宗教的信念を持たないよう教え込むことがどれだけ難しいかを描き出している。おそらく、この娘は、家では神を信じないと譲歩することで、神の存在に否定的な母親と折り合いをつけていたのであろう。娘に神を信じさせまいと教え込むスウィーニーの一貫した試みは、宗教的信念を持とうとする子どもの自然的傾向から強い抵抗に遭った。子どもは、どのような考えも等しく信じるというわけではないのである。

人々は、子どもがどれぐらいの情報を持って生まれてくるか、そして、生まれながらにどれだけの情報を容易に素早く獲得することができるかをたいてい過小評価しているために、教え込み仮説は維持される。私たちは、乳児の心は情報が注がれるのを待っている空っぽの容器であり、多すぎない限り、その中に何でも詰め込むことができると想定しがちである。人間の心に対するこの見方によると、神の存在を信じることを学習することも、亜原子粒子〔原子よりも小さい粒子〕を信じることを学習することも、ほとんど同じ過程をたどる。唯一の違いは、学習と動機づけの機会である。子どもは、人々が亜原子粒子について話すのを聞くのと、神について話すのを聞くのとでは、後者の方が多いだろうし、神という考えは子どもに、暗い嵐の夜に安心を与えるものであるから、神の存在について学ぶ動機づけの方がより強くなるだろう。

後ほど再びこの問題に戻るが、ここでは、人間の心は中身を注がれるのを待つだけの空っぽの容器であるという概念を一掃しておこう。(4) この見方は、人間の心が困難の中で生き延び、また日々の生活をする上で重要な問題を解くことができるように多くの自然的傾向を持って生まれてくるということを無視している。生まれた時から、人間の心は、ある種の情報を他の情報よりも特によく学び取り、処理する。たとえば研究によると、臨月に生まれた子どもは生まれて数時間で、唇を突き出したり、口を開けたりといった表情をすでに模倣することができる。もし誰かが自分に向かって舌を出すのを新生児が見たら、その新生児も自分の舌を突き出しやすくなる。このような行為を行うには、新生児が、顔と、これらの顔がしていることをある程度理解でき、自分の顔を一度も見たことがなくてもそれを自分の顔の筋肉を駆使して行うことが必要になる。(5) また、生まれたときから、人間は、人間の顔を識別することに秀でている。成人するまでに苦もなく、多くの人の顔を特定し、記憶し、見分けることができるようになる。最新式のコンピューターでも手に負えない技である。逆に、三桁のかけ算を解くことには、多大な努力とそれに特化した教育が必要である。数世代前のコンピューターですら容易に解ける問題であるのに。

顔認識とかけ算の対比が示すものは、人間の心は、ある種の情報や問題を他の情報や問題よりも上手に扱うことができるということである。同様に、全ての考え方や信念が、他のものと同じように獲得されるわけではない。物理学者が研究で用いる概念の多くは、宗教的信念の多くに比べて学びにくいということが明らかになっている。これは、物理学者が用いる概念の多くが私たちの心にとってより困難なものだからである。多くの宗教的概念と違い、物理学者の概念から私たちは、心が自然的に行うことからかけ離れた、異質なものを感じ取るのである。

文化とは関係なく、また強引な教え込みを行う必要もなく、子どもは自分たちの環境に基づいて意味や解釈を見出す能力を持って生まれ、それを発達させる。その心を自然的に成長させれば、この探索は、目的に合わせてデザインされた世界、そして、そのデザインの背後にいる知性ある世界のデザイナーの存在を信じることにつながり、この知性ある世界のデザイナーは、超越的な力、超越的な知識、超越的な知覚を持ち、不死の存在であるという考えに至る。このデザイナーは、人間のように目に見える必要も、身体を持つ必要もない。子どもは、このデザイナーを、道徳的な正しさや道徳の執行者と結びつけやすい。これらの観察は、この一般的な特徴を持つ神（神々）という信念が、文化や時代を超えて広く行き渡っている理由を部分的に説明するものである。

このように考えてみてはどうだろうか。あなたは、赤や青の色がついたプラスチック球で、穴が開いており、さまざまな形の黄色い色のパーツをその穴にはめ込むことのできる、幼稚園児が形の識別を覚えるためのおもちゃを覚えているだろう。子どもの発達は通常、特定の形をした、多くの概念的な穴を子どもに与える。そのような穴の一つは、神の形をした穴である。子どもの心は、その穴にぴったりはまる、神（さまざまな種類の神々）の形——文化的な概念——を受け入れる構えを自然的に持っている。一部の神（神々）は、ある穴よりも他の穴にはまりやすいが、多くはぴったりはまる。しかし、このおもちゃで遊んでいると、あと一息ではまりそうなので、実際には合わない形の穴にも押し込めると思うかもしれない。同様に、神の形をした概念的な穴には、人間の偶像や政府、擬人化された自然選択や、偶然のような、神以外の存在や考えもはめ込むことができるかもしれない。これらの合わないものを穴に入れるためには、ちょっと無理に押し込むという余計な概念的仕事が必要ではあるが、力ずくも可能なのである。

この後の一一の章では、子どもが神への信念をどのように発達させるかについて筋道立てて説明し、それを支持する科学的証拠のいくつかを示そうと思う。全てに証拠を挙げることはできないが、説明に十分なだけのものは提供できるだろう。この科学的研究は新しい試みであり、まだ進行中であるが、子どもの信念についての明確で一般的な筋道を指し示すものである[6]。

第1章では、人生の最初の年に、子どもがどのように、意図を持った存在（行為者）を、無生物とは決定的に異なる方法で取り扱い、そして、どのように特に意図を持つ存在に注目するのかを示す。もしこの傾向がなければ、神を信じる子どもは虚数を信じる子どもと同じくらい少なくなってしまうだろう。次に第2章と第3章では、子どもはこの世界に生まれてくると、自然界の背後にある秩序や目的、神の意図的なデザインさえも見出すようになることを示そうと思う。子どもは、世界の全てのものは特定の機能を持ち、誰かに目的をもって意図的にデザインされたかのように見るようになるのである。この行為者に対する注意と、自然界に意図的なデザインを見出す傾向があるならば、意図的な創造者、すなわち神を見つけるのも、それほど不思議ではない。

第4章と第5章では、アメリカやイギリスの子どもだけではなく、ギリシャやイスラエル、マヤ、そしてスペインの子どもに対して行われた実験を紹介し、子どもは自然的に、ある人が何を知っているか、何を見ているか、何を聞いているか、何の匂いを嗅いでいるかを予測するよりも前に、神はそれらを知っていると考える傾向があることを提案するものである。また、子どもは他者が永遠に生き続けると仮定するところから始め、それは人間と動物には当てはまらないことを学ばねばならないことを提案する。

第6章では、子どもの頃の信仰についての科学的な研究によって、自然的な宗教（子どもが自然的に引き寄せられているかのように見えるある種の宗教的信念）に関して明らかになったことをまとめ、そこから示唆されることについて論じる。子どもが神を信じやすいのは、生まれて数年間の心の発達の仕方がそのような特徴を持つためであるという私の理論が正しいなら、自分が神を信じているのは、子どもっぽい、あるいは幼稚なことなのかと問う人もいるかもしれない。ジークムント・フロイトは、この質問に対して肯定的に答えている。私の答えは、第7章で提示しようと思う。続く第8章では、それまでの章で紹介した研究とさらなる考察を用いて、教え込み仮説と真っ向から対決しようと思う。子どもが生まれながらの信仰者であり、宗教がきわめて自然的なものであれば、無神論者はどのように説明されるだろうか。無神論は非自然的なのか。これらの問題が、第9章で論じられる。第10章では、両親や教師、養育者が、神や宗教について子どもに教えるべきか否かについて議論する。それは子どもにとって良いことなのか、それとも新たな無神論者の一部が最近提案しているように、それは虐待の一種なのか。第11章においては、あなたの信じる宗教が何であろうと、子どもの発達を健康的かつ効果的にするために、いくつかの提案を行おうと思う。

本書が、宗教について成長著しい、新しい心理学的、進化論的研究に対する読者の興味を満たすものであることを願っている。

本書の最後には、注と、参考文献のリストと、索引をおく。

第1部　エビデンス

第1章　「隠れた行為者」は至るところに

もしオックスフォードを訪れることがあるなら（ぜひ訪れてほしいが）、「夢見る尖塔」と呼ばれる建造物群と由緒あるカレッジの中庭の散策を終えた後、大学の人類学コレクションがあるピットリバース博物館に行くことをお勧めする。そこを訪れると、まるで人類の屋根裏部屋を探っているような気分になるだろう。

怖いもの知らずの人たちに人気の展示は、「死んだ敵の処置」と名づけられたガラスケースだ。ケースの中にはミイラ化して縮んだ頭がいくつもあって、その中には尖った棒や雑な作りの刃が刺さっているものもある。隣のケースには、数十もの美しくグロテスクな人形があり、その多くは半獣半人で、中には複数の手足を持つものもある。そのまま館内を見て回ると、目が飛び出たブードゥー教の人形、手で彫られた魔除け、ミイラ化した猫が入った小さな棺など、世界中から集められた奇妙なものにさらに出会うだろう。オックスフォードで有名な「夢見る尖塔」も含めて、こういったさまざまな異なるものの共通項は宗教である。これらのユニークで時に奇想天外な展示品は、それぞれの由来する文化で宗教的な意味を持っている。これらの展示品を見ていると、神への信仰は多様でありながら、時代や文化を超えてほとんどどこにでも存在することを視覚的に思い出すことができる。

大多数の文化および大多数の人々は、何らかの神あるいは神々を信じている。人間や動物にはない特別な性質（目には見えないこと、不死であること、青銅でできていることなど）を備えた意思ある存在を全て神とするならば、神への信仰はどの時代にもどの文化にも存在する。あまりに多くの文化が宗教的であるため、何らかの宗教を持つことは人間にとって自然的なことに思える(1)。

同様に、文化や親の信仰に関係なく、ほとんどの人が何らかの超自然的な存在を肯定する時期がある。あなたにも次のような子どもの頃の記憶があるかもしれない。

お泊り会の晩、親たちが電気を消して寝てしまった後、疲れているのに興奮している子どもたちは不気味な話を囁き合って肝試しをしている。一人の子どもが得意そうに「本物の幽霊を見たい？」と聞く。皆がしばらく沈黙し、それから自信満々な子どもが聞く。「うん。どうやって？」。「電気を消したトイレに一人で入って、ドアを閉めて、『ブラッディ・マリー』って三回言えばいいんだよ。そうしたらブラッディ・マリーが鏡の中に現れる。でも早く逃げないと殺されちゃうよ！」。

多くの子どもがそれを試して、多くの子どもがブラッディ・マリーを見た（少なくとも見たと思っている）。その一方で、試すことを拒否した子どももいる。子どもが信じる特別な存在には、空想上の友達もいれば、怖いおばけや怪物もいるし、優しいサンタクロースや妖精もいる。そしてその多くは、社会的に共有された宗教体系の一部を成す存在――大人が霊や神と見なすような存在――なのだ。

二種類の「自然的」なあり方

ある種の考えや行動は、私たちにとってあまりに無意識的で、簡単で、滑らかで、それらがないなど想像もできない。実際、人が成長していく過程である種の能力を身に着けないということを想像するのはほとんど不可能である。このことを私たちは「自然的」という言葉で表現する。哲学者のロバート・マコーリーは、このような自然的状態が成長や成熟の過程で普通に生じることを強調して「成熟に伴う自然的状態」と呼ぶ(2)。私たちは成熟の過程で普通に歩けるようになる。物体を動かすには（コーヒーカップを拾い上げるときなど）それに触らなければいけないことを理解するのも「成熟に伴う自然的状態」である。発達心理学によれば、母語を使うこと、家族の顔を認識すること、一桁の数字のたし算をすることも、マコーリーが言うところの「成熟に伴う自然的状態」に当たる。私たちはこれらの「成熟に伴う自然的状態」に当たる能力をあまりに早い段階で身に着けるため、その能力を持っていなかったことを大人になると忘れてしまう。これらの能力は、特別な訓練も、はっきりした指導も、特別な道具などの人工的なものも必要ないからこそ、世界中の人々が身に着けている。

その一方で、ある種の能力は特別な訓練や指導、特別な道具、たくさんの練習によって得られる。自転車に乗ることを考えてみよう。一度自転車に乗れるようになれば、身体が勝手にその方法を知っているように感じる。バランスのとり方やハンドルの切り方、スピードのコントロールの仕方などを意識的に覚えておく必要はない。特に考える必要もない。ただ乗るだけだ。しかし自転車の乗り方を学ぶのは、困難で、怖くて、もどかしかったことも覚えているだろう。私はオートバイ用のヘルメットをかぶって砂利道や木や垣根に何度もぶつかりながら、父親に直接指導してもらい、自転車に乗れるよう手伝ってもらったことを覚えている。ある時期、自転車に乗ることは無意識的でも、自然的でもなかったのである。

長年の練習、指導、試行錯誤が、マコーリーが言うところの「練習された自然的状態」を生む。楽に車を運転することも、代数を習得することも、読書することも、全て「練習された自然的状態」の例である。指導がなければ、練習をたくさんしなければ、これらを習得することはできない。すばらしく知的で有能な人々の多くも例外ではない。この種の自然的状態には特別な文化的条件が必要なのである。

マコーリーは「自然的状態」という言葉で、両方の種類の能力（「成熟に伴う自然的状態」と「練習された自然的状態」）に言及する。両方とも私たちにとって簡単で、無意識的で、滑らかだからだ。私は道路標識を読むのに集中する必要はない。標識を見れば無意識的に読める。同じように、誰かに話しかけるときも、文を組み立てるのに努力する必要はない。読むことも話すことも、簡単で無意識的にできるという意味で自然的なことのように思える。しかし両者は一見似ているようで実は隠れた違いがある。話すことは、正常に発達している人間にとって本来必然的である。親は私たちに話し方を教えたり特別な道具を与えたりするわけではなく、ただ私たちの周りで会話をし、私たちはそこから自然的に学ぶのである。しかし、読むことは必然的ではない。識字能力を得るためには、通常の自然的言語能力に加えて特別なもの——表記法、活字、指導、考えながらたくさん練習すること——が必要である。

ここでマコーリーの用語から離れて、ほぼ必然的に身に着く能力や思考や実践を「自然的」特性、または「自然」と呼び、特別な条件や訓練や練習が必要な能力や思考や実践を「専門的」特性、または「専門性」と呼ぶ。私たちは自然的に言語を使えるが、読み書きをする上では専門性を身に着けないといけない。歩くことは自然だが、バレエを踊ることには専門性が必要である。

このように、(「専門性」に対して)「自然」という言葉を使うことは、一般的な言葉の使い方と密接に関連しているという利点に加えて、考え方や習慣や能力には自然的なものとそうでないものがあることを含意できるという利点を持つ。1+1を計算することは完全に自然的なことかもしれないし、より大きな数のたし算をすることはほとんど自然的なことかもしれないが、微積分を行うことはとても非自然的なことである。同様に、多くの基本的な宗教的概念や実践は最も自然的なことである一方で、大人が持つような宗教的概念や実践はそういった自然的なことを基盤としたある程度の専門性を含んでいる。

ある能力が自然的なものであるためには、生まれた時から何らかの形で生物学的に組み込まれていないといけない、あるいは脳というハードウェアに組み込まれていないといけないという考えもあるが、これは誤解である。何かしら(病気への抵抗力から髪の毛の色や知性に至るまで)を決定する遺伝子に関する大衆向けニュースが出ると、このような誤解はより強固になる。しかし、特定の性質につながりうる生物学的特徴を持つからといって、適切な環境がなければその性質が発現するとは限らないし、特定の性質につながるような生物学的特徴が組み込まれていないからといって、その性質が人間の発達の中で絶対生じないわけではない。よりわかりやすく言えば、一定の生物学的特徴と、人間が一般的に生まれてくるような普通の世界があれば、人間は基本的には一定の性質や属性を身に着けることができる。これらの特性――一般的な生物学的特徴と一般的な生育環境によってほとんど必然的に生じる特性――が自然的な特性である。ハードウェアに組み込まれているだのいないだのといった話を私たちがする必要はない。それはエンジニアに任せよう。

このような意味で、ある種の神――特に唯一の至高神――を信じることは大いに自然的なことかもしれない。つまり、一般的な生物学的特徴と一般的な環境の両方が必要であること、特別な文化的条件は必要ないこと、一般的な環境において普通に起こりうる生物学的発現であること（ただし生物学的に決定されているわけではないこと）を踏まえると、神を信じることは自然的なことだと言えそうである。

最近の興味深い研究は、人間を生まれながらの信仰者にするような心のシステムが存在することを指摘している。次からの数章では、初期の段階で発達するこれらのシステムについて明らかにし、どのようにしてそのシステムが何らかの神への信念を避けがたくするのかを説明する。子どもが宗教的な考えに影響されやすいのは、まだ世界の仕組みを知らないからではない。むしろ、神という概念が自然的な思考のつぼを押さえているからこそ、子どもには神を信じる強い傾向が備わっているのである。神という概念は、とても容易に子どもの心に受け入れられ、子どもが日常的に感じる概念間の矛盾をうまく説明するのに役立つ。幼少期の宗教的信念を支えるような特定の心のシステムは確かに存在していて、特に、行為するものと行為の対象にしかならないものを分けるという心のシステムは、生まれながらの信仰者になるための基盤の一つを成している。

「何」から「誰」を分ける

『ハリー・ポッター』シリーズや『ベッドかざりとほうき』のようなファンタジー映画は、子どもの想像力を掻き立て、さまざまなアイデアをもたらす。とりわけ、魔法の呪文を唱えれば家具が飛んだり歌ったり踊ったりするのではないかとか、もしかすると『スター・ウォーズ』のジェダイのようにフォースを使ってものを動かせるのではないかとかいった、楽しい妄想を抱かせてくれる。魔法でいっぱいの映画の出来事に魅了された子どもは、ベッドや本や椅子や石や木などの普通の無生物に話しかけたり説得したり命令したりして、それらを動き回らせようとしたり形を変えさせようとしたりするだろう。しかし、いくら試しても念力だけではものを動かすことはできないとすぐに知るのである。

同じような教訓として、誰かに動いてもらいたいとき、体当たりしたり、突いたり、押したり、パンチしたりして動かそうとするのではなく、動いてもらえるよう頼むのが最適な方法だというものもある。タンスとビリーおじさんの違いは、無生物の物体なのか、それとも意図や目的を持った存在なのかである。食器棚は誰かに押されたり動かされたりしないと動かないのに対し、お祖母ちゃんは本人が好きな時に部屋に出入りできる。

幸いにも、子どもは乳幼児期から物事の仕組みの基本——普通の物体が触れられることなく動き出したり、魔法のようにあちこちにテレポートしたり、突然存在を消したりすることはないということ——を知っているようだ。[3] 子どもが魔法の物語を楽しいと感じるのは、単に実際の世界はそうなっていないことを知っているからなのである。実際、実験心理学者は赤ちゃんの心を見るために過去三〇年かけて独創的な技術を開発し、それによって、赤ちゃんはベッドかざりやほうきが実際にどのように振る舞うのかをすでによく理解していることを明らかにしている。

赤ちゃんが特定の月齢までに物事について何を学んだかを知るためには、赤ちゃんに対して実験を行い、物事がなるべき結果にならないときに赤ちゃんが驚くかどうかを調べる必要がある。赤ちゃんは私たちに直接言葉で伝えることができず、また、驚きの度合いを測るのは難しいので（何を測ればいいのだろうか。息を飲む回数や、ガーグリング〔乳児のゴロゴロ喉を鳴らすような発声〕する回数だろうか）、科学者は赤ちゃんがものを見ている時間の長さの変化を興味や驚きの指標としている。赤ちゃんは目の前に出されたものに飽きた場合、目をそらしたり、身をよじったり、ぐずったりして知らせてくれる――大人が退屈したときにするのと同じように。しかし何か目新しいものや驚きのあるものが出されると、赤ちゃんは再び興味を持ち、その新しく出されたものを長い間よく見る。そのときの赤ちゃんの顔からは驚きの表情を読み取ることもできる。

発達心理学者のレネイ・ベアジョンらが行った特徴的な実験がある。(4) ベアジョンらは、生後2か月半の赤ちゃんに、スロープを転がってきた円柱が、ストッパーと呼ばれる小さな固定物にぶつかって止まる様子を見せた。ここでは何も奇妙なことや驚くべきことは起きていない。どのような動く物体も、障害物があれば止まるだろう。

赤ちゃんがこの出来事を見飽きたとき、つまり慣れたとき（これは目の前のものを見なくなることで判断できる）、実験者は少し様子を変えたものを見せた。今度は、スロープの一番低いところに車輪のついた虫のおもちゃがあった。あるときには、実験者はこのおもちゃをストッパーから少し離れたところに置いて、転がってきた円柱がぶつからないように、つまりおもちゃが動き出さないようにした。また別のときには、実験者はこのおもちゃをストッパーのすぐ横に置いて、転がってきた円柱がぶつかるようにした。ただしこの後者の状況において、虫のおもちゃは動き出さなかった（普通、転がってきた円柱がぶつかれば、車輪のついたおもちゃは動き出すはずだ）。大人の目から見れば、物理の法則を脅かすような驚きの出来事である。2か月半の赤ちゃんも大人と同じような予想をするのだろうか。実験の結果、赤ちゃんはおもちゃが動き出すはずなのに動き出さなかった場合の方を、より長く見ていたことがわかった。この実験結果は、赤ちゃんが大人と同様に、物体は他の物体にぶつかられたら動き出すはずと予想していることを示している。つまり生後2か月の赤ちゃんは、物理的な接触があると物体は動き出しうることを理解しているのである。他の実験では、赤ちゃんは、行為者ではない普通の物体は自ら動き出さないことも知っていることが示されている。[5]

このような実験をもとに、発達心理学者は以下のことを確信している。すなわち、ブロック、ボール、靴、おもちゃなどが動き出すためには接触されなければならず、また、動く物体に接触されると動き出す傾向があるということを、生後5か月の赤ちゃんは（おそらくもっと幼い赤ちゃんも）「知っている」ということだ。生後5か月までの赤ちゃんが、一般的な物体の本質的特性についてかなり知っているということは、多くの実験結果を通じて示されている。[6] 靴を見た赤ちゃんは、靴が一つのまとまった物体として動くことを知っている。障害物のない軌道上を連続して（あちこちに飛んだり、他の物体をすり抜けたりすることなく）動くことを知っている。動くためには他のものに押されるなどして物理的に接触されないといけないことを知っている。1歳近くになると、物体が落ちないためには支えられないといけないことに気づくようになる。特に優れた成果には思えないかもしれないが、これらは赤ちゃんが物理的な世界を理解し、そこで自在に行動したり物事と関わったりすることを可能にする上で非常に重要な役割を果たす。また、何が普通の因果関係で起きていて、何が超自然的な――ここで言う「超自然的」とは、自然的な期待を裏切ることを指す――因果関係で起きているのかを理解することを助ける役割も果たす。

もし私が赤ちゃんの頃に、物体同士は互いを通り抜けることができないと知らなかったら、閉まっているドアを開けずに通り抜けようとしたり、戸棚の扉を通り抜けて中のおもちゃを取ろうとしたりしたかもしれない。物体には支えが必要だということを知らなかったら、ジュースの入ったコップが浮くと思って空中に置いたかもしれない。普通の物体を動かすには接触が必要であることを知らなかったら、転がったボールが花瓶を倒したり、物体に衝突された椅子が倒れたりといった物理的な因果関係を理解できなかっただろう。物体を動かそうとして、物理的に接触するのではなく、ジェスチャーをしたり話しかけたり、それらを頭の中で思い浮かべてみたりしただろう。あるいはどう物体を動かせばよいのかわからなくて諦めたかもしれない。このように、私たちが物理的な物事を考えるときに自動的に用いる一連の原理を「素朴物理学」（一般的な物理学のようではあるが、それよりもっと単純で自然的で、教えられる必要がない物理学）と呼ぶ。

前述のような赤ちゃんに対する実験から、赤ちゃんも大人と同様に普通の物体が普通に振る舞うことを予想していることがわかった。赤ちゃんは空飛ぶベッドや空飛ぶほうきに驚きを覚えるのである。さらに実験を行うと、赤ちゃんは、行為する者とされる者、あるいは「誰」と「何」を区別した上で、人間を含む行為者を特別視していることが示唆された。赤ちゃんは、一般的な物理法則が行為者に対しては当てはまらないことを知っているのである。

動かない物体と行為者と呼ばれる存在の違いを理解することは、子どもにとって重要であり、それができないと（大きな石と熊の違いがわからない場合のように）命に関わりうる。行為者（agent）とは、環境に反応するだけでなく環境に意図的に働きかけると考えられるような、人間やその他の存在のことである。子どもが考えたり関わったりする行為者は人間だけではない。犬や猫や他の動物も行為者と考えられるかもしれない。コンピューターもそうだ。幽霊や宇宙人も行為者だろう。神も（それが生贄に飢えた火山であっても、涙を流す彫像であっても、目に見えない宇宙の精霊であっても）また行為者である。幼い子どもが神を理解するためには、行為者と意思を持たない物理的物体の違いをわからなければいけない。(7)

行為者と物体の決定的な違いを理解し始めた子どもは、普通の動かない物体を世界における家具のようなものと捉えるかもしれない。それらの物体は自ら動くことはなく、何かに動かされるだけである。椅子がテーブルの周りを自ら動くことはないし、飛んでいる矢が突然反対方向に進もうと思い立つことはない。それに対して、行為者は家具も自分自身も動かすことができる。

行為者を理解することの重要性

数年前、私はパグという名前の垂れ耳のウサギを飼い始めた。完全な思いつきでそうしたのではなく、私が仕事で作っていたビデオに出演させるためのウサギが必要だったから、オフィスに迎えたのである。パグは、人間との交流に慣れるために長い時間私のオフィスで過ごしており、典型的なウサギのように物怖じすることはなかった。彼は紙をバラバラに切り刻むなどの破壊的なスキルを持っていた。また、人間の周りにいることにも慣れていた。しかし心を持つ行為者と非行為者を見分けるコツを完全には身に着けていなかった。パグのそばの床に誰かが座ると、パグはその人がまるで家具か風景の一部であるかのように、周りで食べ物を求めて這い回る。彼は人間の脚が棒であるかのように押したり引っ張ったりするのである。しかし、大きなピンクの風船を前にしたときには、それが彼のガールフレンドであるかのように鼻をつけたり、周りを回ったり、じゃれついたりする。こういった行動をウサギがしているなら可愛く思えるが、人間がしているとなるととても困惑するだろう。幸いなことに、赤ちゃんは私のウサギよりずっと賢く、行為者と非行為者の違いを容易に理解することができる。具体的には、赤ちゃんは次のような行為者の重要な特徴を敏感に感じ取っているようで、そのために人間や動物を行為者として理解することができ、同様に神を受け入れることもできるのである。

1　行為者は自分も他のものも動かすことができる。
2　行為者は（単に気まぐれに行動するのではなく）目的を達成するために行動する。
3　行為者は人間のように見える必要はない。
4　行為者は目に見えている必要はない。

一般的な物体と行為者の区別は非常に重要なので、この分野の代表的な実験をいくつか見てみるのが良いだろう。平均的な赤ちゃんは、家の中で自ら興味深い実験を行い、その結果を注意深く心に記録している（もっとも、これらの実験ではママかパパが後片づけをしないといけないのだが）。ここでは、赤ちゃんがどのようにして行為者の特性を学ぶのか、また、私たちがどのようにしてその赤ちゃんの学習について知ることができるのかを説明する。

人間は自分で動ける——帽子と鈴の実験

私の友人が甥っ子のカイルについて話してくれた。カイルはおじさんが車を運転している間、チャイルドシートで過ごすのがお気に入りだ。カイルは蓋つきのジュースのカップを床に落とすと、大声を出して運転席の背もたれを蹴る。カイルは、カップに向かって叫んだり、おだてたり、説得したりしても無駄だということをわかっているのだ。しかしそのような技術を人間の運転手に適用すれば、たいていはうまくいく。運転手は、車を停めて降りてきてカイルにカップを返し、それから運転を再開することがほとんどだ。

子どもが通常の社会的なやり取りをできるようになるためには（また、後述するように宗教的信念を持つようになるためにも）、人間のような意図を持つ行為者が動く上で何かに触れられる必要はないことを理解しないといけない。意図を持つ行為者は自分で動けるのである。食卓で塩を渡してほしいとき、私はあなたの腕をつかんで塩入れのところに移動させ、その腕をてこにして塩入れをテーブル上で引きずるようなことはしない。ただ「塩を取って」と頼むだけだ。行為者とやり取りをする上で相手との接触が必要ないことを、赤ちゃんはいつ頃から認識するようになるのだろうか。おそらく最初の手がかりは、生後3か月以前の赤ちゃんが人間の前では物体の前と比べて異なった行動を取る（クーイング〔生後1か月頃からの「アー」や「ウー」といった単音を伸ばす発声のこと〕したり、笑ったりする）ことだろう。[8]赤ちゃんが行為者に関して理解していることを示してくれる、奇妙だが独創的な実験がある。

もし私が鈴のついたおかしな帽子をかぶっていたら、普通に（接触せずに）頭を振るよう私に頼んでも、私の頭と帽子が動くように私の肩をつかんで揺さぶっても、私に鈴を鳴らさせることができる。しかし、このおかしな帽子が私の頭の上ではなくボールの上にあったら、選択肢は一つしかない。ボールを物理的に動かさないといけない。ボールに帽子を振るよう頼むのは、馬鹿げていて無意味である。発達心理学者が、生後6か月の赤ちゃんがこのような違いを区別できるか確かめるために実験を行った。その結果、赤ちゃんは生後6か月までに、ある女性がもう一人の女性の頭の上にある帽子を物理的に揺らして鈴を鳴らすような奇妙な出来事よりも、ある女性がもう一人の女性に頭を振ってもらって帽子の鈴を鳴らしてもらうような普通の因果関係のある出来事を見たがるようになることが示された。[9]その一方で帽子がボールの上にあるとき、赤ちゃんは女性がボールに帽子と鈴を振るよう頼む様子より、女性が帽子を物理的に揺らす様子を見たがっていた。なぜこの場合は赤ちゃんが、（大人から見て）予想できる出来事を予想外の出来事よりも好むのかわからないが（先に紹介した実験では、赤ちゃんは予想外で驚きのある出来事の方をより長く見ていた）、少なくとも赤ちゃんは通常の出来事と奇妙な出来事を明確に区別しているようだ。赤ちゃんが、物体が動くには物理的な接触が必要だが人間は自分で動けるということを知っているという証拠は、生後7か月になるとさらに強くなる。[10]生後9か月頃になると、赤ちゃんは他者の注意を引くためにものを指さしたり、他者の視線を見て何に注意を向けているかを判断したりするようになる。このように、社会的相互作用と社会的学習において重要な行動をできるようになる様子を見ると、子どもには、行為者は接触なしに行動させることができるという理解が備わっていることがわかる。[11]

行為者は目的を達成するために動く——ジャンプする円の実験

普通の物体と違って、行為者は自ら動くことができ、また、帽子のような他の物体を動かすことができる。そのことを赤ちゃんは知っている。また、行為者のこのような行動は行き当たりばったりに行われるのではなく、何かを見るため、どこかに行くため、何かを手に入れるためといった目的を達成するために行われることも知っている。ここでも、よくできた実験がエビデンスを提供してくれている。

赤ちゃんは1歳になるまでに、人間が行為者であるということ（物理的に接触されなくても、目的に向かって自ら動けるということ）を認識するようになる。ジョージ・ゲルゲーとゲルゲイ・シブラは、小さな円が障害物を「ジャンプ」して大きな円に接触するコンピューター・アニメーションを赤ちゃんに見せた。[12] 赤ちゃんがこの映像を見飽きると、今度は障害物のない新しい二種類の映像のうちどちらかを見せた。一方の映像では、小さな円が（最初の映像では障害物のあった場所を通り抜けるように）直線的に移動して大きな円に接触し、もう一方の映像では、小さな円が最初の映像では障害物のあった場所をジャンプして（最初の映像とまったく同じように動いて）大きな円に接触した。一般的に、このような赤ちゃんの慣れを利用した実験では、予想外のものや新しいものが赤ちゃんの注意を取り戻すとされている。この実験では、小さな円が最初の映像と同じようにジャンプするのを見た赤ちゃんだけが注意を取り戻した。なぜだろうか。この実験をはじめとしたさまざまなアニメーションを使った実験によると、12か月児は、確立された目的（たとえば大きな円に接触すること）を持つ対象は可能な限り最も直接的で効率的な方法で目的を達成しようとすること（つまり、大きな円の前に障害物がないときにはジャンプしないこと）を予想しているようである。[13] ある目的のためだと思われていた動きが、その目的に動機づけられているわけではないという様子を見せると、赤ちゃんはそれに驚いて長く見つめることになる。

行為者は人間のように見える必要はない——顔のついた毛玉の実験

私たちは行為者と非行為者を区別するという能力を当然のものとして持っているが、この能力が正常に機能していたとしても時に厄介なことになる。私はかつて夏休みの間だけ、郡の地区検察局の重大犯罪の長期記録を管理する仕事をしたことがある。記録の保管場所は、小さな市営空港の敷地内にある、暑くて埃っぽい金属製の倉庫だった。そこで私はファイルを探したり元に戻したり、施設内の整理をしたりした。郡の中でも最も悪名高い犯罪の書類や証拠資料が段ボール箱からあふれんばかりで、その中には残酷な殺人現場の写真も含まれていた。私は一人で仕事をしていた。裁判の道具で使われるマネキンを除いては、一人きりだった。マネキンはただのマネキンであって動くことはないとわかっていても、私はよくぎょっとしたり、誰かに見られているような不安を感じたりした。人間の形——特に人間らしい顔——を、私たちは幼い頃から簡単に素早く見分けることができる。人間らしい姿は、役に立つ（あるいは危険をもたらす）可能性のある存在がそばにいることを示す重要な兆候の一つである。しかし、私たちが普通の人間として機能するためには、人間らしく見えるからといって意図を持つ行為者であるとは限らないということを理解しないといけない。

さらに、意図を持つ行為者が必ずしも人間であるとは限らないことも理解しないといけない。もし人間に見えないものは意図を持つ行為者ではないと考えていたら、ライオンはタンポポと同じように意図を持っておらず、自分の行為を決めることができないと信じることになる。もし私たちがそう信じていたなら、ライオンは街に入り込んで人々を引きずり出すことができるはずだ。しかし私たちは、人間のように見えることは行為者でありうることの一つの手がかりに過ぎず、唯一の手がかりでもなければ最も信頼できる手がかりでもないことを理解している。私たちは、人間に似ていないものを行為者として考える能力を持つおかげで、か細い蒸気を思考する霊だと思い、火山を激怒した審判者だと思い、ゾウの頭をした四本腕の神を意思のある行為者だと思うことができるのだ。

赤ちゃんの場合はどうだろうか。ジャンプする円の実験では、行為者が人間にまったく似ていなくても、赤ちゃんはそれを行為者と考えることができるという事実が利用されていた。スーザン・ジョンソンらは、生後12か月の赤ちゃんを対象とした別の実験でも同じことを示している。[14] この研究では、生後9か月頃になると、赤ちゃんは他者の視線を追いかけ、何を見ているのかを確認するようになるという知見が利用された。[15] 実験参加者である12か月児たちは、ふわふわの毛で覆われた物体がテーブルに置かれているのを見せられた。その物体は、大きな毛玉の手前側に小さな毛玉がくっついているようなものだ。一つ目のグループでは、物体が赤ちゃんに反応しているかのように、赤ちゃんがしゃべると物体も音を出し、赤ちゃんが動くと物体は中のライトを光らせた。二つ目のグループでは、物体は先ほどのグループと同じような動作をするだけでなく、顔も持っていた（小さい毛玉に二つの目と鼻がついていた）。三つ目のグループでは、顔のある物体は前の二つのグループと同じ量の音と光を発したが、それは赤ちゃんの行動とは無関係にランダムに（目的なしに）行われていた。最後のグループでは、顔のない物体が三つ目のグループと同様にランダムに音や光を発していた。それぞれのグループでは、赤ちゃんが一分間物体を見た後、物体は注意を引くためのビーと言う音を鳴らして、空間の両端にある二つのターゲットのうち一つのターゲットの方を向いた。ここで測定したかったものは、赤ちゃんが物体の「視線」を追いかけるかどうか、つまり、物体は注意の方向を持つ行為者であると理解しているかどうかであった。

赤ちゃんは、最初の三つのグループの物体（顔を持つか、子どもと相互作用する〔動きに反応して光り、おしゃべりに反応して音を出す〕毛玉）の視線をより追いかける傾向にあった。対照的に、顔がなくてランダムに音や光を発する四つ目のグループの物体に対しては、赤ちゃんはこのような反応を見せなかった。これらの結果は、物体に二つの性質（顔があることと、目的を持って相互作用すること）のうちどちらか一つでもあれば、赤ちゃんはそれが何らかの注意の方向（心の最低限の構成要素）を持つと考えることを示唆している。

ここでも生後12か月の赤ちゃんは、意図を持つ存在あるいは行為者について役立つ知識を持っていることが示された。また、その行為者は人間のように見える必要はまったくなかった。こういった実験は、生まれて一年目の発達段階から、行為者というものを理解するための概念システムの適用対象が人間に限定されているわけではないことを示している。つまり、赤ちゃんはその概念システムを神について考えるときにも使う可能性があるのだ。

行為者は目に見えている必要はない

全ての親が知っているように、赤ちゃんは親が自分のもとに来てくれるように呼んだり泣いたりすることをすぐに覚える。つまり親の姿が見えなくても、親は行動する（自分のもとに来る）ことができるし、働きかけられる（泣き声で呼び出される）ことができると、赤ちゃんは理解するようになる。社会集団の中で適応し、捕食者の脅威から生き延び、獲物を捕らえるためには、私たちは（私たちの祖先のように）目に見えない行為者についても考えることができなければいけない。足跡、痕跡、音、あるいは不可解な沈黙でさえも、何らかの行為者が近くにいて、見張っていて、待ち構えているかもしれないことを示す手がかりとして役立たせないといけない。私たちはこういった情報を有効に活用できないといけない。たとえば、ライオンの足跡が自分の家の方に向かっているという光景から、ライオンそのものを見たときと同じくらい、ライオンの目的がわからないといけない。目の前にいない他者の心を推し量ることができなければ、暗闇や電話で会話をすることもできないし、他者との将来のやり取りを予想して計画を立てることもできないし、会ったこともない政府の役人（役人もある目的に向かって判断したり行動したりしているはずだ）の考えを想像することもできないだろう。幸いなことに、私たちは目に見えない行為者について考える能力を自然的に身に着けている。

この能力は、赤ちゃんが先に述べた行為者に関する諸々の原理を頭の中でまとめあげることで得られるようになる。物体は自ら動くことはできないが、行為者は物体を動かすことができる。たとえば赤ちゃんの昼寝中に家具が動いたとしたら、それは母親か父親が動かしたのであって、家具が自ら動いたわけではないだろう。このように赤ちゃんは、自分が観察した動きを行為者が行っているところを見ていなくても、また、行為者そのものをまったく見ていなくても、行為者を想定することのできる能力を身に着ける。おそらく赤ちゃんであっても、世界で起きている種々の変化は、自分が直接見ていないところで行為者が行為した結果だと推論できるだろう。次の二つの章では、このような赤ちゃんの推論に関する研究を紹介する。

子どもの空想上の友達に関する研究は、幼い子どもが目に見えない行為者の存在を容易に思い描いて信じることを示す上で、おそらく最も有力な証拠を提供している。40％以上の人々は、幼少期に少なくとも一人の空想上の友達を持つと言われている。[16]「心の理論」の発達に異常がある子どもでも、目に見えない仲間と豊かな交流をすることができる。心の理論とは、他者の信念や欲望といった心の状態を推測する能力のことである。自閉スペクトラム症の特徴の一つとして、心の理論の欠如がある。私の友人の息子には自閉スペクトラム症がある。その子が4歳くらいだった時に私は家にお邪魔した。そこには目に見えない犬が三匹いて、面白いことに最もやんちゃな犬はシン〔sin「罪」という意味〕と名づけられていた。[17] もし子どもがこのような目に見えない存在とおしゃべりなお茶会をすることができるなら、神が目に見えないことも問題ないだろう。

ブラッドリー・ウィガーは、空想上の友達がいる子どもたちに一連のインタビューと実験を行った。[18] 彼が行った実験については第4章で説明するが、彼の基本的な発見は単純である。一般的に3歳から5歳の子どもは空想上の友達が超越的な知識を持っていると考えており、神について考えるのと同じように空想上の友達についても考えていることが実験で示された。[19] このことから、子どもは目に見えない超人間的な行為者あるいは「神」を自発的に創造していると考えられる。

これまで紹介した研究をまとめると、赤ちゃんは生後一年目にしてすでに物理的なものの基本的性質を学んでおり、行為者がこの性質に違反できることを理解していると考えられる。具体的には、行為者は自分自身や他のものを動かすことができ、（ランダムにではなく）目的を達成するために行動することができる。また、子どもが行為者を想定したり、ある行為が行為者によるものだと判断したりする上で、行為者は人間のように見える必要はなく、目に見えている必要もない。こういった能力を身に着けることは、人間や動物だけでなく、神について考えるための土台にもなる。神は目に見えないか人間と似ていないことが多いが、それでも行為する行為者である。しかし、神について考えるための素地を持っていることと、神について考える傾向を持っていることは違う。次の二つの章では、子どもが神について考える傾向を自然的に持っていることについてさらに記述する。本章の残りの部分では、次の二章の土台作りとして、私たちは生まれて間もない頃から神について考えることができるだけでなく、周囲の世界に積極的に行為者（それが既知の人間や動物に似ているかどうかにかかわらず）を探そうとする自然的な傾向があることを示す。

行為者を熱心に見出す者たち

私の娘は幼い頃、庭で遊んでいるときにミミズをよく見つけたものだった。娘はミミズにひるむどころかそれを拾って持ち歩き、あたかもそれが行為者であるかのように話しかけていた（このような行動を見て、私も妻も娘に人形を買ってあげるときが来たと感じた）。この話を紹介したのは次のことを強調するためである。つまり、子どもには、明らかに行為者だと思えるような候補が現れたときに行為者を想定する上で必要な心の道具が備わっているだけではないということだ。それどころか、子どもは多くの大人が行為者としてふさわしいとは考えないものにさえも喜んで行為者性を見出すのである。

これまで述べてきた一連の心理学研究では、子どもは行為者について考えるために必要な道具を持っており、また、子どもは行為者を探すことや行為者を想定することに熱心であることが示されていた。子どもはあるものを行為者と見なすかどうかを決める上で、「これは普通の物体の法則通りには動かないが、これを行為者と見なす前には他の全ての可能性を排除する必要がある」という慎重な基準を、無意識のうちに使うこともできるはずだ。しかし子どもはそうしない。むしろ、最低限の条件を満たしているだけのものでも行為者だと推論される傾向があるようで、単なる赤と青の点でさえ行為者だと見なされうる。あるものが普通の物体の法則（素朴物理学）に違反し、目的を持っているように見えれば、そうでないと信じる理由が与えられない限り、それは行為者として扱われるのである。

人間でない存在を行為者と見なす――追いかける円盤の実験

フィリップ・ロシャットらは、赤ちゃんが人間以外のものによる行為者らしい動きに敏感であるかどうかを調べる一連の実験を行った[20]。これらの実験では、3か月から6か月の赤ちゃんに、二種類のコンピューター映像を見せた。どちらの映像でも青い円盤と赤い円盤が動き回っており、一つ目の映像では、一方の円盤がもう一方の円盤を「追いかけ」ていたが、決して「捕まえる」ことや触れることはなかった。二つ目の映像では、一つ目の映像と円盤の平均速度や方向転換の頻度、円盤間の平均距離などが同じであった。それでは、二つの映像の違いは何であったか。二つ目の映像では、一方の円盤がもう一方の円盤を追いかけるのではなく、ランダムに動いていたのである。もし赤ちゃんが二種類の映像の違いを見分けることができるとしたら、それは一つ目の映像においてのみ、二つの円盤の動きの間に因果関係があるからだと考えられる。そしてそのような因果関係は行為者にしか見られない。案の定、3か月児も6か月児も一方の映像をもう一方の映像より見たがっていた。つまり赤ちゃんは二種類の映像の違いがわかったのである。6か月児は大人と同じように、追いかけっこがない映像の方を、追いかけっこがある映像よりも長く見ていた。おそらく生後6か月になるまでに、追いかけっこがある映像では何が起きているかをすぐに把握できるようになるのだろう。それに対して、通常の因果関係が起きていないもう一方の映像では、（大人と同じように）何が起きているのか不思議に思うようになるのかもしれない。

同様の実験を追加で行ったところ、生後9か月頃には、追いかけっこをしている二つの円盤の因果関係に気づけるようになるだけでなく、どちらがどちらを追いかけているのかを見分けることができるようになるとわかった。この追加の実験では、赤の円盤が青の円盤を追いかける様子、またはその逆の様子を、赤ちゃんが慣れるまで（いい加減に見飽きるまで）見せた。その後、追いかけっこを逆にした。つまり、青が赤を追いかけていた場合は、赤が青を追いかけ始めるのである。8か月児と9か月児は（それより幼い赤ちゃんと違い）その変化に気づき、再び追いかけっこを見始めた（「脱馴化」した）[21]。どうやら役割が逆転したことを認識したようである。

歩くことも、話すことも、トイレに行くこともできない赤ちゃんにしては悪い出来ではない。また、これらの実験では、人間にも動物にも決して似ていない色付きの円盤の映像を使っている点にも注目してほしい。赤ちゃんは人間や既知の動物がいなくても、行為者を想定することができるのだ（そしてこれは、動物のような身体の部位を持つ怪物や目に見えない神について考える場合に重要となる）。このように、行為者を推論するシステムは、普通の物体の挙動に違反する行動を見ただけで簡単に作動する。普通の物体は「追いかけ」たりしないから、追いかけっこをしているならそれは行為者に違いない、という推論が行われるのである。

恋人同士の円と三角形

あるものが普通の物体であるとは考えられなくなった時点でそれを行為者として扱う傾向は、大人になっても続くようである。コンピューターがボタンを押しても反応しないとき、私たちはよくコンピューターに向かって怒鳴ってしまう。しかもただ怒鳴るわけではなく、コンピューターの精神的欠陥や邪悪な意図、人間に対する反抗的な動機を罵るのである。私たちはコンピューターを行為者として扱うのである。同じように、釣り人は「水中でのルアーの動きが魚の眼の網膜を刺激し、それによって脳に信号が送られて、獲物を追う本能が働く」と言うことはないだろう。それどころか多くの釣り人は、うまく逃げてしまう魚の高度な思考パターンや恐怖や欲求について事細かに描写する。「あのバスはルアーをカエルだと思っているんだ。あいつは小さなカエルがとにかく大好きなんだ！」と。

また、画面上の幾何学図形を行為者として扱うのも子どもだけではない。今となっては古典的研究とされる、1940年代に行われた一連の実験がある。この実験でハイダーとジンメルは、一つの円と二つの三角形が、一辺の一部が開いた正方形の周りを動き回ったり、中に入ったり、外に出たりする動画を大学生に見せた。[22]その後、実験者は「動画の中で何が起きたか書いてください」と学生に依頼した。驚くべきことに、実験に参加した若者たちは、これらの円と三角形が信念や欲求や目的や意図、さらには性別の役割など、さまざまな心の側面を持つかのように描写した。ハイダーとジンメルによると、図形を人間であるかのように描写しなかったのは最初の実験において34人中たった1人だったそうだ。ここで、二次元の幾何学的図形をきわめて念入りに描写した例を紹介しよう。

三角形〈1〉がドア（というより線と言うべきか）を閉めると、無邪気な二人の若者がやってきた。二次元の世界では間違いなく恋人同士の、小さな三角形〈2〉と可愛い円だ。三角形〈1〉（以下では悪役扱いされる）がその若い恋人たちを見つけた。あ！　三角形〈1〉がドアを開け、主人公の三角形〈2〉とその恋人を見るために外に出た。しかし主人公は邪魔されることを嫌がり（この辺りのことについて実験者ははっきり認識できておらず、残念ながら正確な言葉を記録できていない）、彼は三角形〈1〉をかなり激しく攻撃した（おそらく大きないじめっ子が何か悪口を言ったのかもしれない）。[23]

これは風変わりな記述に思えるかもしれない。しかしこのような結果は、人間や動物とは似ても似つかない、むしろ普通の無生物のように見える物体の映像を用いた実験で何度も再現されてきた。[24]私がアマンダ・ジョンソンと行った実験では、参加者である大学生に、ボードのくぼみに金属球を置いたときの参加者自身の行動について描写してもらった[25]。この実験では、電磁石が定期的に金属球をボード上の二つの異なる地点に向かって走らせるようになっており、金属球は普通の物体に対して抱かれる素朴物理学的予想に反する動きをした。実験の結果はどうであったか。約3分の2の参加者が金属球を行為者であるかのように描写していた。参加者は次のようなコメントを残している。「何個かの球は私のことを嫌っていました」、「あの球はここに留まっていたくなかったのです」、「あ、見てください。あの二つの球がキスしました」、「あの球同士はケンカしているようです」、「あの球は協力的ではありません」。

このように、さまざまなものを意図を持つ行為者であるかのように扱う傾向はあまりに一般的で、私たちはたいていそのことに気づきもしない。物体間のある種の因果関係――何らかの目的があるかのように見えるという点で、通常の物理的な因果関係に違反している場合――を見るだけで、私たちの心はその動きの主を人間のような行為者と解釈し始める。それが人間や動物のように見えるかどうかは関係ない。この非常に人間的な特性を強調して、それを馬鹿にするつもりはないし、人間は行為者を認識する際に間違いを犯しやすいと主張するつもりもない。私たちの心の装置がどの程度正確に行為者とその行為を見つけることができるのか特定することは容易ではないが、私はこの装置が実際かなり正確であると考えている。私たちは人間やペットなどの行為者がたくさんいる部屋に入ったとき、すぐにそれらを見分け、電気や椅子やテレビなどは無視するだろう。私が上記でいくつもの「間違い」（それらを間違いと言ってよいのかわからないが）を取り上げたのは、私たちが行為者を想定する能力を、それが役立ちそうなあらゆる場面で熱心に適用したがることを示すためである。

霊を察知する

私たちは時々、珍しい行為者によって引き起こされたと感じる体験をする。これは本当に起きた話である。ある家の居間で数人の女の子が寝ていた。その居間にある棚では女の子たちの曽祖父の時計が律儀に時を刻んでいた。真夜中、時計から幽霊が出てきたというようなことを叫んで一人の女の子が他の子を起こした。「何も見えないよ」「誓ってもいい、時計から出てきたんだよ！」「もう、そんなに怖がらないで。寝なさいよ」「私は怖がりなんかじゃないよ」。朝になると、幽霊がまた出ることがないようにと、時計の周りには小さな木の十字架がいくつも置かれていた。

物体や影や奇妙な光などを、たとえそれが行為者であるという証拠がわずかしかなくても行為者として認識する傾向は、まさに行為者探知システムの働きである。この脳の機能は、行為者を見つけることに時々熱心すぎるように見えることを強調して「過敏な行為者探知装置」（hypersensitive agency detection device; ＨＡＤＤ）と呼ばれることがある。過敏になっているのか、それとも十分に敏感になっているだけなのかは定かでないが、注意の対象となっている行為者や行為者性が人間とはまったく似ていなくてもよいことは確かである。

人類学者のスチュアート・ガスリーは、私たちの行為者探知機能が過剰探知の方向に誤ることには、非常に正当な進化論的理由があると主張している——哀れな目に遭うよりは安全である方が良いからという理由だ[26]。草むらをよぎる風を何者か（行為者）の仕業と折に触れて考えることは、通常、あなたの生存にとってそれほど危険でもないし負担にもならない。しかし、環境の中の行為者を見逃してしまうと、潜在的な仲間や敵、捕食者や獲物を見逃すことになりかねない。トラの餌になってしまうかもしれない。ガスリーは、明らかに人間ではない行為者を環境の中に容易に見つけ出す傾向が、神への信念の重要な起源または普及要因の一つではないかと考えている。ある出来事から人間ではない行為者の存在すらも読み取るＨＡＤＤの能力は、確かに神への信念を強固にする。もしＨＡＤＤが明らかに人間の行為者しか見つけることができなかったら、嵐や疫病を神からのお告げだと考えたり、奇妙な音や出来事を死者からのメッセージだと考えたりすることはなかっただろう。実際には、ＨＡＤＤのおかげで私たちはそのように考える傾向を持っている。

子どもは生まれつき自分を取り巻く世界を素早く理解するための心を持っている。人間は、体の大きさの割に強くなく、速くなく、機敏でなく、頑丈でもない。私たちの大きな強みは知性である。私たちには、経験した全てのことに意味や関係性を見出す優れた能力がある。私たちは予測したり、「もしも」のことを考えたり、出来事の原因を突き止めたりすることをすぐにできるようになる。赤ちゃんはこのようなことに特化した能力を持っている。

また、赤ちゃんは行為者を識別できなければいけない。なぜなら行為者は私たちにとって最大の脅威であり、それと同時に、生存や目的達成を約束してくれる存在でもあるからだ。私たち人間は、生存と繁栄のために互いに依存しているので、互いのことをわかり合わないといけない。それと同時に私たちは動物を理解する必要もある。岩やテーブルと違って、動物は目的を持って起き上がったり動いたりする。考えたり計画したりする動物もいるようだ。もし私たちが潜在的な獲物を出し抜くことができなければ、必要な食事を逃してしまうだろう。もし私たちが危険な捕食者の行動を予測できなければ、食べられてしまうことだってありうる。

だからこそ、赤ちゃんが行為者と無生物の違いを知っている兆候を示したり、周囲に行為者が存在する可能性にとても敏感である様子を示したりするのは、驚くべきことではないのである。

人間ではなく、目に見えず、私たちの知らないところで世界に作用している行為者（つまり隠れた行為者）の存在に、私たちは敏感である。この能力によって、神について考えることが非常に容易になる。この能力が乳幼児期から備わっており、少しの刺激でも行為者を発見したり、行為者による行為として考えたりする傾向が強いため、とても幼い子どもでも神という概念を受け入れることができるのである。もし子どもが神の概念を教えられなかったとしても、自然界にデザイン〔本書ではデザインという言葉を、何かしらの意図がある存在によって設計されていることという意味で用いる〕や目的を見出すような傾向も持ち合わせれば、自ら神を発見するであろう。この傾向については次章で紹介する。

第2章　目的を探す子どもたち

ディズニーのアニメーション映画『リトル・マーメイド』の主人公アリエルは、人間界のあらゆるものに魅了され、難破船や海底で人間の作ったものを見つけては大量にコレクションしている。集めたものが何なのか、それは何のためにあるのかを知る上で、アリエルはスカットル（だらしがない様子でありながら、もったいぶって話すカモメ）をとても頼りにしている。あるシーンで、アリエルは自分で集めた「人間のもの」でいっぱいの袋をスカットルに持って行く。アリエルがフォークを出すと、スカットルは「わおっ」（以下も含め『リトル・マーメイド』日本語版のスカットルのセリフに倣った）と声を上げる。スカットルは、それは「カミスキー」だと説明する。「人間どもがよく使うんだ。朝シャンのセット用」。スカットルが今度はパイプを受け取ると、目を細めて、それはとても珍しい「チビホーン」で、人間がお互いを楽しませるために使う楽器だと言う。このような、ものが何のためにあるのかを見極めようとする（つまり、物体の機能や目的を特定しようとする）スカットル的衝動を持つことは、子どもにとって自然的なことである。子どもは、フォークやパイプのような人間が作ったもの（人工物）だけでなく、岩や川や植物や動物などの自然物にも目的を見出す。

前章では、赤ちゃんが行為者を普通の物体とは異なるものとして理解していることを紹介した。行為者は自分で動くことができるが、普通の物体はできない。行為者には行動の動機となる信念や欲求や意図があるが、普通の物体にはない。とても幼い子どもは目に見えない行為者についてうまく考えることができるし、行為者は身体的にもその他の点においても人間に似ている必要はない。このように行為者を想定する能力を持っているために、幼い子どもでも神——たいていの場合は目に見えず、人間ではない行為者——を想定することができるのである。
行為者を想定する能力以上に、子どもには、わずかなきっかけで物体を行為者として認識し、出来事を行為者によって引き起こされたものとして見る傾向がある。このように行為者を簡単に見つけ出す（たいした証拠もないのに見つけ出すことさえある）傾向は、大人になってからも続く。それによって、単に神を見つけられるようになるだけではなく、見つけやすくなる。また、幼い子どもが神の存在を積極的に受け入れるようになる背景には、他の種類の心の特徴による貢献もある。それは、自然界の中にデザインや目的を熱心に見出すという心の特徴である。

それは何のためにあるのか？

ある植物や動物がなぜそのような特徴を持っているのか不思議に思ったことはないだろうか。私は物心がついたときから、さまざまなものが何のためにあるのかを考えている。ゾウアザラシの大きな鼻を見ると、「あれは何のためにあるのだろう？」と考える。マロニエの実のとげとげの皮を見て、何のためにあるのだろうかと考える。なぜシマウマには縞模様があるのだろう。なぜウサギには大きな耳があるのだろう。なぜコンブの葉の付け根には空気袋があるのだろう。私が異常に好奇心旺盛なのかもしれないが、自然界の物事がなぜそうなっているのかという疑問に惹かれるのは私だけではないはずだ。動物園やテレビで見知らぬ動物や植物を見た大人たちが、それらの奇妙な特徴を不思議に思ったり、何のためにあるのかを知って喜んだりするのを私は見たことがある。

このように物事の目的や機能を考えることは、幼い頃から始まるようだ。私の娘をはじめとする子どもたちが、ゾウの鼻は何のためにあるのかを考え、答えを知って喜ぶのを見たことがある。私の娘に、「なぜバラにはトゲがあるの？」と聞かれたことがある。彼女が知りたいのは、バラの内部で起きているトゲを生み出すような遺伝的プロセスや生化学的プロセスに関する説明ではない。彼女が知りたいのは、バラのトゲがどのような機能を果たしていて、その目的は何なのかということだ。このような目的やデザインや機能に関する推論は、「目的論的説明」と呼ばれることがある。

　子どもと大人の違いは、目的があると見なす物事の範囲であろう。どの年齢の人でも、動物や植物のある部分には目的があり、機械や道具など人間が作ったものにも目的があると考えるだろう。子どもの目的論的推論は、岩や雪や山などの自然界の無生物にも、動物や植物全体にも及ぶ。ゾウの鼻や耳は何のためにあるのかと考えることだけでなく、ゾウは何のためにいるのか、川は何のためにあるのか、地表に露出している岩は何のためにあるのかと考えることは、子どもにとってまったく道理に合ったことなのである。発達心理学者のデボラ・ケレメンは、このような子どもの熱心さを「無差別目的論」と呼んだ。目的論とは、子どもが世界にデザインや目的を見出すことを指している。それが無差別に行われるとは、ほとんど証拠がなくても、大人は不適切だと見なすような物事にも、子どもは目的を見出すことを指している。

　ケレメンは無差別目的論を検討するために、ある実験を行った。その実験では、ベンとジェーンという二人の架空のキャラクターが異なる意見を主張している様子を子どもに見せた[1]。二人のキャラクターのうち一方は、いくつか用意されたもののうちの一つについて、それは何かのために作られたと主張し、もう一方はそれに同意しなかった。4歳から5歳の子どもは、ベンとジェーンのどちらが正しいか判断するよう求められた。そこで扱われていたものは、生物（女性、男性、赤ちゃん、トラ、ネコ、ビントロングというジャコウネコ科の動物、木）、生物の一部（人間の耳たぶ、ライオンの足）、自然物（雲、氷山）、自然物の一部（山のこぶ）、人工物（ジーンズ、指輪、船舶用のコンパス）、人工物の一部（時計の針）である。それぞれのものの写真と、ベンとジェーンの写真が子どもの前に出された。たとえば、次のようにである。

これを見て。トラだよ。ベンは、トラは何かのために作られたと言っている。何かのためというのは、食べたり、歩いたり、動物園で見られるために作られているのかもしれないし、他のことのためかもしれない。とにかく、トラは何かのために作られていて、それがトラのいる理由だとベンは信じている。ジェーンは、それは馬鹿げていると言っている。トラは何かのために作られたわけではない。トラは食べたり、歩いたり、動物園で見られたりできるけれど、トラはそのために作られたわけではなく、それは単にトラができること、あるいは人がトラを使ってできることでしかない。トラはいろいろなことができるけれど、それはトラがなぜ作られたのかやトラがなぜいるのかには関係ないと、ジェーンは信じている。

トラは何かのために作られたと考えているベンと、トラは何のためにも作られていないからベンの考えは馬鹿げていると考えているジェーンのうち、どちらが正しいと思う？[2]

意外かもしれないが、この実験に参加した4歳から5歳のアメリカ人の子どもは、人間が作ったものと同じように、自然物や生物はある目的のために作られたという意見を持っていた。実験で得られた回答のうち4分の3の回答では、「何かのために作られた」という機能的説明が好まれていたのである。ここで示したような質問や例の性質を踏まえると、子どもは単に、トラは何かのために作られたといった説明を教え込まれただけだと考えるには無理がある。アメリカ人の親は、機械やジーンズが何かのために作られていると教えるのと同じような確信度や頻度で、トラや木が何かのために作られていると教えたりはしないだろう。それにもかかわらず、子どもは自然物が存在する目的や機能を示唆する答えにとても惹かれているようである。

ケレメンは他にも一連の実験を行い、7歳と8歳の子どもも、さまざまな動物や自然界の無生物の物体の特徴について目的論的（機能的）説明を好むことを明らかにした[3]。たとえば、尖った岩の写真を見せて「どうして岩はこんなに尖っていると思う？」と聞くと、子どもは「岩が尖っているのは、動物が岩の上に座って岩を壊したりしないようにするため」といった目的論的で機能的な説明を、「物質のかけらが長い間かけて積み重なったため」といった物理的な説明よりも好んでいた。繰り返しになるが、親や教師が、岩が尖っているのは動物が座らないようにするためだと子どもに教えることはない。子どものこのような傾向は決して、単に大人の教え込みによるものではないのである。

さらに、ケレメンはカラ・ディヤニと共に、6歳、7歳、9歳、10歳のイギリス人の子どもに対して、いくつかの自然物や人工物の起源について尋ねた(4)。これらのものは、自然現象（雷雨と洪水）、無生物の自然物（川と山）、動物（サルと鳥）、人工物（ボートと帽子）に分けられていた。まず子どもに「世界で最初の洪水はどうして起きたのでしょうか?」や「世界で最初の鳥はどうして存在したのでしょうか?」といった形で、自由回答式の質問をした。子どもはやはり自然界に目的を見出そうとする傾向を持っており、自然物、動物、人工物に関しては、目的論的な答えを最も多く出していた。自然現象に関してのみ、子どもは物理的な説明を好んだ（たとえば、最初の雷雨が起きたことに関して「二つの雲がぶつかったからだ」といった説明を好んだ）。子どもがどのような答えを出したかを見るために、この研究で見られた子どもの機能的説明を紹介する。


「世界で最初の鳥はどうして存在したのでしょうか?」

「すてきな音楽を作るため」

「鳥は世界を美しくするから」


「世界で最初のサルはどうして存在したのでしょうか?」

「木に登る生物がいるようになるため」

「ジャングルに動物がいるようになるため」

「世界で最初の山はどうして存在したのでしょうか？」

「山が作られたのは……人間が山を見ることができるように、それから、もしかすると、人間が紙を手に入れて、絵を描けるように」

「だって、地球には多分、たいていの場合いつも、いつの時代も、地震があって、必要だったから……文鎮のようなものが……多分、たくさん地震があって、それを止めるためのものが必要だと考えられて、それでたくさんたくさん石の重りが置かれたんだ」


「世界で最初の川はどうして存在したのでしょうか？」

「ボートが水に浮かべるように」

「人間が魚釣りをできるように」(5)


子どもがこれらの自由回答式の質問に答えた後、質問者は選択式の質問をした。ここで特に関心の対象とされたのは、いわゆるインテリジェント・デザイン〔インテリジェント・デザインに関しては本章の注15を参照〕をめぐる質問である。この質問では、質問者は「今まで、私たちは山（または川、サル、鳥）について話してきました。さて、ここで質問です。最初の山は、誰かまたは何かが作ったのでしょうか、それとも偶然できたのでしょうか？」と尋ねた。子どもは、誰かが作った、何かが作った、偶然できた、という三つの選択肢から一つを選ぶことができた。(6) 自然現象や自然物については約半数の子どもが、動物については約4分の3の子どもが、誰かが作ったと答えた。自由回答式の質問で、子どもは自然物には機能的な目的があると考える傾向を示した。選択式の質問では、子どもは誰か——行為者——がその目的の原因であることに同意を示した。つまり、自然界はたまたま何かの役に立つようになった偶然の産物ではなく、秩序と目的に満ちた存在なのである。

行為者だけが秩序を創出する

バックパック旅行やキャンプでよく使われる原野で長い時間ハイキングをしてみると、文明から遠く離れたところにさえも一見整然と並んだ物体を見つけることがあるだろう。石が円形に置かれていて、たいていの場合はその真ん中に焦げた木の残骸があるという光景に出会ったことがあるかもしれない。あるいは、森の中にできた道の脇に小さな石が積まれているのを見たことがあるかもしれない。また、樹皮を剥がして平らにしたような木片に記号を刻んだ標識を発見したこともあるかもしれない。このような一見秩序ある配列を見たら、どのような自然現象がこれをもたらしたのかと考えるのではなく、これは人間がいたことを示す痕跡だと疑いなく解釈するだろう。結局、行為者が目的ある秩序をもたらすのであって、自然現象はそのようなことをしない。大人はそれを知っているが、赤ちゃんはどうだろうか。最近の研究では、生後12か月から13か月までには行為者によってのみ秩序がもたらされることをわかるようになる可能性が示されている。

発達心理学者のジョージ・ニューマンらは、12か月から13か月の赤ちゃんに、二つのコンピューター・アニメーション映像を見せた。一つは、きれいに積み上げられたブロックをボールが倒して（実際に倒すところは障害物で見えない）、ぐちゃぐちゃの山にしてしまうという映像で、もう一つは逆の（ぐちゃぐちゃのブロックの山が、きれいに積み上げられた状態になる）映像だった。[7] 大人であれば、二つ目の映像を見て、何か予期しないことが起きたとすぐに気づくだろう。「ボールがブロックを積み上げられるはずがない！」と。それでは、赤ちゃんは驚きを見せたのだろうか。ここでは驚きの度合いを示す指標として、映像を見つめていた時間が使われた。その時間を比較してみると、確かに赤ちゃんは驚いていた。赤ちゃんは、ボールが秩序を生み出すという驚くべき状況の方を長く見ていたのである。[8] このことから、ただのボールが秩序を生み出すことの方が、無秩序を生み出すことよりも驚くべきことであると、赤ちゃんが感じていることがわかる。さらに興味深いのはニューマンが行った二つ目の実験である。

二つ目の実験では、単純な顔が描かれたボール型の物体が、行為者のように走り去り（転がるのではなく）、障害物の裏に消えて、ブロックを整列させる（ように見えることをする）か崩す（ように見えることをする）かのどちらかをした。[9] この場合、赤ちゃんはボールが秩序を生み出すという状況と無秩序を生み出すという状況の間で、好みの違いを示さなかった。つまり、赤ちゃんは一方の映像がもう一方の映像よりも驚くべきことだとは思わなかったようである。これらの実験や他の似たような実験をきわめて端的に説明すると、1歳前後の赤ちゃんは大人と同じ直観――人間や動物や神などの行為者は秩序も無秩序も生み出せるが、嵐や転がるボールなどの非行為者は無秩序だけを生み出せるという直観――を持っているということになる。

このような証拠を踏まえると、ケレメンらの発見――目的を持った秩序に見える世界の物事は何者かによって作られたのだと幼い子どもが考えていること――は驚くべきものではない。子どもは幼いときから、意図的な行為者を秩序と結びつけているのである。目的や機能やデザインを自然界に見出し、それは誰かがもたらしたものだと自然的に考えるのである。[10]

実在論的心の理論

2003年7月、オハイオ州の教会を訪れた巡回伝道者がいた。彼は大げさに興奮した様子で神に尋ねた。ここに集った信徒たちに何を伝えたいのですか、と。しばらくして教会の尖塔に雷が落ち、教会に火がついた。目撃者の信徒の一人は、「先生はお告げを求めていて、実際にそれを得たのだ」と言ったそうだ。[11] 当然のことながら、この出来事は信徒たちと一般のマスコミの注目を集めた。この出来事は単なる偶然ではないと思われた。発達進化心理学者のジェシー・ベリングは、人々は子どもの頃から自然界に目的を見出すバイアスを持っているということを示している。彼はそれを「実在論的心の理論」と呼ぶ。この印象的な言葉の意味は単純で、人々は出来事の背後にある意味を探し出してそれを正しいものと思いたがる強い傾向を持つということである。たとえば、ある友人が星空の下で悩んでいたときのことを私に話してくれた。彼は、神は実在するのか、そのことは自分の人生にとって重要なのかについて考えていたが、見事な流れ星が強く輝いて空を横切るのを見て（しかし一緒に星を見ていた仲間は誰もそれを見ることはできなかった）、それは神のお告げだとすぐに思った。私の友人は、その出来事が何かを意味している、つまり、それが何かを示していて、誰かによって引き起こされたと解釈していた。ベリングによると、このように意味を探し求めてしまうことの土台には、衝撃的な出来事には何らかの行為者の意図が潜んでいるはずだという考えが一般的に存在する。実際、普段とは違う状況や驚くような状況で災難に見舞われたとき、私たちは「なぜ私が？　これには何の意味があるのだろう？」と考えることがあるだろう。

出来事が象徴的に何かを伝えていると考える能力は、子どもの頃に身に着く心理的傾向のようだ。ベリングは子どもを対象に実験室実験を行い、出来事を潜在的に意味のあるコミュニケーションとして認識する能力を調べた[12]。「プリンセス・アリス」という実験は次のような手順で行われた。まず子どもが部屋に連れてこられて、テーブルのもとに座らされた。テーブルの上には二つの箱があり、実験者はどちらかの箱に賞品が入っていると説明した。子どもは正しい箱を選べば賞品がもらえる。実験者はさらにこう説明した。「プリンセス・アリス」という目に見えないお姫様は良い子を助けるのが好きなので、もし間違った箱を選んでいる子がいたら、その子が賞品をもらえるように何とかして教えようとするかもしれないよ、と。壁にはプリンセス・アリスの絵（バービー人形そっくりの見た目）が飾られていた。また、部屋には明るく光る卓上ランプがあった。実験者は説明を終えた後、子どもに箱を選ぶよう促した。ただしこのとき実験者は言い訳をして、すぐに子どもの親と少しの間だけ部屋を出ていった。実験者は部屋に戻ると、子どもが選んで手を置いている方の箱を開けた。実は大人がいない間、子どもが箱に手を伸ばすと、ランプが点滅するかプリンセス・アリスの絵が壁から落ちるかしていた。ここで調べられたのは、子どもがその時選択を変えたか、もし変えたとしたらその選択をどのように説明したかであった。

ベリングの実験では、この状況に置かれた7歳児は確実に判断を変え、もう一方の箱に手を伸ばす（しかし、ランプが点滅しなかった場合や絵が落ちなかった場合は判断を変えない）ことがわかった。さらに7歳児は、ランプの点滅や絵の落下は選択を変えるべきというお告げだとも説明した。また、ベリングの実験結果によると、出来事を意味あるお告げとして説明する能力が現れる前に、出来事を意味あるお告げと解釈する能力が現れるということもわかった。7歳より幼い子どもは、絵が壁から落ちた時に選択を変えたが、その理由を説明することはできなかったのである。

この分野の研究はまだ登場したばかりだが、人がかなり早い発達段階から出来事に意味や意図を見出す傾向を持つという考えは刺激的であり、もしこれがより体系的な証拠によって裏づけられれば、宗教的信念に関する理解にも貢献できるだろう。子どもに備わっているのは、自然界自体を、目的を持って計画的にデザインされたものと考える傾向だけではない。雷鳴や流れ星のような自然の中で起こる出来事にも、少なくともある状況下では何かを伝えようとする目的があると考える傾向も、子どもには備わっているようだ。

目的を探す大人たち

重要なことに、このようなインテリジェント・デザインを見出す傾向は、単に成長すれば消えるわけではないようだ。ケレメンは最近行った実験で、科学的な訓練を受けた大人であっても目的論的説明を好むバイアスを持っていることを示した。

ケレメンとロゼットの研究では、自然物やその部分的特徴（たとえばシロクマの白い毛）についてのさまざまな説明を大学生に評価させた。[13] 説明の中には、科学的に「適切な」説明（デザインや目的ではなく自然のプロセスのみを引き合いに出すもの）、目的に基づいた説明、単なる奇妙な説明（日光で毛の色が抜けるからシロクマは白いというようなもの）が含まれていた。答えを考える時間がたくさんあった大学生は、目的論的説明が「適切な」説明であるということを否定することが多かった。大学の科学の授業では、進化には目的も方向性もデザインもないと教えられるので、目的論的説明は（日光で毛の色が抜けるという説明と同じように）「不適切な」説明として分類されたのである。しかし、素早く回答するよう求められると、（おそらく自分の回答を考え直す時間がなかったから）大学生は「不適切な」目的論的説明を、「適切な」ものとして受け入れるようになった。他方で、他の「不適切な」奇妙な説明を「不適切な」ものと判断する精度は向上していた。このような課題においては、教育を受けていない大人も、子どもと同じように目的論的説明を「適切な」説明と回答する。[14] これらの研究は、私たちは単に成長すれば世界に目的を見出そうとする傾向をなくせるわけではなく、正式な教育を通じてその傾向を抑制することを学ばなければならず、教育を受けた後でさえも注意深くしていないとその傾向がこっそり出てきてしまうことを示している。

私たちは発達段階の初期から、自然界に存在する全てのものにはデザインや目的があるという直観を持っている。この直観があるために、進化は無計画な自然選択によってのみ起きるとは考えにくくなっているのかもしれない。進化には知的なデザイナーが常に手を加えることが必要だとしなければ納得のいく説明にはならないと、直観的に考えてしまうのかもしれない。[15] 基本的には、デザインされたものに対してデザイナーがいると考えるのは正しいように思える。私たちの脳は、私たちが幼い頃からこう考えるよう仕向けている。進化にデザイナーはいないという考えに忠実に従っている進化論者でさえ、デザインや目的といった言葉を使わずにはいられないようだ。私たちは脳が自然的に発達していく過程で、自然界において明らかにデザインや目的に見えるものの背後には誰がいるのか、あるいは何があるのかと考えずにいられない。大いなるデザイナーとは誰なのか。自然そのものなのか。進化なのか。自然選択なのか。神なのか。

前章では、私たちが幼い頃から、身の回りの隠れた行為者の兆候を熱心に見出していると思われる根拠を紹介した。この傾向に、自然界にデザインや目的を見出してしまう傾向を加える。さらに、人間などの意思を持つ存在が秩序立ったデザインをもたらすのであって、自然の力がそうするわけではないという根強い直観を混ぜ合わせる。仕上げに、普通ではない出来事が何を意味するのかとつい考えてしまう傾向をパラパラ振りかける。こうして「万物の背後にいるのは誰か？」という問いへの答えを渇望するよう自然的に発達する心のレシピができあがるのだ。

第3章　創造主を認識する

8歳の頃、私は南カリフォルニアの山間部に住んでいたが、そこでは毎年冬になると少しの雪が降る。私は雪が大好きで、雪のために学校が休校になるのは特別な楽しみだった。いやいや数学や読書をする代わりに、冬のワンダーランドでそり滑りを楽しむことができた。その年の5月、南カリフォルニアに異常な寒冷前線がやってきて、雪が降るかもしれないとうわさされ始めた。そう、私は運任せにすることなく、休校になるほどの雪が降るよう、真剣に祈った。母は、この時期に雪が降るなんてあり得ないと私を説得しようとした。母の日の前日の土曜日に、それでも私は雪が降るように祈った。母の日には二フィートの雪が降り、月曜日は学校が休みになった。

子どもたちは、強い意思を持つ行為者を理解することができる状態で生まれてくるので、神を思い浮かべることはできるが、それは必ずしも神について考える動機にはならない。私たちを取り巻く世界が、他の人間、人間の業績、人間の活動に関わるものである限り、なぜ神について考える必要があるだろうか。これに対する簡単な答えは、天気のように、人生の多くは人間の手に負えないからだ。

大人になると、多くの思慮深い人は、世界は人間だけのものではないことに気づく。宇宙の起源、自然の法則、植物の多様性、天候の気まぐれ、農作物の栽培や十分な食料の確保など、多くの事柄は人間が完全にコントロールできるものではない。非常に多くの出来事や状況の原因（または責任）を神々や神に帰すことは、多くの大人にとって合理的である。しかし、赤ちゃんにも同じような傾向があるのだろうか。幼い子どもは、自分の周りにあるものの原因を、人間の活動以外のものに求めるのだろうか。発達心理学的には、その答えはますます「はい」になっている。

前章で述べたように、子どもは、動物や植物、そして岩石層にまで、さまざまな自然現象に簡単に目的を見出す。このような目的を持つ自然現象を見て、子どもは、その背後にデザインを説明するデザイナーとしての神や神々の存在を受け入れるかもしれない。しかし、多くの大人が合理的な説明だと思うからといって、子どもも同じように考えるとは限らない。結局のところ、自然界の秩序や目的を説明するのは、まったく別の種類の意思を持つ存在たち（あるいは存在）、もしかしたら人間かもしれない。

子ども――インテリジェント・デザイン論者

20世紀の最も影響力のある発達心理学者であるスイスの心理学者ジャン・ピアジェは、子どもは、当然のごとく、世界を人間が作ったものとして見ていると主張した。ピアジェは、子どもたちへのインタビューをもとに、8歳くらいまでは、自然界は作られたものだと考える傾向が強いと結論づけた。家具や道具、おもちゃが誰かによって作られた人工物であるのと同じように、川や木、天体や動物の身体も誰かによって作られた人工物であるという考え方を、彼は人工論と呼んだ。山も湖も太陽も月も、最初からあったわけではなく、ある時点で作られたものである。このような主張は、子どもは自然界の諸要素を意図的にデザインされたものと見なす傾向があるというケレメンの発見と一致するものだが、ピアジェはさらに踏み込んで、子どもたちが山や湖や月の作り手を誰だと認識しているのかを明らかにした。ピアジェによると、子どもたちの心の中にある創造主は人間である。ピアジェが報告した6歳児とのやり取りを考えてみよう。「太陽はどこから来る？」「山から」「それはどのようにしてはじまった？」「火で」「ではその火はどのようにしてはじまった？」「マッチで」「では山はどのようにしてはじまった？」「地面で……それをつくったのは人だった」[1]。

ピアジェは、自然界が作られたものであると考える傾向は、単に混乱した宗教教育のせいではないと主張した。「人は、宗教教育がはじまった以前に、人工的質問が二〔〕三歳という子供らによってつくられていることを発見しているのである。『誰が太陽をつくった？』二年九ヵ月のフランはこうきいた」[2]。

ピアジェの人工論では、説明の中で神や神々に役割が与えられる。子どもたちは、神は人間の一人だとか、技術者の一人だとか、あるいは建設現場の監督だと説明する。

一方において、子供は神が天と地とを創造したのである、またすべてのものは神によって支配されるのである。更に神は神が住んでいる天から私どもを監視しているのであると教えられる。子供は単に同じ線に沿って考えることをつづける、そしてこの創造の方法を詳しく想像する、更に神は熟練な工人の一団の助けを得たと考えて、その子供には何らの驚きもないのである[3]。

ピアジェの考えでは、神の創造活動がすんなりと人間の行為とされた理由は、子どもは8—9歳になるまで神と人間の区別がつかなかったからである。子どもにとって神は人間であった（あるいは人間は神々であった）。

更に、子供が神のことを話す時は……それは彼らが想像する人間なのである。神は「彼の主人のために働く雇人」である。「彼の生計をささえるために働く人」であり「掘るところ」の労働者である。約言すれば、神は他の人々のような人間であるか、さもなければ子供がBonhomme Naël〔サンタクロース〕と巫女〔妖精〕のことを話すのと同じ方法で、彼が彼のことを話す時につねに空想している何れかである[4]。

神は雲や空に住んでいる、誰かれと同じただの人間である、然しこの雲や空に住んでいるというのが他のものとちがっているだけである。「彼の主人のために働く人間」「賃銀をもうける人間」、というのが七―八歳という頃の労働者階級の子弟が神に与える定義の型である。(5)

もしも「神」が特定の人間を意味するのであれば、子どもが「神や人が自然物を作った」と報告しても、それは人工論の証拠となる。神と人間を区別するかどうかは、創造に関しては問題ではなかった。ピアジェは次のように書いている。「ある子供らは湖を神に賦与するか、人間に賦与するかに躊躇した、そして『私はそれをつくったのは神であったか人間であったか分らない』といった」(6)。同様に彼は、「私どもが見て来たように、太陽や月それから空でさえ、少なくとも半数の場合において、人間の活動力が賦与される、神の活動力ではない」と述べている。(7)

20世紀初頭のピアジェの研究に基づけば、子どもは自然界を人間の創造的な活動の産物と考えている。おそらく「神」と呼ばれる特別なやつを含めて、人間は今日、家や堤防、ダム、橋などを作っているように、大昔に湖や山、月、太陽、惑星、空などを作った。このような説明は、子どもは自然界が意図的にデザインされていると考える自然的な傾向を持つとする今日的な研究結果と適合する。

大人と同じように子どもも、デザインからデザイナーの存在を直観的に想定しているようだ。というのも、明らかに乳幼児は、混沌から秩序を生み出すことができるのは、非行為者ではなく行為者だと思っているからである。(8) また、デボラ・ケレメンとカラ・ディヤニは、ものの起源に関する子どもの考えの研究において、雷雨、川、鳥などの自然物が最初に存在した理由について目的を含んだ説明をした子どもは、その後の強制選択式の質問でインテリジェント・デザインを肯定する傾向があることを見つけた。たとえば、「世界で最初の山はどうして存在したのでしょうか?」という質問に対して、「人が登ることができるように」といった目的を含む説明をした子どもは、（何かが存在させたとか、たまたま存在したというのではなく）誰かが世界で最初の山を存在させたと答える傾向があった。この結果は、デザインを見ることとデザイナーを想定することの関係性を示している。

ピアジェの考えでは、人間にはデザイナーの役割を果たすだけの創造力と勤勉さがあることになる。そして自然に、子どもは世界が人間によって知的にデザインされていると考える。このような解釈は、多くの事実に合致し、ある種の説得力を持つ。結局のところ、新生児の視点から見ると、超越的な力を持った存在（親）が自分の世界を管理しているというのは、あり得ないことではない。たとえば、明るかったり暗かったり、食べ物をもらえたりもらえなかったり、場所から場所へ移動したり、自分の周りにあるものだったりである。新生児が経験するデザイン、秩序、目的の多くの原因は、行為者に帰される。おそらく幼い子どもは、これらの経験を世界の他の部分にあてはめて、大人は世界をデザインし構築した能力を持つ人々だと推測しているのだろう。しかし、ピアジェの考えには問題がないわけではない。

人間は自然物を作らない

ピアジェの説明で懸念されることの一つは、彼が子どもたちから意見を聞くために用いたインタビューの手法だ。もしかしたら、物事がどこから来たのかを尋ねるという彼の方法が、実際のところ子どもたちがあまり信じていなくとも、意図せずに起源の物語を作り出すことを促したのかもしれない。人間が山や湖を作ったというのは、子どもたちにとって一番簡単に考えついて、説明できるものだったのかもしれないが、質問されるまであまり考えたことがなかったのかもしれない。子どもたちの楽しいところは、ジャズマスターのように、考えたこともないようなことを即興で説明したり、話を作ったりすることだ。

このような問題を回避するために、最近では他の発達心理学者たちが、子どもは道具や機械などの人工物は人間が作っているが、自然物や物質は人間が作っていないと理解しているかどうかを、異なる方法で調べている。たとえば、スーザン・ゲルマンは、アメリカの子どもたちに「レモンは人間が作ったと思うか」など、さまざまなものについて人間が作ったものかどうかを尋ねた。「はい」か「いいえ」で答える質問では、子どもたちは尋ねられたものの起源を説明する必要はなかった。もし子どもたちがただ推測するだけなら、「はい」と答える確率は「いいえ」と答える確率と同じくらいで、対象が違っても似たような結果になるはずだ。この課題では、4歳の調査参加者の80%が、「人間は人形や電話などの人工物を作るが、レモンや鳥などの自然物は作らない」と正確に答えた[9]。

ゲルマンと共同研究者のキャスリーン・クレマーは、その後の研究で、ピアジェが行った月、太陽、星、海、雲、雷といった自然物について具体的に子どもたちに質問した[10]。彼らはまず、それぞれの子どもに対象物の写真を提示し（雷を除く）、子どもにそれを識別させた上で、「これは人間が作ったと思うか」と尋ねた。ピアジェの報告とは対照的に、これらの自然物を人間が作ったと答えたのは、4歳児では30%以下、7歳児では10%以下であった。さまざまな人工物（コップ、人形、靴、車、金槌、テレビ）を人間が作ったかどうかという質問に対しては、どちらの年齢層の子どももほぼ完璧に「人間が作った」と答えた[11]。

同様に、オリヴェラ・ペトロヴィッチは、イギリスの未就学児に二枚の写真を見せ、その中に人間が作れるものが含まれているかどうかを尋ねた[12]。写真のペアには、動物（犬）、植物（スイセン）、自然物（雪や葉）、身近なもの（椅子や本）、おもちゃの動物や植物など、さまざまなものが含まれていた。就学前の子どもたちは、ペアに葉っぱなどの自然物が含まれる場合は、バスなどの人工物が含まれる場合と異なり、どちらが人間の手で作られているかをほぼ常に正しく答えていた。人間が作った動物のレプリカ（牛のおもちゃなど）の場合にのみ、子どもたちは混乱した。これらの結果とゲルマンを含む他の研究の証拠から、ペトロヴィッチは、就学前の子どもはものがどこから来るのかを考えるとき、自然界と人工物を明確に区別していると結論づけた。

今日の研究は、子どもは自然界を人間が作ったものと考えるとする必然性に疑問を投げかける。8歳や9歳ではなく、4歳（あるいはそれ以前）でも、人間は自然物を作らず、人工物だけを作ることを理解している。自然界が意図的にデザインされているように見えるのなら、人間ではなく誰がデザインしたのだろうか。子どもにとって神は、このデザイナーの役割を担う有力な候補であるように思われる。

ここでもペトロヴィッチの研究が参考になる。彼女はイギリスの未就学児に、ピアジェが質問したのと同様の惑星や動物、空や地球、大きな岩などの自然物の起源について質問した。[13] ペトロヴィッチは、自由回答式の質問ではなく、「人間が作った」「神が作った」「誰も知らない」という三つの選択肢を子どもたちに与えた。この研究では、神が自然物を作ったと答えた子どもは、人間が作ったと答えた子どもよりも7倍近く多かった。当然のことながら、イギリスの子どもたちは、人間よりも神の方が創造主の候補としてふさわしいと理解しているのである。

同様に、ケレメンとディヤニは6歳と7歳のイギリスの子どもたちに、自然界の出来事（雷雨、洪水）、生きていない自然物（川、山）、動物（サル、鳥）、人工物（ボート、帽子）など、自然物と人工物の起源について質問した。[14] 実験者は子どもたちに、「なぜ世界で最初の雷雨が起きたのか」「なぜ世界で最初のサルは存在したのか」といった質問に自由回答で答えるように求めた。何かではなく誰かが理由だと答えた子どもたちにとって、人間よりも神の方がよりその「誰か」にふさわしいことは明らかであった。その「誰か」は、自然物（川、山）であれば人間の2倍、自然現象（雷雨、洪水）であれば2・5倍、動物であれば25倍も神である可能性が高かった。一方、人工物（ボート、帽子）についての質問では、人間が原因である可能性が、神が原因である可能性よりも約20倍高くなった。続いて行われた強制選択問題では、「誰か」が理由であるとした子どもたちは、自然現象、自然物、動物については80％以上の確率で、神、イエス、アッラーのいずれかがデザイナーであると答えたが、人工物ではその82％について、人間がインテリジェント・デザインのデザイナーだと答えた。これまでの調査と同様、子どもは、自然物は人間ではなく神が作り、人工物は神ではなく人間が作る、と理解しているようだ。

これらの結果は、子どもが自然界のものを人間が作ったものとして見るという主張（ピアジェの人工論）だけでなく、8—9歳以前の子どもは神と人間を区別できないという主張にも疑問を投げかける。子どもにとって「神」とは特別な人間、あるいは「生計を支えるために働く人」でしかないと主張するならば、その神という存在は、自然物は作るが人工物は作らない唯一の特殊な人間であるという厄介な考えを受け入れなければならない。それは確かに人間とは違う存在に思える。幼い子どもにとって神と人間の区別がつかないという主張は、次の二章で紹介する実験とも容易に折り合わない。

進化論ではなく創造論に傾倒する

オックスフォード大学の同僚の一人が、愛らしい巻き毛の4歳のわが子に進化論の基本を教えようとした。彼は、はるか昔、私たちの祖先は今の私たちのような姿ではなく、サルのような、その前はキツネザルのような姿をしていたかもしれないと説明した。その子の深い茶色の目は困惑していた。「私が（進化の）基本を説明している間、彼は困惑した表情を浮かべ、そんなことはない、僕たちはずっとこんな（人間の）姿をしていた、と力強く言った」と同僚は話した。神様が私たちをこのように作ったのだと言うと、男の子は安心を取り戻した。そう。これはよくわかる。でも、「神様の代わりに『サンタクロース』ではどうかと聞いたときには、彼は『違う』と言っていたんだ」。

子どもは乳幼児の頃から、行為者は秩序を作ることができるが、非行為者は秩序を作ることができないということを理解している。少なくとも幼児期に、子どもは自然界の物事がデザインされ、目的を持っていると考える。4歳になると、世界のデザイナーは人間ではないと理解するように見える。このような子どもの思考の傾向を踏まえた上で、普通の子どもが、世界とそこにあるものをデザインする責任を負う「神」という人間以外の意図を持つ存在について聞いたとする。その子どもは、「神」という存在に魅力を感じるだろうか。そのようだ。ほとんどの子どもは、このような考え方がとても理にかなっていると感じるだろう。世界を創造したかもしれない強力な神（または神々）の話を聞けば、子どもたちがそれを信じるのは当然のことだ。それは直観的にうなずける。神の存在は、子どもが見ている秩序や目的を説明できる。子どもたちの心は、そのような考えを受け入れるように発達する。

しかし、もし誰かが、目に見える自然界のデザインは意図的に作られたものではまったくなく、幻想だと言ったらどうだろうか。もしあなたが見ている「目的」は本当の目的ではなく、何の意図もなく、何の導きもない自然のプロセスの結果である、あるいは宇宙が一般にそうであるように、説明のつかない出来事に過ぎない、という考えを子どもに示したらどうだろうか。このような考えは子どもの直観に真っ向から反するため、ほとんどの子ども（そしておそらくほとんどの大人）は、奇妙で理解しがたく、受け入れがたいと感じるだろう。

アンナは、可愛らしく好奇心旺盛な5歳の女の子である。デンマーク人の同僚であるフレデリックの娘であるアンナは、他の多くの同年代の女の子と同じように、人生や世界についてさまざまな質問をするのが大好きだ。なぜ雨が降るの？　象は何のためにいるの？　なぜ私には妹がいないの？　しかし、彼女の両親であるフレデリックとアンネケは、娘に宗教的な答えを教え込むようなことはしない。二人は、世俗的であることに誇りを持っている教育熱心な都会のデンマーク人であり、宗教的なたわごとには関心がない。彼らは、物理学、化学、生物学などの科学にあくまで基づいて、純粋に世俗的、唯物論的な説明をしようとする。しかし、公的に世俗的な国とされるデンマークにおいても、子どもたちが神などについての奇妙な考えに行き当たることがあって、家に帰ってきてそれらの存在について質問することがある。

フレデリックは、ある日突然アンナがアンネケに「神が世界を創造したの？」と質問したことを、私に話した。

アンネケはこの質問を、世界の宗教や神学に詳しいフレデリックに任せた。するとフレデリックは、いつもと同様に「世界は造られたものではない。世界は、ずっとここにあった」と答えた。この答えにアンナは戸惑った。彼女は首を振って「そんなはずはない」と言った。フレデリックは考え直して、「ずっとずっと昔に大きな爆発（ビッグバン）があって、突然全てが現れたんだ」と説明した。娘はこの説明について考え、「神様もびっくりしただろうに」とコメントした。もちろん、この答えはフレデリックを驚かせたが、私は驚かないし、子どもが科学についてどのように学ぶかを研究している多くの発達心理学者もおそらく驚かないだろう。科学が教えてくれる多くの考えは、人間の自然な考え方の流れに逆らって進まなければならない。この場合、太陽、月、星、惑星など、一見規則的で、秩序があり、目的を持っているように見える私たちの周りの世界は、原因なく現れたに過ぎないと説明される。全ては偶然に現れたものなのだ。このような考え方は、多くの子どもたちにとって驚きであり、アンナに言わせれば、神様もびっくりしたことだろう。

これまでに紹介した研究で、自然界の中で最もデザインされているように見えるものは、動物であることに気づいたかもしれない。動物やその身体の部位は、子どもたちにとってデザインと目的のあるものに見える。では、このデザインは錯覚であり、目的やデザイナーとは関係ないと言われたら、子どもたちはどう思うだろうか。おそらく、そうは思わないだろう。もちろん、これは自然選択による進化論の授業の中で子どもたちが教えられていることに相違ない。自然選択は、多くの子どもたちにとって、奇妙であり、あり得ないことのようである。発達研究によると、子どもは自然物のデザインについて、神以外の説明に抵抗を示すことがわかっているが、それは驚くことではない。実際、教師や研究者の間では、子どもたちが進化を理解するのは非常に難しいという証拠がとても多く、認知発達科学者の専門団体である認知発達学会（Cognitive Development Society）は、二年に一度開催される２００９年の会議で、自然選択による進化を効果的に教える方法についての特別セッションを行った。

たとえば、心理学者のマーガレット・エバンスは、アメリカの子どもたちとその親への素晴らしいインタビュー調査で、人間や動物を含む多くの自然物や非自然物の起源に関する信念を調べた[15]。エバンスは特に、キリスト教原理主義者（「聖書の字義通りの解釈」を教える学校教育に参加していると定義）の子どもと親と、地理的・教育的に類似した条件の非原理主義者の子どもと親を比較した。予想通り、原理主義者の子どもは、非原理主義者の子どもよりも、動物がどこから来たのかについて創造論的な説明をする頻度が高かった。やはり、親や教師からの指導は、明確な信念を形成する上で重要なのである。しかし意外なことに、非原理主義者の子どもたちは、その親たちよりも創造論により好意的で、親の証言だけが要因ではないことを示唆している。

エバンスたちは次に、幼稚園から小学校一年生（5—7歳）、小学校三—四年生（8—10歳）、小学校五—七年生（10—13歳）の三つの年齢層の子どもたちと、その親たちにインタビュー調査を行った。全ての子どもたちは、同様の科学や自然史のカリキュラムを使用した学校で学んでおり、原理主義者と非原理主義者の子どもたちは多くの場合、同じ教科書を使用していた。大きな違いは、原理主義者の子どもたちは、聖書の字義通りの解釈を教える学校に通っていたことである。エバンスらは子どもたちに、動物や人間がどこから来たのかについて、自由回答式と選択式の質問を行った。自由回答式の質問では、次のように尋ねた。

　これからいくつかの質問をします。この質問には正解も不正解もなく、いろいろな考え方があります。世界で最初のものがどのように地球上に現れたかを考えてみましょう。遠い昔、地球上には何もありませんでした。その後、世界で最初のものが誕生しました。さて、マレーグマ（アジアに生息するクマの一種）について考えてみましょう。最初のマレーグマはどうやって地球上に現れたのでしょうか？[16]

マレーグマに加えて、「ニュージーランドのトカゲの一種」とされるムカシトカゲと人間についても質問した。エバンスは、子どもたちが授業や家庭で話し合ったことがありそうな特定のケースではなく、動物の起源に関する一般的な考えを引き出せるように、見慣れない二つの動物を選んだ。これらの質問に対する答えは、子どもがどのような説明をしたかによってコード化された。子どもは神や人間が計画して動物を地球上に置いたと言ったのか、その動物は他の種類の動物から変化したと言ったのか、それとも単にその動物が現れたとか「地面から出てきた」といった自然発生的な説明をしたのか。

選択式の質問も自由回答式の質問と同じ考えをベースにしたが、最初のものの起源について、いくつかの可能性に絞った中から子どもに選ばせた。「最初のマレーグマはどうやって地球上に現れたのでしょうか?」という質問をした後、子どもはいくつかの異なる選択肢に同意する程度を答えるよう求められた。創造論的な選択肢は「神様が作って地球に置いた」で、子どもは「まったくそう思わない」「ややそう思わない」「ややそう思う」「とてもそう思う」のいずれかで答えた。同じように子どもは、「かつて地球上に住んでいた別の種類の動物から変化した」という進化論的な選択肢と、「ただ現れた」「地面から出てきた」という二つの自然発生的な選択肢のいずれかについても評価した。

この研究に参加した親は、子どもとは少し異なる質問をされた。動物や人間の起源に関する親自身の考えを聞くのではなく、インタビュアーは次のように尋ねた。「あなたが知り合いの10歳から12歳の子どもに教えているとして、その子どもから次のような質問をされたとします。あなたの答えを書いてください」。質問は、最初のマレーグマは、どうやって地球上に現れたのでしょうか、などであった。[17] この質問への答えは、子どもが単に親の言うとおりに答えているかどうかを見るためのものである。

興味深いことに、子どもたちの回答は、自由回答式と選択式の両方において、親がこう教えると言っていることや、学校の科学カリキュラムに含まれていると思われることと大きく異なっていた。たとえば、自由回答式の質問では、5歳から7歳の非原理主義者の子どもたちは、親が自然発生的な説明をするとは言っていない（教科書でも教えていないことがわかっている）にもかかわらず、より多く自然発生的な答え（「地面から出てきた」）を出し、進化論的説明よりも創造論的答えを多く出した。同様に、8歳から10歳の非原理主義者の子どもたちは、最初のムカシトカゲ、マレーグマ、人間がどこから来たのかについて、親が創造論的説明をすると答えた割合よりも多く、創造論的説明をした。これらの子どもたちの親（グループとして）の報告では、子どもに創造論的説明をする可能性も、進化論的説明をする可能性も同じであったにもかかわらず、非原理主義者の子どもたちには、進化論的説明や自然発生的説明を合わせたものよりもはるかに多く、創造論的な説明が見られたのである。原理主義、非原理主義にかかわらず最年長の子どもだけが、親と同じような回答をした。

原理主義者と非原理主義者の両方で、選択式の質問に当てはまる程度において、同様のパターンが見られた。年少の二つのグループは、進化論的説明よりも創造論的説明に熱心に同意したが、最年長のグループと成人は同意しなかった。さらに驚くべきことに、最年少の子どもたちは、自然発生的説明と創造論的説明を混同して同等に好むのではなく、選択式の質問において、進化論的説明と自然発生的説明のどちらよりも創造論的説明を有意に支持した。非原理主義者の親の約半数が子どもに進化論的説明を教えると答え、自然発生的説明を教えると答えた人はいなかったが、最年少の子どもたちは、ある動物の最初の一頭の起源を説明するのに、進化論的説明と自然発生的説明は同程度に良くないと考えていた。

エバンスの研究では、原理主義者の子どもたちは、非原理主義者の子どもたちよりも創造論的説明に好感を示した。彼らはどの年齢でも創造論的説明を好んでいた。彼らの親もほとんど創造論的説明を唱えていた。文化的環境や子どもたちが何を教えられたかによって、生物の起源についてどのような信念を持つかは変わってくる。それにもかかわらず、両グループの10歳くらいまでの子どもたちは、親の立場という理由で説明できないほど、進化論的説明よりも創造論的説明を好む傾向が見られた。

最も注目すべき点は、親が支持する進化論的説明や、学校の教科書や科学カリキュラムに盛り込まれている進化論的説明は、10歳前後までは子どもの思考に効果的に浸透しないと示唆されることだ。親は進化論を信じているし、教えると言っているし、教科書にも載っているが、子どもは予想に反してそれを肯定しない。なぜだろう。

その理由の一つは、進化論が人間の心に求める概念的な要求にあるかもしれない。自然選択によるものであれ、超自然的な導きによるものであれ、その両方によるものであれ、進化論では、ある種類の生物が別の種類の生物に変化することができる、つまり、ある種の祖先が別の種の子孫を持つことができることを信じるよう求めている。クジラの曽曽曽曽祖父か、それ以前の祖先が牛であったという考えは、親と子孫の関係の自然な理解――親子は同じ種に属しており、生物は目に見えない、変えることのできない、ある生物をその生物たらしめるエッセンスを持っているという理解――に反するものである。アライグマは、手術でスカンクのように見かけを変えたとしてもアライグマであり、スカンクの子どもを産むことはない[18]。進化論は、多くの科学理論と同様に、非常に直観に反することを私たちに求めている。自然的な心の発達との相性の悪さを考えると、権威ある人が何と言おうと、幼少期のかなり後半まで、進化論を受け入れるのが難しいと感じてもまったく不思議ではない。

進化論的説明は、創造論的説明に対抗して子どもの支持を獲得しようとするとき、もう一つの問題を抱えている。第2章で取り上げた、幼児が自然界を目的を持ってデザインされていると見なしたり、かなり早い時期から秩序を意図的な行為者と結びつけたりする傾向を考えると、創造論的説明はごく自然的で直観的なものである。明らかにデザインされている世界には、当然デザイナーが必要だろう。

子どもは、どこにでも目的を見出す傾向があり、意図を持つ行為者が秩序やデザインを創り出すことができると考えるため、デザイナーや創造主を信じる傾向がある。人間の創造力には限界があることも理解するため、人間は自然界の創造主の候補から除外される。人間ではなく神が創造主として提案された場合、子どもはその考えをとても自然的で直観的にもっともらしいものと感じるだろう。神が天と地を創造したということは、子どもにとっては理にかなったことなのだ。もちろん、幼い頃から進化論を叩き込まれ、自然界の全てを説明する神など存在しないと繰り返し教えられる特殊な文化的状況も考えられる。そのような極端な状況下では、子どもは早くから自然的な考え方を上書きすることを学ぶかもしれない。しかし、このような文化的な基礎を支える枠組みがなければ、子どもたちは人間ではない誰か——つまり神や神々——を想定することが、自然界の目的や秩序を説明する最もよい方法だと考えるのが自然な流れなのである。

聖なる超越的な力

子どもは、山や湖から木やゾウに至るまで、自然界の創造主として神を受け入れており、このことは、子どもは超人間的な強さや力を持つ存在を受け入れる準備ができていることを物語っている。子どもは、幼い頃からものと触れ合うことで、自分の力でものを動かしたり、環境を変えたりすることには限界があることを身をもって体験する——自分が開けたいと思ったドアは開かないだろう。赤ちゃんの妹は、楽に持ち上げたり運んだりするには、ちょっと重すぎる——などと。それならば、山を作れる人は、一般的にすごい力を持っているのだろうと、子どもたちは推測する。そうだろうか。そうかもしれない。幸いなことに、私たちは何の根拠もなくこの立場をうのみにする必要はない。

子どもの頃、祖父母の家に行ったときのぼんやりとした記憶がある。当時、私は5歳くらいだったと思う。祖父母の家の台所にあった巨大な冷蔵庫の後ろに、遊んでいたおもちゃが飛んでいってしまった。おもちゃを失くして焦った私は、祖父に「お願いだから、おもちゃを取るために冷蔵庫を持ち上げて」と頼んだ。私は純粋に、祖父なら冷蔵庫をつかんで持ち上げることができると思っていた。祖父にはそれだけの力があると信じていた。祖父は、大きな上腕二頭筋を持っていて、その上腕二頭筋を自由に動かすことができた（それは祖父のお気に入りの悪ふざけの一つだった）。祖父はサンタのような笑い声を上げながら、リクライニングチェアから体を起こし、台所に行ってすぐにおもちゃを取ってきた（冷蔵庫の上にあったのだ）。

私自身の発達の中に正しく位置づけるならば、この記憶は、5歳頃には私が筋肉のつき方、大きさ、強さの対応関係を理解し始めていたが、人間の肉体的な強さの限界はまだ知らなかったことを示している。私は、はるかに小柄な祖母（私から見て）が巨大な冷蔵庫を動かすことはできないが、祖父ならば難しいことではないと思っていた。私はまだ人間の力の限界を学んでいるところだった。もっと小さな子どもが人間の力をどのように理解しているかについて、再びジャン・ピアジェに目を向けてみよう。

ピアジェは子どもの研究で、子どもは超越的な力を全ての大人に、そして神もまた大人の人間であるため、神にも帰属させると結論づけた。ピアジェは次のように書いている。

親の絶大な力は、私どもが取扱っている見地にとってはより本質的なものである。子供らが絶大な力が両親にあるとする例は沢山に見出される。一少女は自分の叔母に雨を降らせてくれといった。ボヴェーはヘベルの少年時代の追憶を引照した。自分の両親は万能であると考えた子供は、ある日嵐によって惨害を蒙《こうむ》った果樹をながめて悲しんでいたのを見たが、それからは彼の父の力に制限のあることを知った(19)。

前にも紹介したように、ピアジェにとって、子どもが人間に超越的な力を帰属させている最大の証拠は、人間が太陽、空、山、湖を創造するという事例であった。

私どもの検査した幼少の子供らが、一般に人類に与えたところの全能というものは、彼らの両親に賦与するところの無制限の力から派生されるにちがいないということが明白であるばかりでなく、更に私どもは直接的に要点に関係をもつ事実として屡々《しばしば》明確な証拠に出くわしたのである。私どもは屡々《しばしば》子供らに、君たちのお父さんは太陽やサレヴ山や湖や大空などをつくったかどうかをきいたが、子供は躊躇なくつくったと答えた。[20]

私たちは今、子どもは必ずしも自然界を人間が創造したと考えているわけではなく、自然界が意図を持ってデザインされていると考える傾向が強いことを示すエビデンスを得ている。しかし、幼い子どもは親や大人の力を過大評価しているというピアジェの主張に、重大な疑問を投げかける研究結果を見たことがない。

息子が4歳のとき、次章で紹介する心の理論の研究を説明するために、息子と一緒にショートフィルムを作った。これまで他の子どもたちにしてきたように、まず「神様って誰だか知ってる？」と尋ねた。彼の答えはこうだった。「ああ、彼は強いやつだね」。その年頃の息子にとって、神は強さやパワーの象徴だった。このテーマについてはもっと体系的な研究が必要だが、現時点では、子どもは、両親や祖父母、神など、意思を持った他の存在は超越的な力を有しているという前提を当然のように持っていると言ってよいだろう。おそらくそのような他者が真に万能かというと、洗練された抽象的な理解が必要であり、そうではないかもしれない。しかし、私（子ども）が必要だと思うことや、できると思うことは確実に何でもできる。幼稚園児から小学校低学年までの間に、子どもは、さまざまな行為者の力や強さの限界や制限を学ぶ。まず、人間の力には限界があることを知り、身体の大きさや筋肉のつき方など、強さや力を予測するのに適したものを見つける。しかし、誰が何を持ち上げたり動かしたりできるかを知るには、多くの時間と知的な努力が必要である。一方、全能の神は比較的容易に理解できる。子どもが最初想定している超越的な力には、条件も制限も必要ない。神はそれを持ち上げたり動かしたりすることができるか。幼い子どもは、それが何であるかを知らなくても、その答えを知っている。この点で、神は他の行為者よりも際立っている。私の息子が神を「強いやつ」と特別視したのも不思議ではない。

どのようにして子どもは神について学ぶのか

私の知っている女の子は、2歳の時に「自分の部屋、正確には天井の隅に天使がいる」と言って両親を驚かせた。3歳になった女の子は、両親に腹を立てて自分の部屋に駆け込むと、ドアを閉めて激しくつぶやき始めた。私はその場にいて、その光景を目撃した。両親がドアを開けて、娘にどんな反抗的な悪口を言っているのか教えなさいと要求すると、娘は反抗的な態度で「パパやママと話しているんじゃないの！　私は神様と話していたのよ！」と言い返した。同様に、3歳のベンの母親は、Ｆａｃｅｂｏｏｋに次のように投稿した。「昨日のベンの言葉。『水の動物は神様と話す。泳ぐ恐竜は神様と話す』。僕たちもそうしよう」。もちろん数分後には、「お店に行っておもちゃを買いたい」という3歳児の定番のセリフが続いたのだが。

天使の見える女の子が一般的な子どもを代表しているとは思わないし（ちなみに彼女は、正常な、よく適応した人間に成長している）、小さな男の子が神の対話相手の動物について考えているとも思わないが、幼い子どもが神の概念を獲得して使用する能力があることは確かである。他の人間について推論するのと同様に、宗教的な家庭の子どもは神についての考えを容易に形成する。子どもは出来事を神の活動の結果として容易に説明する。神々の考え、意見、願いについて予測や推測を行う。子どもは神についての考えを、斬新な、時には個人的な方法で応用する。このような宗教的な流暢さはどこから来るのだろうか。

簡単な答えは（簡単すぎるかもしれないが）、そう教えられているからだ。子どもが信じるのは、親（や信頼できる大人）があたかも信じているかのように行動し、話すからである。そうでないと信じるに足る強い理由が与えられるまでは、この証言は強力だ。これを「教え込み仮説」と呼ぶことにする。

しかし、次の世代に考えを伝える方法を説明するのに、伝えられる信念の特性と、それが子どもの心にどれだけ受け入れられるかを考慮しないのは、単純化のしすぎだろう。親として、あるいは教師として子どもに教えたことのある人ならば、子どもに何でも簡単に教えられるわけではないことをよく知っているだろう。創造論者と進化論者の信念を比較したエバンスの研究が示すように、ある考えは他の考えよりも定着しやすいようだ。さらに、親の中には子どもに入念に教え込み、不信心は大変なことになると脅す人もいるが、子どもの頃の宗教的信念の多くはもっとシンプルに吸収されるようだ。したがって、答えなければならないのは、多くの宗教的な考えを子どもはどのように、また、なぜ簡単に取り入れるのかという疑問である。

この問いに対する一つの答えが、一世紀以上にわたる宗教の科学的研究、特に宗教心理学の理論的中心にあった[21]。この答えを、擬人化仮説と呼ぼう。擬人化とは、人間に似せて何かを作ることだが、この仮説は、人間は神に似せて作られたという聖書の考えとは正反対である。神は昔も今も、そしてこれからも、人間の姿に似せて作られる。この考え方によれば、子どもは人間について学び、人間が何を考え、どのように行動し、何を好むのかを知り、そして神について類推する。神の概念を学ぶということは、人間を学び、それを神に当てはめるという単純なことである（どのくらい単純なのかは不明だが）。子どもたちが容易に神やおばけ、精霊、悪魔について考えるのも不思議ではない。

さらに擬人化仮説では、子どもが神を理解するために用いる推論能力が向上するため、発達の過程で神が次第に人間に似ていないように見えてくると主張される。キリスト教徒、イスラム教徒、ユダヤ教徒の子どもにとって、神は空に住む大きな人間から始まり、徐々に、あるいは急激に、あらゆる場所に存在する、形のない、不変の、時空を超えた、全知の、全能の存在になっていく。素朴な擬人化された神は、特異な性質を持つ抽象的な存在としての神へと置き換わっていく。

擬人化仮説とは対照的に、私は、子どもは人間について推論するように神について推論する必要はないと主張する。実際、子どもの心は、アブラハム系一神教（ユダヤ教、キリスト教、イスラム教）や他の宗教の神概念の多くの特徴を理解し、使用することを容易なものとする。[22] この提案を、準備仮説と呼ぶことにする。[23] 子どもが神についての考えを容易に形成することができるのは、子どもの心のメカニズムが神についての学習に有利な二つの特徴を持つからである。第一に、この心理的装置は人間以外の行為者を容易に受け入れる。第二に、行為者が超人間的な特性を持っていないことが明らかになるまでは、超人間的な特性を持つことが前提となるようである。超人間的であることは自然のデフォルト設定に近いのだ。

第1章では、環境の中の行為者を探知するための子どもの心の道具が、人間とは似ても似つかないものを行為者として識別できるというエビデンスを紹介した。色のついた円盤などがそれにあたる。同様に、これらの行為者の心を推論する際にも、子どもの概念システムは人間らしさを必要としない。それは人間を理解することに特化するのではなく、あらゆる意図を持つ行為者に対して一般的に作用する。したがって、子どもは最初から、神やおばけ、ゴリラなど、さまざまな存在を人間と同じように理解することができ、超自然的な性質を考えることが過度に概念的負担になることはない。

神についての考えを獲得するのに有利な子どもの心の二つ目の特徴は、子どもの心は、多くの超人間的な特性が標準的であると、単純にデフォルトで想定していることである。たとえば、第1章で紹介した過敏な行為者探知装置（HADD）が、何かを意図を持つ行為者と認識した場合、3歳児は自動的に、その行為者にあらゆる情報にアクセスできる、あるいは誤りのない信念を持つという超人間的な特性を仮定する（少なくとも次の二章で説明する一定の限度内では）。発達心理学者は、超越的な知識、超越的な知覚、創造力、不死などの神の特性が、少なくとも幼児にとってはきわめて直観的であるという証拠を見つけ続けている。神の概念は、これらのデフォルトの前提条件に背くのではなく、それを利用しているので、容易に受け入れられるのだ。第4章と第5章では、神の超人間的な精神的・知覚的特性、不死性、善良さに関する子どもの理解について、いくつかのエビデンスを挙げる。

第4章　神の心

ダグラス・アダムスは、『銀河ヒッチハイク・ガイド』の中で、人間とよく似た姿や行動をする宇宙人のチームによって星々は設計・建設されていることを明らかにしている。彼らはたまたま、全世界を構築する技術とスキルを持っているのだ。

「それはつまり」アーサーはゆっくりと抑えた口調で言った。「地球はもともとここで……つ、つくられたってことですか」

「そうだよ」スラーティバートファーストは言った。「あそこに行ったことはないかね……たしかノルウェーと言ったと思うが」

「いいえ、ありません」とアーサー。

「それは残念だな。あれはわたしの作品でね、賞をもらったんだよ。美しく縮れた海岸線。あれが壊されたかと思うと残念至極だよ」(1)

子どもは自然界の背後にいる行為者をこのように見ているのだろうか。子どもは人間が世界を作ったのではないと知っていることはわかったが、創造する神々は、自然物を作る能力はあるが、制限のある人間とそれほど変わらないのではないだろうか。

多くの大人にとって、神は、自然界や自然現象の一部（または全部）を司る以外の特徴も持っている。大人にとっての神々は、時には、超越的な知識を持っていたり、人間の手に負えないほどのものを見聞きしたり注意を払ったり、不死身であるといった特徴を持つ。

この章では、子どもの心の特性理解がどのように発達していくのか、そしてその発達が、超越的な知識を持つ神について学び、理解することをどのように促進し、さらには励ますのかを考える。ある意味では、他の人間の心や動物の心を理解することは、神の超越的な心についての基本的な理解を得ることよりも難しいかもしれない。

超越知を持つ神

この二〇年間、子どもの発達に関する研究で注目されているのが、「心の理論」と呼ばれる分野である。心の理論とは、人が他者の思考、知覚、欲求、感情などの心をいつ、どのようにして理解するかに関するものである。この分野の研究が注目されている理由の一つは、心の理論が正常な社会的機能に決定的に重要であるからだ。

あなたが、他の人々に思考や感情などの心理状態があることを理解していないと想像してみよう。他の人々は、しばしば不可解な行動を示す複雑な機械に過ぎないだろう。人々の感情、記憶、未来への希望、意見、憧れは、自分からは見えなくなる。単純な人間の社会的交流さえ厄介なものになるだろう。

次のようなシーンを考えてみよう。ジョンは朝早く起きて、さっそうと台所に入ってくる。隅に置かれたコーヒーポットに頭と目を向け、唇に微笑みを浮かべている。ジョンはコーヒーを淹れると、角を回って隣の部屋に入って朝食をとり、自分ではコーヒーは飲まない。妹のジェーンがよろよろと部屋に入ってきて、朝食を物色し始める。やがて二人の母親が匂いを嗅ぎながら入ってくる。母親はコーヒーポットの方に目を向け、満面の笑みを浮かべる。そして「ジェーン、コーヒーを淹れてくれてありがとう」と言う。ジェーンは食べ物を探している間も顔を上げず、平坦な調子で「どういたしまして」と言う。ジョンは表情を変え、顔をしかめ、唇を引き締める。背中を丸めて部屋を飛び出していく。

このシーンは、観察者にいくつかの疑問を投げかける。なぜジョンはコーヒーポットを見て微笑んだのか。なぜジョンは自分が飲まないコーヒーを淹れたのか。なぜ母親はコーヒーを淹れたことをジェーンに感謝したのか。ジェーンはなぜ「どういたしまして」と言ったのか。なぜジョンは表情や姿勢を変えて突然部屋を出たのか。

正常に成熟した心の理論を持つ人にとって、このようなシーンは、起こっていることの理解につながる多くの異なる心理や感情の状態が関与するものとして、容易に理解できる。ジョンは（おそらく）、母親を喜ばせるためにコーヒーを淹れようと思い、母親を喜ばせることや母親がどう反応するかを考えて微笑んだ。母親はジェーンを見て、彼女がコーヒーを淹れたと（間違って）思い込んだ。母親は、朝のコーヒーが好きなので喜び、ジェーンに感謝した。ジェーンが感謝を受け取ったのは、自分がやっていないことを手柄にしたかったからか、それとも、ぼんやりしていて不注意に反射的に答えたからかのどちらかだ。ジョンの表情や姿勢が変わったのは、自分がやったのにジェーンが褒められたからか、ジェーンがわざと自分がコーヒーを淹れたという印象を与えていると認識して、ネガティブな感情を抱いたからである。

成人した人間の多くは、他者の感情、欲求、思考、視点を素早く理解し、それらがどのように行動を引き起こすかを理解する能力を当然のことと考えており、そのような能力がどれほど大変な成果であるかを認識していない。このような強固な心の理論に基づく推論は、人間以外持っていないスキルかもしれないし、全ての人間が持っているものでもないかもしれない。自閉スペクトラム症などの一部の障害を持つ人たちは、このような能力を容易に手に入れることができないかもしれない。また、正常に発達した大人の人間であっても、他者の考えや感情を推論する速さや流暢さにはかなりの差がある。ある人は社会的に優れた共感者であり、わずかな情報で他者の思考、感情、欲求、性格、人間関係について豊富な推論を行うことができる。このような社会的天才にとっては、次のような四文のメロドラマのようなやりとりで、生、死、そして愛についての全体的なストーリーを紡ぎ出すことができる。

「彼が?」
「そう、残念だけど」
「……気持ちを切り替えるべきだと思う」
「コーヒーでもおごるよ」

そして、はるかに多くの情報を得ても、どうしても理解できない人がいる。哲学や科学など他の分野では優れていても、社会的には障害がある(大学には、このような人たちが通常よりもたくさんいるようだ)。同様に、4歳までの子どもたちは、これらの能力を持たないか、少なくとも能力に乏しいかもしれない。心の理論に基づく推論は、発達段階において重要な役割を果たす。

2歳児とかくれんぼをしていると、顔だけ覆って隠れたつもりになっているという経験を多くの人がしたことがあるだろう。私はこの年齢の子どもたちが、部屋の隅で顔を壁に向けて立っているだけで、隠れたつもりになっているのを見たことがある。これは、他者の視点を認知できず、隠れている場所がわかってしまうという知識が欠けている証拠である。

3歳児と電話をしていて、その子どもがまるであなたがその場にいるかのように話し始めたことはないだろうか。「これは私の新しいシャツで、あれは私の子猫で、この子は私の友達のボビーだ」と、自分の話していることがあなたに見えているつもりで話し始める。この面白い傾向も、この年齢では他者が何を見ており、何を知っているかを把握することが難しいことを示している。自分が見ている、あるいは知っていることは、あなたもそうに違いないと思うのである。

数十年にわたる、子どもが他者の心的状態（視点、信念、欲求など）をどのように理解するかに関する研究で蓄積されたエビデンスは、2—3歳の子どもが他者の信念や視点の本質を十分に理解していないことを示している。過去数年間の新しい実験から得られたエビデンスにより、子どもは生後二年目には初歩的な心の理論を持っている可能性が出てきたが、多くのエビデンスは、4、5歳以前の子どもは、他者の心的状態に関して自己中心的な現実主義者である可能性を示している。[2] つまり、「私が知っていることは、他の人も知っている」と意識的に考えているようだ。[3] もし私が3歳児で、銀食器の引き出しにミミズがいることを知っていたら（「どうやってあんなところに入ったんだろう」）、母もそれを知っている。もし、3歳の私が座っているところから窓の外の鳥が見えるなら、窓から離れた部屋の反対側にいるあなたにも鳥が見えるはずだ。

もし機会があれば、幼い3歳児に次のような遊びを試してみるとよい。塩味クラッカーの箱のような身近な容器を用意する。中のクラッカーを空にして、鉛筆や石ころなど、意外なものを入れる。そして、箱を閉じる。3歳児に閉じた箱を見せる（ガタガタと変な音をさせて、中身を変えたことがばれないように注意する）。箱の中に何が入っていると思うか聞いてみる。おそらく、その箱をよく知っている子なら、「クラッカー」と言うだろう。それから箱を開けて、中にある石ころを見せる。その子は驚き、失望と驚きの入り混じった顔であなたを見るだろう（この人はとても奇妙な人にちがいない）。もう一度箱を閉じ、もう箱の中身が見えないことを子どもに確認してもらう。「よし、誰も箱の中が見えないように、箱を閉じた。この閉じた箱の中が見えるかな？」、そして「この閉じた箱の中に何が入っているか覚えているかな？」と聞いてみる。

もう一度「石」と答えたら、遊びの始まりだ。誰かその子が知っている人で、その部屋にいない人を選ぶ（ここでは、この人をメアリーと呼ぶ）。そして、「もし、お友達のメアリーが遊びに来て、この閉じたクラッカーの箱を見たら、メアリーは中に何が入っていると思うかな？」と尋ねる。おそらく3歳児は、「石」と答えるだろう。

そこで、なぜメアリーはクラッカーの箱の中に石があると思うのか説明して、と頼むと、その子はおそらく、クラッカーの箱の中に石がある事実をそのまま指摘するだろう。メアリーがクラッカーの箱の中に石があると思う理由は、それで十分なのだ。言い換えれば、箱の中に石があるという事実を知ってしまうと、メアリーは箱の中に何があるのか知らないと言いにくくなるのだ。

さらに驚くべきことに、幼い3歳児に、中身を見せる前に最初に箱を見せたときに、何が入っていると思ったかを聞いてみる。おそらくその子は「石」と答えるだろう（笑わないでほしい）。次に、クラッカーの箱の中にクラッカーが入っていると思ったことがあるかと尋ねると、「ない」と答えるだろう。この可愛らしい楽しい子どもがひどい嘘つきだと結論づける前に、この年齢の子どもは自分自身の心的状態にさほどしっかりアクセスできるわけではないことを理解してほしい。箱の中には石が入っていると信じているため、以前はそう思わなかったことが理解しにくいのだ。子どもは現実主義者なのだ。どのようなことであっても、人は現実にある通りのことを考えるはずなのだ。ほとんどの3歳児はこのように行動する（親の了解が得られれば、いつか試してほしい）。5歳か6歳になると、ほとんどの子どもは、初めて箱を見た人は見た目に騙されて、誤ってクラッカーが入っていると思うことを理解するようになる。そのような年上の子どもたちは、自分たちが騙されたことも覚えているだろう。

今説明した一連の質問は、発達心理学者が他者の信念に対する子どもの理解を探るために使ってきた誤信念課題の一種である。信念は誤ることがあることを子どもが理解しているかどうかを確認するため、「誤信念課題」と呼ばれる。前の例では、子どもはメアリーがクラッカーの箱の中身について間違った信念を持っていることを理解していなかった。ある考えが、間違っていても信じられることがあるとわかるようになって初めて、子どもは信念とは何かを本当に理解していると確信できる。それ以前は、「私は～を信じている」は単に「～ということだ」を意味しているかもしれない。私たちはこの課題を使って、子どもが神の信念を理解しているかを調べたので、クラッカーの箱の課題に戻ろう。

神の知識

心の理論に関するあらゆる実験において、一つのテーマが何度も繰り返し浮上してくる。課題にもよるが、3歳児や多くの4歳児にとって、他者の視点や信念を理解することは困難である。クラッカーの箱を使った実験で見たように、自分が知っているように人々は世界を見ていると考えている。他者は、（少なくとも子どもが信じている世界については）常に正確な知識を持つと信じているのである。

　他者の信念を常に正しいものとして理解することは、キリスト教徒やユダヤ教徒、イスラム教徒が神について考えるのとよく似ていると、私や私のかつての教え子であるレベッカ・リチャートとアマンダ・ドリーセンガは思い到った。神がもつ信念もまた、常に正しい。ピアジェとその弟子たちから受け継いだ、子どもは8歳頃になるまで神と人間を区別することができないという常識に基づくと、[4] 子どもはまず、神は人間と同じように正確な信念を持っていると考え（3歳）、次に神は他の人間と同じように誤信念を持つことがあると考え（5歳）、最後に神が単に特別な人間ではないと理解できるようになると、また神は正確な信念を持っていると理解する（8歳頃）。このような不規則な発達パターンは、発達心理学者にとって興味深いものであり、私たちはそれを確認しようと考えた。私たちの問いは次のようなものであった。子どもは本当に、神の知識と人間の知識を同じものとして扱っているのだろうか。8歳や9歳以前の子どもたちがそうすることは可能なのだろうか。

　これらの疑問を解決するために、プロテスタントの家庭の3歳から6歳の子どもたちに（「神」の意味を知っている子どもが必要であった）、クラッカーの箱の課題を実施した。閉じた箱を見せ、中に何が入っていると思うか尋ね、中の石を見せた後、再び箱を閉じた。そして「もし、あなたのママ（またはパパ）がこの閉じた箱を初めて見たら、中に何が入っていると思うだろうか」と尋ねた。また、動物や神など、箱を見る可能性のある他のものについても同じ質問をした。「もし神様がこの閉じた箱を初めて見たら、中に何が入っていると思うだろうか」。

母親（または父親）や動物について答えるとき、子どもは私たちが慣れ親しんできた誤信念課題と同じパターンを示した。3歳児の約80％が「ママは箱に石ころが入っていると思う」と回答した。5歳児になると、約80％の子どもが「ママは箱の中にクラッカーが入っていると思う」と誤った信念を答えた。もし、この年齢の子どもにとって「神」は特別な人間でしかないというピアジェの考えが正しいのであれば、子どもが神について考えるときも同じような回答パターンになるはずである。しかし、そうではなかった。むしろ、どの年齢層の子どもたちも、だいたい80％かそれ以上が、「箱の中に石があることを神様は知っているだろう」と答えた。つまり、子どもは必ずしも神をただの人間として考えてはいないことを示す証拠である。5歳の時点ですでに、誤信念課題において、子どもたちは神を人間（および動物）とは著しく異なるものとして扱っていた。子どもたちは、「神は何でも知っている」ということを単になぞるのではなく、神の超越的知識を理解した上で、奇妙な新しい問題を解決するために使っていたようである。

より低い年齢の子どもたちは、神を人間と同じように扱っていた。それは、神を人間のように騙すことができるとするのではなく、人間（や動物）を神のように騙すことができない存在として扱ったということである。この研究に参加した子どもたちは、3歳児から神学的に正確であることがわかった（つまり、神は箱の中に石があることを知っている、と考える点で）。人間に関しては、5歳までは大多数が正確ではなかった。

したがって、8歳か9歳頃までは、子どもは神を人間とは違うものとして考えることができない、というピアジェの考えは誤りである。とはいえ、ピアジェの推論は、それほど的外れなものではなかったかもしれない。ピアジェは、子どもが神と人間を混同していると言われる理由の一つに、子どもは大人が神のような性質を持っていると考え、人間の限界を学びながら幼年期を過ごすことを挙げている。この点でピアジェは正しかったと言えるだろう。この実験やその他の類似した実験から、3歳児は、神が人間的だからではなく、ある点では人間が神のような知識を持っているという理由で、神と人間を同様に扱っているように見える[5]。

他の実験では、同じことを別の方法で研究している。これらの実験では、不明瞭な視覚的表示や活動を理解したり解釈したりするために、どのような事前の背景知識が必要かを調査した[6]。全知の神は、必要なあらゆる背景知識を持っているはずである。これらの実験の動機は、飼い犬や飼い猫の視点を考慮することで簡単に理解することができる。

子どもの頃、両親が私と弟をシエラネバダ山脈にキャンプに連れて行ったことがあった。ゴールデンレトリバーとクランバースパニエルのミックス犬であるドビーも一緒だった。寒がりの両親が岸辺から見守る中、私と兄は青く透き通った山の湖で泳いだり、遊んだりした。やがて、私たちが喜びの叫び声を上げると、心配になった犬が冷たい水の中に飛び込んで、私たちを助けようとした。ドビーは私たちが危険な目に遭って、助けを必要としていると確信したのだ。こう書くと、この立派な仲間に心的活動を想定しすぎているように思われるかもしれないが、言いたいことははっきりしただろう。犬が誤解したのは、（クラッカーの箱の課題のように）その場の状況を理解する上で必要なものを見聞きできなかったからではなく、見聞きしたものを理解するために必要な背景知識を持ち合わせていなかったからである。動物の前に新聞を置いても、動物は読めない。同じように、あなたが目の前に本を持っていても、読んでいることがわからない。このほかにも、愛猫や愛犬が、あなたのしていることを見ていても、それを理解できないケースは、いくつも考えられる。

見えているものを理解するための背景知識が欠けていることがあるのは、動物に限らない。子どもも大人も、常にこの問題を抱えている。知らない言葉で話しているのを聞いたり、外国語で書かれたものを読もうとしたりしたとき、背景知識がなく、聞いたり見たりしたものを理解できないという同じ問題に直面したはずだ。大人になると、これまでの経験や一般的な能力が、現在の経験を理解するのにどのように影響するのかを理解するようになる。

これらの観察は、心の理論に関心を持つ発達心理学者に次のような問いを投げかける。全ての人が同じ背景知識を持っているわけではないことを、子どもはいつ理解できるのだろうか。具体的には、人間、動物、そして神の間で、ある表示や出来事を理解するために必要な背景知識をどの程度持っていると考えられるかについて、違いを見出すのか。

ロクサーヌ・ニューマン、レベッカ・リチャートと私は、子どもが表示の意味を理解するために背景知識の本質的理解を必要とする三つの課題を用いて、これらの問題を探求するための実験を開始した[7]。最初の課題は、以前から使われている無意味絵課題のバリエーションである[8]。この課題では、実験者は子どもに厚紙で部分的に覆われた絵を見せる。大きな厚紙から切り取られた窓を通して、子どもは二つの青い長方形に挟まれた赤い丸を見る。実験者は子どもに、この絵は何を描いているのかと尋ねる。子どもは、たとえば「大きな赤い丸と二つの小さな青い四角」と答える。その後実験者はカバーをとって、絵の全体を見せる。二頭の青いゾウが赤いボールを鼻の間に挟んでいる絵である。実験者は、子どもに絵全体が見えるようになった今、描かれた絵が何かを理解したことを確認した後、厚紙で再び絵を隠して、赤い丸と二つの小さな青い長方形だけが見える最初の状態にする。次に実験者は子どもに、覆われた絵だけを見た人は何を描いていると思うかを尋ねる。

二つ目の課題は、秘密の暗号である。私たちは、暗号の一部となる奇妙な形の記号を三つ作った。実験者は、誰も知らない秘密の暗号を発明したが、子どもには教えてあげよう、と言い、それぞれの記号が書かれた三枚の紙を子どもの前に置き、その意味（たとえば、ボール、自転車、など）を説明した。そして、子どもがそれぞれの記号の意味を言えるかを確認した。子どもがそれぞれの記号に対応する単語を覚えると（通常、それほど時間はかからず、一回目で正解する）、実験者は、他の人が初めてこの暗号を見たらどう思うかという質問をした。

三つ目の課題も、同じロジックで行われた。皆さんは、ある部屋に入ったら、まったく理解できないゲームのようなもので大勢の人が楽しそうに盛り上がっていた、という経験はあるだろうか。私にはある。数分間見聞きして、ゲームをしていることは推測できたが、なぜそんなふうに行動したり発言したりするのか、さっぱりわからなかった。ルールを理解するための背景知識が不足していたのだ。いらだちはしたが、何らかのゲームが行われていることは、概念的に理解できた。一般的な飼い猫や幼児は、おそらくその程度のことも理解できないだろう。この三つ目の背景知識課題で、ニューマンは、自作のボードと駒、そして説明されなければ意味不明なルールの新しいボードゲームを作った。そして、3歳から6歳の子どもの前でそのゲームを始め、しばらくすると遊ぶのをやめて、「私が何をしているかがわかる?」と問いかけた。ニューマンが何をしているのか、またゲームのルールが何かを子どもが知らないことを確認した後、彼女は、これは自分が考案した新しいゲームで、まだ誰も知らないことを説明した。そして、ルールを説明し、一緒に遊ぼうと誘った。そしてその後、別の人間、犬、神は「私が何をしているかがわかる?」と質問した。

「無意味絵」「秘密の暗号」「新しいゲーム」の三つのいずれの課題においても、3歳児は母親や神や他の誰でも、覆われた絵が何を示し、秘密の記号が何を意味し、ゲームが何であるかを知っていると考える傾向があった。5歳児と6歳児は、クラッカーの箱課題と同様に、神以外は、実験者が何をしているのかは説明されるまで知らないだろうと考えていた。また、クラッカーの箱課題と同様に、年少の子どもは、人間と犬の知識を過剰に想定し、神のように扱った。3歳児はここにいない他の人もゲームを理解すると考えたが、全年齢の子どもの大多数は、神はゲームを理解すると考えていた。ピアジェの予測は間違っていた。8歳以前の子どもは、神は正しい信念を持っており、人間は誤った信念を持ちうると考えることができるのである。(9)

第1章で、ブラッドリー・ウィガーの子どもの空想上の友達に関する研究に触れた。彼は、空想上の友達や見えない友達を持つ3歳から5歳の子どもたちに、「無意味絵課題」「秘密の暗号課題」「クラッカーの箱課題」を行わせた。[10] そして、それぞれの子どもに、目に見える友達、目に見えない友達、犬、そして神について質問した。結果は、ここで述べた研究と同様であった。最年少の子どもは全ての行為者を超越的な知識を持つものとして扱ったが、年長の子どもは、神だけが超越的な知識を持つとした。興味深いことに、子どもは目に見えない友達より先に犬や目に見える友達を、誤った信念を持っていたり無知でありうるものとして想定するようになり、最年長児でも目に見えない友達の方が目に見える友達や犬よりも物事を知っている可能性が高いと見なした。目に見えない友達の方が、目に見える友達や犬よりも、より神のような存在だった。教え込みも、それを支える宗教的なコミュニティがなくとも、子どもたちは自分たちで見えない超人間的な存在である神々を発明していたのである。

神の記憶

法廷での証言から、番組の放送時間が七時か七時半かの判断に至るまで、私たちはしばしば他人の記憶を信用するかどうかを決めなければならない。その際、単純に記憶力が優れているのは誰かが問題になることがある。たとえば、私の妻は多くのことを記憶しているが、時間、日付、数量など数字には疎い。一般的なステレオタイプに反して、結婚記念日の日付を思い出せないのは、私ではなく彼女の方だ。

また、動物を見ていると、動物によって物覚えの良さが異なることに気づく。リスはドングリをどこに置いたか忘れるが、鳥はドングリの場所を正確に把握しているようである。ゾウは決して忘れないと言われている。ゾウの記憶が完全無欠というのは大げさかもしれないが、神は忘れることがあるのだろうか。

私の共同研究者であるエマ・バーデットは、子どもは神を含む他者が記憶したり忘却したりする存在だと考えているかを確かめる実験を計画した。[11] この課題では、片面に絵が描かれ、もう片面には何も書かれていないカードを何枚も見せ、裏返したカードのうち動物（あるいは他の描かれているもの）が描かれたカードはどこかを覚えてもらうという、一般的な記憶カードゲームを用いた。バーデットは、3歳から7歳のユダヤ教徒のイスラエル人家庭の子どもに、次々と記憶カードを見せ、カードを伏せたときに目的の動物（たとえば牛）がどこにいるか思い出せなくなるまでカードの枚数を増やしていった。子どもが動物の場所を覚えていないことを認めた後、バーデットは、母親や神などさまざまな他者が同じ状況で覚えているかどうかを尋ねた。このとき、どの年齢の子どもでも、たとえ一番小さな子どもでも、自分が忘れているときにも神は覚えている可能性が高いと考え、母親よりも覚えていると見なされることが多かった。しかし、これまでの研究と同様、子どもたちは他者の知識をとりあえず信じる傾向があった。自分たちが無知であっても、他者（動物、人間、神）なら知っているだろうと考えていた。

教え込みだけか？

これらの研究は、私たちに三つのことを教えてくれる。第一に、ピアジェが考えたように、8—9歳以前の子どもにとって、神は単なる一人の人間ではない。むしろ、5歳までには、明確な区別が可能になる。第二に、これらのシナリオにおいて、3歳児と4歳児は、他の人間の知識よりも（その親たちのキリスト教の神学に照らして言えば）神の知識をより正確に予測し、過剰に知識がある存在として想定する傾向がある。第三に、5歳までに、人間に関する考えの正確さが、神に関する考えの正確さに追いつく。

教え込み仮説で言うところの教え込まれたことがある人、あるいは行き過ぎた結論に対して健全な疑いを持つ人なら、前章で報告された研究対象の子どもたちが、宗教的な家庭の出身であることに気づいたかもしれない。おそらく、そのような家庭で育った子どもたちには、非常に幼い頃から「神を正しく理解する」ことができる（そして親を神のような存在として扱うことができる）、何か特別な理由があるのだろう。たとえば、全知の神という概念を叩き込まれた彼らは、なじみのないちょっとしたゲームの文脈でも、この神学的教えを自動的かつ適切に、神が知っていることに適用するのだろう。おそらく。

教育的あるいは宗教的な養育において、この子どもたちが一般的な子どもの代表ではないかもしれないことは認める。おそらくこの子どもたちは、8歳以前の子どもが必ずしも神を擬人化するわけではないことを示しているに過ぎない。つまり、4—6歳児は、ある文化的条件のもとでは、神の認識や知識を人間のそれとは別なものとして扱うことができるが、それはかなり特殊な条件かもしれない。

もし教え込み仮説が正しければ、子どもは超人間的属性を持つ神という考えへの特別な受容性を持つわけではなく、教えられたものと同等の能力があるものとして想定するだけである。もし子どもが、ある種の神は人間と同じように誤りを犯し、別の神はきわめて賢いという宗教を教えられたら、どちらのタイプの神についても同じペースで学んでいくはずである。つまり、きわめて賢い神々の方にもともと偏っているのでなければ、愚かな神々についても同じかそれよりも早く学ぶはずだ。このような賢い神とそうでない神の両方を持つ多神教の集団に関する調査の結果、教え込み仮説には問題があるようだ。

小学校の歴史の授業で習った印象とは違って、マヤ族は絶滅したわけではなく、現在もメキシコ南部とグアテマラに住んでいる。多くのマヤ族は、マヤ族の伝統的な信仰と、後に入ってきた主にローマ・カトリックのようなキリスト教の信仰が混ざり合った、混合的な宗教を持っている。その結果、彼らは多くの異なる神々を信じている。ディヨース（キリスト教の神）、太陽神、森の精霊（森の支配者と呼ばれる）、そしてチイチ（悪い子どもをさらっていく鬼に相当するもの）をはじめとする多くの超自然的な存在を信じているのである。ディヨースは全知である。太陽神は高いところにいる見晴らしの良さから、いわば太陽の下で起こっていることは何でも知っている。したがって、非常に知識の豊富な神である。光のあるところならどこにでも、太陽神の知識は届く。森の支配者は、その名の通り、森に生息する動植物や森の中の様子など、森のことなら何でも知っている精霊である。森で怪我をしたとき、森で狩りをするときは、森の支配者にお願いをすればよい。チイチは二流の精霊である。大人が子どもを怖がらせて正しい行動をさせるために使う、子どもをさらう鬼やその他の小さなおばけのように、チイチはその力と知識に誤りを犯しやすい。彼らは、嫌な、迷惑なやつだが、人間を騙したり騙されたりする。このように多様な性質を持つ神々がいることは、これまで研究の対象としてきた一神教を信じる文化圏とは重要な点で異なる集団に属する子どもたちが、神と人間を同様に区別できるか、また、これらの子どもたちがマヤ族の大人のように、さまざまな種類の神を区別することができるかどうかを試してみる絶好の機会である。ディヨースは全知だが、森の支配者の専門知識は、あくまでも森の中に関するものである。子どもたちは、このような細かい区別ができるのだろうか。

私の共同研究者である人類学者で心理学者のニコラ・ナイトは、マヤの子どもに対してクラッカーの箱課題を行った[12]。クラッカーの箱はマヤの子どもにとってなじみが薄いため、彼はトルティーヤを入れるためによく使われる中空のひょうたんを身近な容器として選んだ。そのようなひょうたんの中に石ころがあっても、北米のクラッカーの箱の中に石ころが入っているほどの驚きはないかもしれない。そこでナイトは、びっくり仰天するものを使った。それは、下着のボクサーパンツである。

ナイトは、子どもたちの母語であるユカテク語の通訳の助けを借りて、4歳から7歳の子どもたちにトルティーヤひょうたんと、ディヨース、太陽神、森の支配者たち、チイチ、人間をかたどった人形、身近な動物（蜂、犬、ヘソイノシシ、ジャガー）の人形などの、さまざまな行為者に関するインタビュー調査を行った。設定は、クラッカーの箱課題と同様である。実験者は、厚紙で開口部を覆ったひょうたんを子どもたちに見せ、その中に何が入っていると思うか尋ね、その後、驚くべきことに中身がボクサーパンツであることを見せた。次に実験者はひょうたんの口にもう一度蓋をして、人形、動物、さまざまな神々は容器の中に何が入っていると思うかについて尋ねた。これまでの研究と同様、最年少の子どもたちはディヨースを人間と同じように扱った。多くの子どもたちは、トルティーヤが入っていると信じていたのに意外にもボクサーパンツが入っていたひょうたんの中に、神も人間もボクサーパンツが入っていると思うだろうと答えたのである。7歳になると、ディヨースはひょうたんにボクサーパンツが入っていることを知っているが、人間はトルティーヤが入っていると勘違いしていると考える子どもが大半を占めた。アメリカでの実験と同様に、人間が知っていることについては年齢によって回答が大きく変わるが、ディヨースについては年齢による差は見られなかった。子どもたちは、年長でも幼くても同じように、ディヨースはひょうたんの中にボクサーパンツが入っていることを知っていると答えた。

これによって、8歳以前に神と人間を区別する能力はアメリカのサンプルに特有なものかという最初の疑問に、答えることができるだろう。ユカテカマヤの子どももアメリカ人の子どもも、人間の信念をうまく予測できるようになった途端、人間と神を区別するようになった。誤信念課題に「合格」する前にはどちらの子どもも、神と人間の両方が、正しい信念を持つものとして想定したのだ。

他の神々はどうだろうか。意外なことに、子どもたちはそれぞれの神が持ちうる知識にはある程度の濃淡があると感じていることを示した[13]。ディヨースはひょうたんの中身を知っていると思う子どもが大多数だったが、太陽神や森の支配者が正しく中身を知っていて、ボクサーパンツがひょうたんに入っていると思うだろうと答えたのは、半分程度に過ぎなかった。愚かなチイチに至っては、人間や動物について尋ねたときと同じような答えが返ってきた。子どもたちは、チイチはひょうたんにトルティーヤが入っていると思うことが多かった。この実験から、子どもは8歳までに神と人間を区別することができるだけでなく、この年齢からさまざまな神を区別することができるようになることが示された。信念は誤る可能性があることを理解できるようになると、マヤの子どもたちはさまざまな神々の潜在的知識の違いを識別できるようになることを示した。しかし、もっと幼い子どもたちは、全ての行為者が超越的な知識を持つと想定する傾向があった。ディヨースは何でも知っていると教え込まれたとしても、チイチについては教え込まれなかったはずである。しかし、幼い子どもたちにとっては、チイチも（人間やヘソイノシシも）ひょうたんの中身を神と同じように知っているのである。この結果は、生まれながらの信仰者説には合致するが、教え込み仮説では説明しがたい。

神は何を知るか？

3歳児は神が超越的な知識を持つものと想定するが、この子どもたちが神などを全知あるいは何でも知っていると理解していることを意味しているわけではない。実際、大人が必ずしも神を厳密に全知と見なしているわけではないと考える根拠はいくつかある。少なくとも私にとって、全知とはどういうことかを考えるのは、概念的に難しい。自分は知らないが知ることができるものを知る、ということを完全に理解することは困難であろう（わかっていただけるだろうか）。クラッカーの箱実験、トルティーヤのひょうたん実験の結果や、その他これまで述べたものについては、さまざまな解釈が可能である。最年少の子どもたちは、神々の知識とはどのようなものだと考えているのだろうか。次の三つの可能性がある。

1　全知。子どもは、自分以外の存在は全てを知っていると思っている。つまり、神も親も、そしてゾウでさえも、全知である。

2　子ども中心の知識。子どもは、自分が知っていることは他者も全て知っているが、自分が知らないことは何も知らないと思い込んでいる、いわば寛大な自己中心主義である。この選択肢の少し異なるバージョンは、子ども自身が気にかけていることについてのみ他者は完全に正確な信念を持っているが、必ずしも子ども自身が知っていることに限定されないというものである。

3　知識への完全なるアクセス。3歳以下の子どもは、他者が完全に全てを知っているわけではなく、子どもが知りうるもの、知る価値があると認識しているものだけを知っていると考える。

この三つの可能性のうち、どれが3歳児の考える他者の信念を最も正確に捉えているかを見分けるには、もっと多くの実験が必要だが、最初の選択肢は除外してよいと思う。子どもが、他者は絶対に何でも知っている、つまり厳密な意味で全知であると思うことはあり得ない。というのも、他者は何でも知っていると考えるには、何でも知っているとはどういうことか、特に私たち自身が知らないことや知りうることを、かなり深く理解する必要があるからだ。ギリシャやスペインの子どもたちを対象に行われたいくつかの実験では、完全な全知（選択肢1）に疑問を呈している。

ニコス・マクリスとディミトリス・プネフマティコスは、ギリシャ正教会の家庭の子どもたちに未知のものが入っている箱を見せ、神と人形（ティティ）は箱の中身を知っているかを尋ねた[14]。その結果、3歳児と4歳児の大多数が、ティティと同程度に、神は箱の中身を知らないだろうと答えた。5歳になると、子どもたちは神の知識とティティの知識を明確に区別し、大多数の子どもたちは、ティティは箱の中身を知らないと考える一方で、神は知っているだろうと考えた。これまでと同様、ピアジェの観点で予測されるよりも何年も前に、子どもたちは神の心と人間の心を区別していたが、この場合、最年少の子どもたちは神の知識を誤って予想する傾向が見られた。このような結果は、対象集団や使用された課題に特有のものである可能性もあるが（確証を得るにはさらなる研究が必要である）、子どもが神を全知ではなく、ある点において超越的な知識を持つとしか考えていないことを示す可能性もある（上記2または3の選択肢）。おそらく、知らないことに関して無知の状態にある幼い子どもは、自分が知らないものを知りうるものと見なすことが難しいのだろう。自分自身で使える知識がないため、他者に知識があるものと想定することが難しいのかもしれない。

マルタ・ヒメネス－ダーシらは、子どもは神を（また他者を）完全に全知であると理解するか、それとも超越的な知識を持つものと理解するかに関する、同様の実験を行った[15]。ヒメネス－ダーシらのチームは、クラッカーの箱課題のバリエーションをスペインの子どもたちに対して行った。この場合、なじみのある箱はスマーティーズ・キャンディの箱で、中に何が入っているかわからないように、最初はプレゼントのように包まれていた。実験者は、3—5歳児の半数に、友達は包装されたままの箱の中身を確かに知っているか、それとも推測しなければならないかを尋ねた。残りの半数の子どもたちには、神について同じ質問をした。神は、包装された箱の蓋を開ける前に、何が入っているか知っているのだろうか。ヒメネス－ダーシの実験では、3歳のスペインの子どもたちは、神は箱の中身を知っているだろうが、友達なら知らないだろうと考える傾向があった。二つの質問に対する答えのうち、4分の3以上が神は箱の中身を知っていると答え、約3分の2が友達は知らない、と答えた。このようなパターンは、5歳児でも同じであった。つまり、3歳児でさえ、友達の無知が神には当てはまらないことを認識し、人間の心と神の心を区別することができるのだろう。

エマ・バーデットと私は、彼女がユダヤ系イスラエル人の子どもたちに行った一連の課題、つまり中身がわからない手がかりのない箱の課題で、これらの問題を再検討した。前述したように、あるカードの場所や箱の中身について知らない場合でも、3—4歳の最年少の子どもたちは、神は知っていると想定することが最も多かった。つまり、自分たちが箱の中身を知らなくても、神は知っていると思うことができたのである。この結果は選択肢2を否定し、子どもは神を全てのものにアクセス可能な超越的な知識を持つ存在として扱う傾向があるとの選択肢3を支持する[16]。

まだ多くの疑問が残っているが、暫定的に3歳児は、(1)神と人間がそれぞれ知っていることと知らないことによって、両者を区別できること、(2)多くの場合、他者の知識や信念の正確さを過大視する傾向があること、(3)特に自分が知らないことについては、神や他の人間も現実を知らないと認めることもあることから、神や人間を完全な全知とは考えにくいこと、と結論できるかもしれない。3歳児は、全ての行為者について、全知ではなく、単に超越的な知識を認めるようである。神や両親や他の人たちは、知るべきことを全て知っている（知識への完全なるアクセス）と考えている。子どもは多くの場合、他者は人間的というよりも神のような超越的な知識を持つという仮定から出発する。

これらの結果は、子どもが超越的な知識を持つ神について学び、信じることはまったく難しいことではないことを示唆している。むしろ、限界のある、しばしば何かを知らない親について学び、それを信じることの方が、子どもにとって難しいかもしれない。親にとって良い知らせは、子どもは親が愚かであることを学ぶより早く、神が賢いということを学ぶということである。

第5章　神の性質

英語圏の人々は、神々は特別な知性を持っていて、人々が秘密にしていることにアクセスできる（全てを見て聞いて、心を読むことができる）と思いがちだが、全ての神々がそうであるわけではない。ある特定の場所や行動に限った知識を持っている神々もいるし、あまり賢くない神々もいる。ユカテカマヤの森の精霊たちは、森の生活と森で起こっていることについては素晴らしい知識を持っているが、村で起こっていることにはほとんど関心がない。同様に、ハーヴィー・ホワイトハウスは、パプアニューギニアのバイインの人々についてのエスノグラフィーの中で、祖先は人々の考えや行動を把握しているが、森の精霊（セガ）は間違いを犯しやすく、人々の心に特別なアクセスはできないと考えられていると述べている。[1] キリスト教では、これらの超自然的な存在を区別している。私が子どもの頃、世界についての事実、未来、私たちの考えや行動など神は全てを知っていると教えられた。悪魔は確かに抜け目がないが、心を読めず、間違いを犯すこともあると。同様に、ユダヤ教の伝統的な慣習では、毎月、新月を祝う儀式がある。しかし（第七の月である）ティシュレイの月には、祝賀はヨム・キップール（贖罪の日、ユダヤ教の大祭日）の後に延期される。このような習慣の違いについてのよくある民間の説明は、悪魔にヨム・キップールの正確な日を知らせないためというものだ。どうやら悪魔というのは、毎年簡単に騙されてしまう頭が良くないものらしい。神や超自然な存在には、もっと頭が悪いものもいる。[2] アジアやアフリカの多くの伝統的な文化では、親は赤ちゃんに変な名前をつけたり、馬鹿にしたりして、悪霊が赤ちゃんに気づいて攻撃しないようにする。

第4章で紹介した、幼い子どもが持つ、自分以外の人間はみな超越的な知識を持っていると思い込む傾向は、特定の特性を持ったある種の神の概念を獲得するのに役立つ。キリスト教、イスラム教、ユダヤ教で共通して神が持つとされる属性の全てが、特別な発達によって扱われているわけではない。たとえば、三つの位格が一人の神であること（キリスト教の三位一体の概念）が、子どもや多くの大人にとって納得できることを示すエビデンスはない(3)。同様に、イスラム教の一部とユダヤ教とキリスト教の神学者が言う、空間も時間も持たない神というのは、大人の心にも子どもの心にも負担をかけるようだ。この点については、次の章で触れよう。

神のどのような特性が子どもにとって自然的であるかについては、まだ明らかではない。この章では、さらにいくつかの属性を考える。第一に、子どもは心の発達によって、神を超越的な知覚を持ち、不死で、道徳的に善い存在であると容易に理解するのかどうかを考察する。もしかすると、（子どもが生まれながらにして信じている）神は、非常に頭がよくて、自然界の少なくとも一部をデザインしたのかもしれないが、それ以外は普通の人間のようで、神というよりはスーパーマンのような存在なのかもしれない。

神の知覚

知覚についての子どもの理解は、心の理論の研究の一部としてよく扱われる。周りの世界についての私たちの知識は、私たちの感覚を通して学習したことと密接に関連があるからだ。大人は知っていることだが、見ることが信じることにつながるということを、あるいは、私たち人間は見たり聞いたりなどの知覚を通さないとわからないことがあることを、子どもはいつ知るのだろうか。

第4章で見たように、2、3歳の子どもは、他の人が視覚的に知覚していることを把握するのに多くの問題を抱えている。自分が見ているのと同じように、あなたもものを見ていると考えているようだ。そのため、向かい合うあなたと子どもの間の床に一冊の絵本が開いて置かれ、その絵本の中の家の絵が子どもから見て正立している状態にあった場合、3歳児はあなたから見ても家は逆さまではなく、自分と同じように見えていると考える。この年齢の子どもたちは、テーブルの向こう側にいる人が座っている場所から見える絵を選ぶように言われたら、自分から見て正立している（その子から見て倒立して見えているなら、倒立している）絵を選ぶ傾向がある。2歳児と多くの3歳児は、自分が見ているものが他の人からも見えているかどうか見極めることさえ困難である。

ジョン・フラベルらの研究は、この問題がいかに重大かを示している。[4] 四人の実験者は、3歳児を段ボールの間仕切りがついているテーブルの前に座らせた。それぞれの子どもに白と青の二つのカップを見せて、どちらが白でどちらが白でないかを尋ねた。そして、青いカップを残して白いカップを取り除き、実験者は子どもにカップは白ではなく青であること（もちろんそうだ）を確認した。もう一人の実験者（エリー）が実験室に入り、子どもの反対側、すなわちカップが見えない段ボールの向こう側に座った。そして、実験者は新しく来たエリーに、次のように聞いた。「エリー、ここにカップがあるんだ。白いカップがあると思う？」。エリーは、次のように答えた。「カップは見えないんだけど。うーん、白いカップがあると思うよ。君は白いカップを持っていると思うな」。この後、エリーが誤った信念を持っていることを子どもが理解しているかを確かめるために、「エリーはカップが白いと思ったのかな？」と質問した。この質問に正答するためには、子どもはただエリーが言った通り「カップは白いと思った」と正確に繰り返せばよかったのだ。3歳児では、この問題に3分の2の確率で「カップは青い」と答えて不正解だった。実際にカップが青かったことが、他者はそう考えないと想像することを難しくしたのだ。

この「視点取得」の結果は、第4章のクラッカーの箱課題の結果と同じである。3歳児は、自分の視覚的視点を、他の人間に（誤って）広げる傾向がある。同じように、自分が見たり、聞いたり、匂いを嗅いだりするもの全てを、神も見たり、聞いたり、匂いを嗅いだりできると考えてしまうのだろうか。

私の母がまだ子どもで原理主義的な教育を受けていた頃、「神様はいつも見ているよ」と強く言われるのが不気味だったと、私に話してくれたことがあった。「お行儀よくしていないといけないよ。神様はいつも見ているんだから」と特に厳しく言われた後、のぞき見をする神のせいで、トイレを使いにくかったという。

確かに、人間が見たり聞いたりできる以上のものを、見たり聞いたりできるというのは、全知ではない神であっても全世界の神々に共通している。目に見えなかったり、特別な知覚的能力を持っていたりするために、神は、隣の家の人よりも多くのことを見たり聞いたりしている。実際、情報——特に私たちの言動についての情報——にアクセスできるために、多くの文化で、神は人間に道徳を強要したり、神とその領域に対する違反行為を罰したりすることができる。そこで私と共同研究者たちは、神は自分たちと異なる知覚的能力を持っていると幼い子どもが推論できるかどうかを考えた。

暗闇の中では、目に見えない悪いことがたくさん起きる。少なくとも、この題目の本や映画が、私たちにそう信じさせている。しかし、それらは本当に見えないのか、それとも人間の目には見えないだけなのか。発達心理学者のレベッカ・リチャートと私は、3歳から8歳の子どもたちに「暗闇での見え方」について質問する実験を考案した。(5) 実験者は、子どもに中が覗けるように上の部分に隙間のある箱を見せた後、子どもに隙間から中を覗かせて、「箱の中に何が見える?」と尋ねた。子どもが何も見えないと答えた後に、箱の側面の穴に取り付けられた懐中電灯を点灯した。すると、中にある木のブロックが照らされた。その後懐中電灯を消して、子どもにもう一度中を見てもらった。実験者は子どもに「猫は特別な目を持っているから、暗いところでも見えるんだよ」と説明して、人間の形の人形、猫、猿、神なら暗い箱の中で何が見えると思うか尋ねた。ほとんどの3歳児が、人間の形の人形は暗闇の中で(子どもには見えなかった)ブロックを見ることができると答えたのに対して、5歳児でそう答えたのは少数だった。対照的に、全年齢のほとんど(90%以上)の子どもたちが、神と猫にはブロックが見えると答えた。この傾向は高学年になっても変わらなかった。後に、ギリシャ正教会の家族の子どもたちも同様の結果であった[6]。

　視覚などの感覚的情報は、それがあるかないかだけでなく強弱によって変化し、強いものから弱いものまでさまざまあり、その強弱によって私たちはそれを感じたり感じなかったりする。犬の嗅覚の強さをみるとよくわかるだろう。犬のそばにいたことがある大人であれば、犬が私たち人間にとってはかすかな匂いでも嗅ぐことができるとわかるだろう。犬は刺激的な匂いを嗅ぐと、そうだとわかる体勢をとって、興奮して鼻孔をピクピクさせる。感覚信号はどんな強度であっても常に検知されるわけではない。視覚・聴覚・嗅覚的能力は、個体や種によって異なる。暗闇でものを見たり、暗号やゲームを理解したりする場合と同じように、行為者によって知覚能力が異なり、それは条件によって変化することを、子どもが理解し始めるのはいつ頃なのだろう。

　この問いについての予備調査として、レベッカ・リチャートと私は、3歳から7歳の子どもたちに、異なる感覚強度のもとでのさまざまな行為者の感覚を推論してもらった[7]。子どもたちに対して、同じ枠組みで、見る課題、聞く課題、匂いを嗅ぐ課題を与えた。最初に、子どもたちは、ターゲットを検知できないほど遠くに立った状態で、ターゲット（黄色いインクで描かれたスマイルマーク、かすかな歌の音、ピーナッツバターの匂い）を与えられた。最後に、そして、ターゲットを見たり、聞いたり、匂いを嗅いだりできるところまで子どもたちを近づかせた。子どもたちを最初の場所（ターゲットが見えず、聞こえず、匂わない場所）に戻して、その位置から、他のさまざまな行為者がターゲットを見たり、聞いたり、匂いを嗅いだりすることができるかを尋ねた。子どもたちには、マギーという女の子の人形と、サルの人形と、非常に優れた能力があると言われる特別な動物、すなわち、見ることに優れたワシ、聞くことに優れたキツネ、匂いを嗅ぐことに優れた犬のいずれかの合計三体の人形を与え、それらを本物のように扱うように依頼した上で、それぞれの人形について回答させた。これまでの心の理論の研究と同様に、大多数の子どもは5歳になるまでは一貫して、最初の位置からは、マギーとサルにはターゲットが見えず、聞こえず、匂いを嗅ぐこともできないが、特別な動物と神はこれらのことができると答えた。実際、この年齢までの子どもたちは、実際にはできないにもかかわらず、スマイルマークが見えるし、歌も聞こえるし、ピーナッツバターの匂いもすると答えがちだった。幼い子どもたちは、自分たちやマギーや動物たちの知覚能力を過大評価する傾向があった。

これらの知覚課題は、二つの結論に行き着くことがわかった。5歳までの子どもたちは、全てのものを神のように扱っていたのだ。第一に、子どもたちは8歳になる前に、神（とある特別な動物）の知覚と人間の知覚を区別できる。第二に、ある状況では、少なくとも5歳ぐらいまでは、子どもは自分たち人間（および他の動物）の知覚よりも、神の知覚の方をより正確に予測する。つまりある意味では、自分の母親が知っていること、見ていること、匂いを嗅いでいること、聞いていることを知るのに苦労している子どもたちは、同じような状況で、神が知っていること、見ていること、匂いを嗅いでいること、聞いていることをすでに理解できているということである。発達過程において、他の人間の心の状態を正しく予測するには、神の心理を理解するよりも長く――おそらく二年長くかかるようだ。3歳児は神を「正しく」理解できるが、人間を正しく理解できないのだ。

子どもたちは、徹底した教え込みのおかげで、この課題を神学的に言えばかなりよくやれたのかもしれない。子どもたちは、神は全てを知っていて、全てを見、全てを聞き、全ての匂いを嗅ぐことができる超人間的存在であると、繰り返し教えられてきた。子どもたちはこのような神についての決まり文句を、新しい課題にうまく応用できたのだ。それは子どもの心にとって、神を理解することは、同じ状況下で人間について考えることよりも簡単だからではない。子どもは、人間についてよりも神の属性についてより多くの指導を受けてきたからなのだ、おそらく。しかしこの説明は、私には無理があるように思える。神の超越的な嗅覚は、他の人間やその子ども自身に見えない、聞こえない、匂わないという体験よりも、本当に子どもにとって重要なことなのか。子どもは、神の超越的な嗅覚について学ぶ前に、自分たちには遠くのものは見えないし、聞こえないことを確かに学習していたのだろう。神の不死について学ぶことは、教え込み仮説に対して同様の問題を提起している。

神と人間の不死

最近、友人である同僚が私に、自分の娘の子どもの頃の話をしてくれた。その女の子は、最近友達の母親の死を通じて、人間の死について知った。これは、未就学児の子どもにとって多くの疑問が湧き、死の永続性に関して親による多くの説明と議論を呼び起こした出来事だった。父親は死は終わりであると説明した。身体が動かなくなり、再び動き出すことはない。壊れたおもちゃのように。最終的なことを付け加えれば、遺体は土に埋められて、土と化していく。元に戻せるものは何もない。修復不可能なほど壊れたおもちゃや機械というこの考え方は理解され、女の子は死を理解するようになった。このように、子どもが生物の死を比較的簡単に理解できるということは、驚くことではない。しかし、この原理を具体的に応用することは、小さい女の子には未だに不安なのだ。イエス様はどうなの？　イエス様は死んじゃったの？　生きているの？　父親は、イエスの例外性について説明しようとしたが、埒があかなかった。結局、困った子どもはこの種のことは単に、「子どもにはわからないこと」と結論づけた。

イエスが不死の存在として、死んで、生き返り、それから永遠に生きることを理解するのは子どもには難しいかもしれない。しかしながら、ゼウスや幽霊やアッラーなどの存在が本質的に不死であることを、子どもが理解し信じることはそれほど難しくはないかもしれない。超越的な知識や超越的な知覚と同じように、おそらく子どもにとって、あらゆる知的生命体は――神であれ人間であれ他の動物であれ――不死であるという前提から始まる。そして、人間や動物の死に直面して、その前提を修正しなければならなくなるが、神のような不滅の存在については変える必要はないのだ。この可能性を示唆する二つの実験がある。

子どもは死についてどのように考えるか

マルタ・ヒメネス－ダーシらは、スペインの3歳から5歳児に、友達の死と神の死に関する質問をした[8]。質問は、神および特定の友達が、(1)恐竜がいた時代に生きていたか、(2)過去に赤ちゃんだったことがあるか、(3)いつか将来は歳をとるか、(4)いつか将来は死ぬか、というものだった。死亡可能性得点を計算するために、神や友達については、最初の質問で「いいえ」と答えたら1点、その他の質問で「はい」と答えたら1点とした。たとえば子どもが、友達は恐竜の時代には生きていなかった、昔は赤ちゃんだった、いつかは歳をとって、いつか最後は死ぬと答えた場合、友達の死亡可能性得点は4となる。神は恐竜と共に生きていて、赤ちゃんであったことはなく、歳をとらず、死ぬこともないと答えた子どもには、神の死亡可能性得点は0であり、神は不死だということになる。

知識課題や知覚課題とは異なり、3歳児は友達と神の死亡可能性を明確に区別することはなかった。子どもたちは、どちらにも死亡可能性を明確に認めなかった。友達の死亡可能性得点の平均は2・0で、神の死亡可能性得点の平均は1・6であった。他方、5歳児では一様に正確で、友達は死ぬ可能性があると答えた。友達の死亡可能性得点の平均は4・0だった。クラッカーの箱課題と同様に、5歳児は、神を擬人化したり、人間と同じように扱ったりすることはなかった。たとえば、5歳児は、友達は神よりも歳をとって死ぬ可能性が高いとした。神の死亡可能性得点の平均は、まだ2・0程度であったが、3歳児の得点とは統計学的違いがあった。

子どもが神と人間の心をどう理解しているかについての研究と同様に、この研究では、5歳児は神と人間を同様に扱うとは限らないことを示している。しかしこの結果は、3歳児は神的な性質――この場合は不死か――を考える傾向を持つことを示しているのだろうか。結果は明確ではなかった。3歳児は、神の死亡可能性を否定する傾向があった。しかし、3歳児の答えは、私たちに確信を持たせるほど一貫性のあるものではなかった。むしろ、子どもたちは、神や自分の友達について、「当てずっぽうで」答えているように見えた。つまり、彼らはまったくわからなかったので推測していただけかもしれない。たぶん。しかし、おそらく3歳児が友達に関して答えた回答で私たちが見たのは、友達が不死だと推定する状態から、死について学ぶ状態の移行期の一場面だったのだろう。神が死ぬという可能性を確信をもって否定することがなかったのは、この調査がキリスト教徒が多いところで行われたからかもしれない。半数の子どもたちはキリスト教系の学校に通っていて、全ての子どもたちは、イエス・キリストという完全に人間になった神によって、神の不死性がわかりにくくなっている文化的背景で育っていた。もしこの中の子どもたちの一部が、「神」にはイエスが含まれると理解していたとすれば（その可能性がなくはない）、昔々、神は小さな赤ちゃんで、死ぬ可能性があっただけでなく、聖金曜日（復活祭の前の金曜日で、イエス・キリストの十字架の受難を記念する教会の祭日）に死んだという答えに傾いたのかもしれない。

このような理由から、私の教え子であるエマ・バーデットと私は、神が人間になるという複雑な問題を持たない子どもたちを対象にした、ヒメネス－ダーシの研究を再び行った。バーデットは、エルサレムの南の町に行き、人間の死が身近で、神が赤ちゃんであることや死ぬ可能性があると考えていないイスラエルのユダヤ教徒の子どもたちと話した。私たちは子どもたちに、自分の母親、自分の友達、神に関して、四つの同じ質問をした。死亡可能性得点は、自分の母親、自分の友達、そして神は歳をとるか、死ぬか、そして赤ちゃんだったことがあるか(9)という三つの質問をもとに計算した。子どもたちを、3歳―4歳半の年少グループと4歳半―5歳11か月の年長グループに分けた。年少の子どもたちは、神と二種類の人間の間を、すでに明確に区別していた。子どもたちがただ推測していただけなら、平均得点は1・5だっただろう。しかしながら、年少の子どもたちでは、母親と友達の死亡可能性得点は2以下だった。つまり、この子どもたちは、人間は死ぬものであるということを少しは理解していた。反対に、神の死亡可能性得点は、たった0・8程度で、神は不死であるという強い認識をすでに持っていることがわかった。「神は死なないか？」という質問だけ見ると、29人の年少の子どものうち、20人が神は死なないと答えた。ほとんどの子どもたちが、神は死なないと理解していた。子どもたちは、自分の母親と友達についいては確信がなかった。29人中12人が、母親は死なない、29人中15人（半数以上）は、友達は死なないと答えた。年長の子どもたちは（まだ4歳か5歳だったが）、人間は死ぬが神は死なないと完璧に答えた。この研究でわかったのは、戦時下のイスラエルであったとしても、子どもたちは早くから人間の死よりも神の不死を認めているということの証拠である。おそらく以前の研究では、イエス・キリストについての物語が混乱をもたらしてしまったのだろう。

不死性について少し変わった考え方がある。それは吸血鬼だ。吸血鬼は、最近の映画等で描かれるように、自然には死なないが、暴力的に殺されうる。イスラエルの子どもたちは、神についてそのように考えているのだろうか。「神は殺されうるか？」と尋ねると、この調査に参加した53人中たった4人が「殺されうる」と答え、2人が「わからない」と答えた。3歳半以下の子どもたち12人については、9人が神は殺すことができないと答え、2人が神は殺されうると答え、1人はわからないと答えた。

これまでの章で紹介した他の研究と同様に、5歳児は、死ぬことについて必ずしも神を擬人化しないと結論づけてよいだろう。3歳児でさえ、神の死亡可能性を受け入れているように見えないし、不死について学ぶ必要があるようにも見えない。むしろ、子どもは、何でも不死に帰してしまう傾向を持っていて、死について学ぶ必要があるように見える。

3歳児は、神については、どちらかというと死亡可能性を否定した。もし、これに続く研究がこれを裏づけるなら、私たちは驚く必要はない。自然死という生物学的な死が避けられないということは（精神的な死は横に置いておいて）、多くの子どもたちの日常生活ではわからない。もし心を持つ存在（minded being）が生物学的な存在であるとは限らないとしたら、私が思うに、赤ちゃんが行為者についてどのように推論するかに関するエビデンスが示すように、非生物学的な存在である神は死ぬ、と子どもが考える理由はほとんどない。子どもは、神は死なないとても楽々と学習しやすい時期に、混乱した擬人的な教えにより、神は死ぬ可能性があると学習するのだろう。

不死、幽霊そして死後に関する信念

イギリスのある素晴らしい歴史的な邸宅を見学した時、妻と私は奇妙な体験をした。この広大な宮殿で――それは現在も公爵の住まいなのだが――私たちは公爵の家族と賓客と関係者の膨大な数の肖像画を見た。長い陳列の真ん中にさしかかったとき、真新しい肖像画を見つけた。妻はすぐに「この人、この旅行中に見たことがあるわ。この肖像画と同じ、格好悪いスポーツジャケットを着ていたわ」と言った。当然、私たちはこの人は今の公爵で、妻はその人をたまたま見たのだと思った。その数分後に、説明のカードにこの人が確かにその公爵で、この邸宅の主人であると書いてあるのを見つけた。謎は解けたのか――そうではない。記された日付によると、この公爵は四年前に亡くなっていた。

こういうことは滅多にないことだが、幽霊が生者に取り憑くなどと信じていない私たちでさえ、背筋が寒くなった。幽霊をちらっと見てしまった可能性は、記憶違いという理性的な説明にまさる。無神論者のある同僚は、最近亡くなった親戚が彼に連絡を取ろうとしていると一瞬思った、という話をしてくれた。また不可知論者の別の同僚は、彼の専門領域の有名な前任者の説を彼の研究室で悪く言うのには気が咎めるという。なぜか。研究室には、その亡くなった前任者が持っていた什器が置いてあるからだという。要するに、私たちは望むと望まざるとにかかわらず、幽霊を信じる準備ができているということだ(10)。

認知発達心理学者の中には、人間の心の発達過程の何かが、私たちの中の何かが死後も存在し、現世においても動き続けると私たちに信じさせていると考える人が増えている(11)。この感受性についての暫定的証拠は、幽霊や聖人や祖先の霊の存在を信じることである。かつて生きていて今は死んでいる人々が、考え、感じ、行動して生者に関わることができるという考えは、超自然的な信念の中で最も広く普及しているものの一つである。中国社会や日本社会のように、無神論を標榜している地域においてさえ、亡くなった祖先と交信する儀式が今でも行われている。

標準的なキリスト教の神学では、人間には死後に必ず体の復活があり、その結果、死後の命を享受すること、人間は死んだ時の形で死後も存在するわけではないことを教えるが、幽霊や、生者と交信する死者の霊の話は、キリスト教社会でも絶えることがない[12]。

実験や構造化インタビューでも、死に対する子どもの理解は非常に限定的であり、あたかもある状況か、人間のある側面だけが意味を持つことを示している[13]。たとえば、発達心理学者のジェシー・ベリングらは、擬人化されたネズミの死後の世界（あるとすれば）に関するスペイン人の子どもたち（5歳から12歳）の考えを検討した[14]。子どもたちはベビーマウスが森に散歩に行くというナレーション付きの人形劇を見て、最後にこう言われる。「そして、何か変なことに気がつきました。茂みが動いているのです！　ワニが茂みから飛び出してベビーマウスを食べてしまいました。ワニは彼を丸ごと食べてしまいました。ベビーマウスはもう生きていません」。子どもたちはベビーマウスが死んだことを納得した後に、物語に関連した質問をされた。たとえば、このような質問だ。物語の中でベビーマウスはお腹を空かせていたのだが、死んだ後も、「ベビーマウスは今でもまだお腹が空いていると思う？」。物語の中で、ベビーマウスは兄弟に腹を立てていて、兄弟なんていない方がいいと思っていた。実験者は、ベビーマウスが死んだ後も、「ベビーマウスは今でも兄弟がいない方がいいと思っていると思う？」と質問した。スペインの子どもたちは、（今はもう死んでいるから）ベビーマウスはもう「お腹も空かない」し「喉もかわかない」ことに、「まだ家に帰りたい」とか「兄弟のことを考える」ことよりも確信を持っていた。より明確な生物学的特性（食べ物が必要であることなど）は、欲望を持つとか、思考ができるといった精神的な特性よりも、死ぬことで終わると理解するのが子どもたちにとって簡単だった。

何人かの学者は、（不死ではなく）死は少なくとも、物質的、生物学的、心理学的な要素があるために複雑であると指摘している。つまり、物質的肉体は死ぬことで分解され変化するし、生物学的肉体では成長し、発達し、呼吸し、食べ物を必要とし、動き回ることを止める。そして、心は考え、知覚し、感じ、欲求し、意識することを止める。もし死のこれらの異なる側面が、異なる精神システムと連動することを必要とするなら、困難が生じるかもしれない。人が何を望み考えているか（心の理論）を司るシステムに、身体が停止した時のオフスイッチが用意されていなかったらどうなるのか[15]。おそらく、当然マネキンよりも死体の方が矛盾した不気味な感覚をもたらし、その結果、その肉体を所有していた者が、何らかの方法でまだ見たり、聞いたり、考えたり、行動していたりする可能性を残すということになる。

なぜ死を免れる魂や霊を信じることが、子どもたちにとって（そして大人たちにとっても）そんなに自然的なのかは、活発な研究と議論がされる分野である。子どもが死後の世界の生まれながらの信仰者であるという合意は得られているが、なぜそうなのかについての合意は得られていない。

神の善意？

子どもが神やその他の超人間的な存在の道徳性についてどのように考えているかに関する、科学的な研究はほとんどない。だから、子どもは一般的に、神には道徳的な善意や悪意があると認識する傾向があると確信を持って言うことはできない。しかし、ある種の特性はより自然的にある方向を促進すると考えられる。もし、ある神が超越的な力を持ち、超越的な知識があるなら、道徳的にも善であると直観的に理解されるのかもしれない。それに対して、比較的弱く、頭の悪い神は、道徳的な失敗をしがちなのかもしれない。私がこのような疑念を抱くわけを理解してもらうために、道徳的推論の科学的研究で近年明らかになっていることを簡単に紹介しよう。

直観的な道徳性

道徳的推論に関する最近の研究結果、特に進化論的な観点からの研究によって、以下のような結論が出始めている。人は幼少期から、基本的な道徳的な本能、基本原理、直観を持っている。[16] これらの道徳的直観は、世界中の人々が何が正しくて何が間違っているのかについてどう考えるかの骨組みを提供する。たとえば、私たちは皆、その人の同意なしに他人を傷つけてはいけないと言う直観的なルールを持っているかもしれない。しかし、このルールは、文化的環境によって衰退したり増幅したりすることがある。道徳を教えることは、子どもたちのこうした道徳的感受性を高め、子どもたちがこれらの直観に気づいて新しい状況に適用し、時には競合するルールを調整するのを助ける。進化学者は、このような道徳的な本能が、私たちの祖先が協力することを助け、自動的な道徳的直観を持たない人たちと競い合うのを助けたと示唆している。[17] これらの観察は、ある人たちの主張に反して、道徳の核となるものは、特定の文化的信念体系から生まれるのではないことを示している。正常な発達をした人たちは、似たような基本的道徳的直観を持っている。全ての人が、物理的な物体の特徴や、人間の行動がどのように信念と欲求によって形成されるかについての基本的直観を持っているのと同じである。

このような基本的な道徳的直観の一つに、道徳的規範以外の規範は恣意的なもので変わる可能性があるが、道徳的規範は絶対的なもので変わらないという信念があるようだ。食卓に肘をつかないという規範は、母親か、大統領か、神ならば、「どうぞ。食卓に肘をついていいですよ」と却下することができる。しかし、妹を殺すことは、決して許されることではなく、誰もそれをよしとすることはできない。このような道徳観――教えは不変であり、ある行為は本質的に正しいか間違っているとする見方――は、道徳的実在論と呼ばれることがある。これは、恣意的に変えることができない現実の道徳的規範というものが存在するという立場である。進化論的人類学者と心理学者によると、人間は生まれつき道徳的実在論者である。

このような道徳の自然性についての見解は、最近、科学的無神論の擁護者によって支持されている。それは、多くの宗教信仰者にとって驚くべきことではない[18]。自身の教育論説である『人間の廃絶』（*The Abolition of Man*）の中で、キリスト教学者（『ナルニア国物語』の作者でもある）のC・S・ルイスは、世界のどこでも共通する道徳的直観について主張し、それをタオと名づけ、タオを世界中の哲学的、宗教的伝統を引用して説明した。この他にも、彼は人間が強い道徳的実在論的直観を持っていることを見出した[19]。

けんかをしている人たちがお互いに言っていることを聞いていると、そこからある非常に重要な事柄を学び取ることができるような気がする。

彼らはこんなことをいう。「あんたがだれかからこんなことをされたら、どんな気がすると思う？」……。今あげたようなやり合いについてわたしが興味をひかれるのは、一方の人は、ただ相手のやることが気に入らない、と言っているだけではないということである。つまり、彼は行為の基準といったものに照らして物を言っているのであって、これは当然相手も知っているはずだ、と思っているのである。相手の方もそれは心得ていて、「そんな基準なぞクソくらえ」などとはめったなことでは言わない。たいていの場合、相手の男は、自分のやっていることは別に行為の基準に反することではない、仮りに反しているとしても、それにはそれだけのちゃんとした理由があるのだ、というふうに言い開きを立てようとする。あなたが先に席を取ったとしても、今の場合はゆずるべきだ――きみからミカンをもらった時と今とでは事情が違う――確かに約束したが、それを破らねばならぬ事態が持ちあがったのだ――要するに、自分がこういうことをするについては、それなりの特別な理由があるのだ、というふうに見せかけようとする[20]。

この一節でルイスは、人々は一般的に、あることは正しくて、あることは正しくないという視点を持っていると主張し始めている。結論は以上だ。私たちがその点を議論することはない。私たちが議論するのは、私たちの一部の行動が、この原理で正当化できるかどうかということだ。私たちは、自分の行動の道徳的正当性を確信する時、その正当性を他者に納得させる際に、自分がしているのは他者に状況を正しく伝えることであり、道徳的原理を納得させようとしているわけではないかのように主張する。もし（私たちと同じように）彼らが事実を知っていれば、彼らは私たちと同じ結論に達するだろう、と。

道徳的関心を持つ神々

私たちが例となる一連の行動を道徳的にどのように評価するかについて、パスカル・ボイヤーはこのように表現している。

（友人からの窃盗という）事実を知った利害関係のない第三者は、お金を盗むことは恥ずべきことだと同意するだろう……。少なくともこれが、私たちが考えることであり、そして、自分の行動を説明する最適な方法は、実際の事実を説明することだと私たちがいつも考える理由である。ほとんどの家族の喧嘩は拡大し、相手に「事実をありのままに見せる」（実際は、どのように自分がそれらのものを見せるかであるが）という無益な試みを行い、そうすることで、自分の道徳的判断を共有しようとする。[21]

ボイヤーは、神がしばしば道徳的システムに引きずり込まれるのは、事実を知ることだけが道徳的判断の到達に必要だという直観的な感覚があるためだと言う。神はたいてい、正確な道徳的判断をする上で重要な情報全てにアクセスすることができる。このアクセスによって神々は、誰がいたずらっ子で誰が良い子かを知ることができる。「だから、私たちは直観的に、ある行為者がその状況に関する全ての重要な情報にアクセスできさえすれば、その行為者は直ちにその行動の正否にアクセスできると考える」[22]。つまり、ある神がこの重要な情報を持っている限りは、誰が正しくて誰が間違っているかを、その神は知っているということだ。

少なくとも超越的な知識を持った神は、罰したり報いを与えたりする仲介者のような、道徳的な考慮をすべき事柄の中に簡単に引きずり込まれる。どうしようもなく悪いことが起こった時、自分はこのような罰を受けなければならないほどの一体何をやらかしたのだろうと思うかもしれない。あなたの周りの人たちも、罰を与えることができる人は、あなたが何をやったのかを正確に知っていると思うだろう。あなたが行ったこと（それが秘密裡であれ）にアクセスできる神は、罰の合理的な源となる。比較的頭の悪い神々でさえ、しばしば重要な情報にアクセスできる。なぜなら彼らは私たちから見えないし（今まさに見ているかもしれない）、私たちが隠しておきたいことを聞いたり見たりする力があるからだ。

だから子どもの頃から私たちは、多くの行為は、本質的に善いあるいは悪いものだと思っている。そして直観的に、その状況の事実を知る人は、自動的にその行為の善し悪しがわかるはずだと思っている。神々はしばしばその状況の事実を知っているので、誰が善くて誰が悪いのかがわかる。幸運や不運は直観的に、道徳的関心を持つ超自然的行為者の手による罰か報いのように見える。神や霊の観念さえできあがっていれば、この関係性が、道徳的な関心がある神や霊の観念を自然で理解しやすく信じやすくさせる。

道徳的に善い神々

しかし、これらの要因は神が道徳的に振る舞ったり、道徳的関心を持っていたりしなければならないことを意味するものではない。伝統的な神が、キリスト教、イスラム教、ユダヤ教の神のような道徳的完全性はもちろん、一貫した道徳的善さを持ち続けると主張する神学は少ない。ギリシャとローマの神々のような人間的な過ちを犯しやすい神々と、道徳的な面で類似している神々は多い。これらの神々は、嫉妬し、欲し、騙し、憎み、情けない傾向がある。非常に人気のあるヒンドゥー教のクリシュナ神の性癖は有名で、無数の酪農婦たちとの性的な遊びは人間の道徳的な行動としては決して許されるものではない。神々の間では、絶対的な道徳的な善良さを持つものは例外的存在であるが、限界があり誤りを犯しやすい多くの超人間的存在の一人ではなく、至高の存在で全知全能の存在であることも例外的である。道徳的善良さという属性は、神の他の超越的特質の一部でしかない。

超越的な知識と超越的な知覚と超越的な力の組み合わせは、少なくとも、かなり愚かで無知で弱い神よりは、道徳的善さを持つことにもつながるだろう。ボイヤーらの分析が正しいなら、超越的な知識と超越的な知覚を持つ存在は、ある状況で何が道徳的に正しいかも判断できるはずである。反対に、知識と知覚が限られた存在は、道徳的判断でも間違いを犯すだろう。おそらく、宇宙を創造するほどの力を持つ存在は、自分の欲望を満たす力があり、その欲望を満たすために不道徳な行動に頼る必要がない。人間が欲しいものを手に入れるために、騙したり盗んだりするのと同様に、弱い神は、欲しいものを手に入れるために不道徳なことをしなければならないかもしれない。宇宙の統治者である神は、全知全能であるからこそ、知識と力について過ちを犯しやすい神に比べて、不道徳な行動をとったり、道徳的に堕落する理由がほとんどないのだ。

もちろん、これらの観点は全知全能の神が、実際に道徳的にも善いということを主張する根拠になるものではない[23]。一方の性質が他方を必然的に引き起こすということは、直接的に明らかになるものではない。むしろ、私がこのような見解を示したのは、直観的レベルで、神の超越的な知識、超越的な知覚、超越的な力は、それらが同時に現れたときには、相互に道徳的善さを強化する可能性があるからだ。私たちが立てる検証可能な予測は、超越的な神は道徳的に善い場合が多く、誤りを犯しやすい神は、道徳的に疑わしい傾向があるというものである。

信念の敏感期？

子どもには、神のような存在――おそらく、超越的な知識や超越的な知覚を持ち、不死で、特に善良な創造主

――への信念を自然に身につける傾向がある。しかしだからといって、全ての子どもが必ずしも有神論者になるわけではない。この自然的な傾向は、他の要因によって上書きされるかもしれない。または、子どもはこれらの傾向を早い時期に獲得するために、何らかの神の概念に触れる必要があるのかもしれない。神のための概念的な空間は、最初の五年間にあり、もし正しい神の概念がその空間を埋めなければ、徐々に縮小したり、形を変えたりするのかもしれない。

子どもの言語獲得についての多くの研究によると、人間には言語獲得の敏感期がある。それは発達における、ある年齢の期間で、子どもが通常のレベルで言語を理解し話すためにはその間に自然言語に触れる必要がある。[24]そのような豊かな言語環境にいるとき、子どもは水を得た魚のように言語を獲得する。そうでなければ、言語学習はずっと困難になり、完全に流暢にはならないかもしれない。この言語獲得の敏感期は、誕生から思春期が始まるまでの間だが、最初の六年間に言語にさらされることは最も重要かもしれない。[25]もし子どもが、幼少期に言語にさらされないでいたら、その後数十年後にそのような状況に置かれたとしても、重度の言語障害を残すだろう。

子どもには、神について学ぶための敏感期のようなものはあるのだろうか。この問いについての強力なエビデンスはまだ集められていない。しかし、子どもの認知発達についてのいくつかの知見が、そのような敏感期の可能性を示している。第一に、他の思考分野にも敏感期があり、生まれながらに持っている傾向を踏まえて、それを文化的特殊性と組み合わせる。たとえば、ある音楽的能力には敏感期があるようだ。[26]子どもが早期に音楽的訓練にさらされることは、後年になってからよりも、より実りのある投資となる。敏感期がある思考領域は、ある程度の環境の調整を必要とする。たとえば、さまざまな環境で手に入る食べ物が異なるので、どれが食べ物でどれが食べ物ではないかの判断は、私たちの脳にもともと組み込まれてはいない。ある程度の柔軟性は必要だが、完全に柔軟であると、毒物などの危険なものを食べるといった悲劇につながる。結果的に、人々が嫌悪感を抱く対象というのは、幼児期に出くわすことが多い。1歳か2歳児は変なものを食べてしまうが（うちの息子が、ペットのウサギの排泄物を食べたときのように……)、いったん3歳か4歳の段階で、何が気持ちの悪い食べ物かが決定されると、その考えを変えるのはとても難しい。だから、多くのアメリカ人にとって(多くの東アジア人にとってはそうではないが)、生の魚や生きたタコを食べるのは嫌なもので、この考えは何年経っても変わらないだろう。

神の心を含む心についての学習は、敏感期または臨界期が存在するとされる領域とある程度類似している。言語のように、心について推論することは、人間が社会的存在として生存するためには、決定的な社会的能力である。言語と同様に、正確にどの心の特性が理解され注意を払われなければいけないかは、場所によってばらつきがある。人々の信念の内容も場所によって異なる。どのようなものや活動に価値が置かれるかは、さまざまだ。役割、職場、職業、そして社会的慣習もさまざまだ。さらに、心を考えるとき、人間は正常な大人が持っているような心について学ぶだけではなく、幼い子どもが持っている心や、老人や目や耳が不自由な人などさまざまな人の心を学ばなければならない。狩猟や農耕の社会では、異なる動物の心を学ばなければならないだろう。言語の場合と同様に、環境が変わる可能性があるということは、他者の心についての推論には幼少期のある程度の柔軟性が必要であろう。嫌悪感のように、他者の心についての私たちの推論は、私たちの人生にとって最も重要な種類の心に合わせてチューニングする必要がある。

このような類似性から、私は神の心について考える敏感期のようなものを想定している。神は全知であり、心を読み、無数の祈りに一度に応えるということを学ぶのは、幼い子どもには難しすぎるかもしれない。しかし、子ども時代にこの種の推論が得意になることは、大人になってから初めてそれを学ぶより、簡単かもしれない。子どもが持つ利点とは、全ての心が、超越的な知覚、超越的な知識を持っていると想定する傾向が生まれながらにあるということである。一度人間の知識や知覚がどのように限定されているかを知ってしまうと、それを神に適用しないようにするのは難しいだろう。また、子どもはもともと大人に比べて、生まれつき違った種類の心について理解することに対して柔軟性がある。そして、大人から見て子どもに難しすぎることは、大人にとっても同じように難しいが、子どもの遊びの中で子どもにとってはそうではないかもしれない。おそらく、神の超人間的性質を学ぶことは、言語を学ぶようなものなのだろう。5歳児は第二言語を数か月で学べるが、これは大人にはできない偉業である。おそらく5歳児は、大人が同じ量の練習をした場合よりもずっと流暢に、神のもつ多くの超越的性質について学べるのだろう。

宗教の基礎的構成要素

ピアジェはこう書いている。「ここに事実がある。子供は、非常に幼少なる時には、神学原理がその神性に割当てるところの次のような属性のすべてを、自分の両親に賦与しようとする――神聖、最高力、全知全能、永遠、遍在というものをさえ[27]」。

ピアジェが挙げた神の性質のリストが正しいという自信は私にはないが、入手可能な証拠とは完全に一致するし、彼の考えは的を射ていると思う。「非常に幼い」子どもは、人間から神に至る行為者をおよそ神のように考えている。幼い子どもは、超越的な知識、超越的な知覚、超越的な力を持ち、自然界を創造した、不死である神を理解するのに特別な困難はないように見える。子どもは、これらの特性が全ての行為者に備わっているわけではないと知るまでは、他の行為者も皆そうであると考える傾向がある。その意味で、子どもが人間や霊や天使や悪魔や神々についての考えを形作るのに使う基本的で素朴な行為者の概念は、少なくとも初期には、人間よりも神のような形をしているのかもしれない。もしそうなら、この条件は、なぜ子どもは神や他の超自然的存在の概念を容易に身につけるのかを説明するのに役立つ。子どもが自分の属する文化や宗教集団の特定の神々について学ぶ前に、基本的な構成要素は全て整っているのだ。

本章と前章で紹介したような実験を行う場合、私の教え子で共同研究者のエマ・バーデットは、子どもたちと親を含む大人たちとの間の、多くの有益な（そしてしばしば楽しい）やりとりを目撃した。イギリスのオックスフォードでのある出来事は、生まれながらの信仰者の姿をよく捉えている。あるセッションの前に、一人の母親がバーデットに次のことを伝えた。彼女の5歳の息子は神の概念について学校で紹介されたが、彼女は無神論者で、家で宗教的な事柄について話していない。彼女は、息子がこの実験に参加するのは嬉しいが、このように神という存在についてほとんど触れていない状況で息子がどのような答えをするのかわからない、と言った。この小さな男の子は、神は死なないし、クラッカーの箱の中に何が入っているかも知っているというように、神についての質問に神学的に正しい答えを返した。母親は、このインタビュー中、面食らった様子だった。課題を終えて、彼女は息子に神を信じるかと尋ねた。彼は答えた、「もちろんだよ、ママ」。

バーデットはこの母親に、この研究に参加しないかと尋ねた。比較のために大人が必要だったからだ。その母親は同意したが、自分は無神論者なので神についての全ての質問に「いいえ」と答えるだろうから、時間の無駄だろうと言った。その言葉のとおり、最初の課題で、この母親は神についての質問に「いいえ」と回答した。彼女の息子はまだ部屋にいたのだが、床に寝転んで母親の顔を見て言った。「お母さん、どうして『いいえ』って言うの。答えは『はい』だよ！」。男の子は終始、母親が明らかに困惑しているのを面白がって、彼女の馬鹿げた答えに笑い転げていた。彼にとっては当たり前のことなのに、どうして彼女はこんなに間違えるのだろう、と。(28)

第2部　エビデンスが指し示すこと

第6章　自然宗教

子どもの心の発達と、超自然的信念についての科学的な研究は、超自然的行為者という信念を抱きやすくするような心を、子どもが順当に、素早く獲得することを示している。とりわけ生後一年間で、子どもは行為者とそうでないものを区別するようになり、目標に向かって目的のある仕方で自ら動くものとして、行為者を理解する。子どもはたとえ不十分な根拠しかなくても、自分の周囲の行為者を熱心に見つけ出す。満1歳の誕生日からほどなくして、赤ちゃんは行為者が自然力や普通の物体とは異なり、無秩序の中から秩序を作り出せることを理解しているようだ。そして就学前には、たとえ宗教的な親が教えたり賛同したりしなくとも、子どもは自然界が目的を持ってデザインされたものだと考える。機能と目的を見つけるこの傾向は、目的や秩序が心を持つ存在から生まれるという理解と組み合わさると、子どもが自然現象は意図的に造られたと考えやすくなるように働く。その造り主は誰なのか。子どもたちは、人間はそのよい候補にならないことを知っている。それは神に違いないのである。

しかし、神は単に山や木、チョウを創り出す能力を持つ人間に過ぎないというわけではない。心を持つ行為者についての初期に既定のものとして身につく仮定は、子どもが神を完全な知識と超越的な知覚、超越的な力、不死性、そしておそらく道徳的な善さを持つものとして理解することを容易にする。事実、子どもは人間について同じ側面を正しく推論できるようになる前に、こうした側面のいくつかについて神学的に見ても正確な推論を行う能力を示している。

このような宗教的な考えの集まりは、私が自然宗教と呼ぶものの特徴の一部である。本章では、自然宗教とは何かや、それが神学的信念からいかに逸れるかについて述べる。子どもは宗教一般への強い自然的傾向を持ってはいるが、この傾向は必ずしも彼らを一つの宗教へと向かわせるわけではない。子どもはまだ学ぶことがたくさんあるのだ。

自然宗教

子どもは、私が自然宗教と呼ぶものを生まれながらに信仰している。自然宗教は、言語学でいう自然言語と似ている。多くの言語学者は、子どもの心は言語を自然的に理解する傾向があると見なし、そのような言語を自然言語と名づけている。英語、ヒンディー語、北京語、スペイン語、スワヒリ語、ユカテク語およびそれ以外の世界の言語は、この自然言語から派生し、作り上げられたものなのである。同様に、キリスト教、ヒンドゥー教、イスラム教、ジャイナ教、ユダヤ教、モルモン教、シーク教などの民族宗教や世界宗教は、自然宗教から派生し、それぞれ特徴的になっていった。自然言語は、自然宗教の個々の宗教への影響よりもはっきりと具体的な言語を制限しているが、自然宗教もまた、そこから逸れるのが難しいような固定的な要素を具体的な宗教に提供している。自然宗教の研究は（とりわけ自然言語の研究と比べると）まだ始まったばかりであるが、差し当たり自然宗教の特徴のいくつかを予測することはできるだろう。

子どもの宗教的考えの獲得と、異文化間比較の研究は、自然宗教が次のような仮定を含んでいることを示している。

- 思考、欲求、視点、感情を持った超人間的存在がいる。

- 岩、木、山、動物などの自然界の諸要素は、ある種の超人間的存在によって目的や意図をもってデザインされている。それゆえ、そうした存在は超人間的力を有している。
- 超人間的存在は一般に、人間が知らない物事を知っており（これらの存在は超越的な知識か超越的な知覚、あるいはその両方を有することがある）、とりわけそれは人間関係にとって重要な物事であることが多い。
- 超人間的存在は目に見えず不死であることもあるが、時間や空間の外にいるわけではない。
- 超人間的存在は善悪の性格を持っている。
- 超人間的存在は、人間のように、自由意志を持ち、人々と接触することができ、実際にそのようにしている。時には人々に報い、時には人々を罰する。
- たとえ超人間的存在でも、道徳規範は変えられない。
- 人々は死後、現世の肉体なしに存在し続けることができる。

この自然宗教は、私たちがいずれかの母国語を学ぶ仕方と同様に、特定の文化的状況（しばしば*神学*と呼ばれるもの）において明確化されたり、拡大されたり、あるいは否定されたりすることもある。例として、キリスト教文化の文脈においては、自然宗教の諸特徴は次のように神学的に具体化される（具体化された箇所は強調してある）。

- 思考、欲求、視点、感情を持った超人間的存在がいる。*そうした超人間的存在は、至高の神、および天使や悪魔などの神より劣る存在からなる*。
- 岩、木、山、動物などの自然界の諸要素は、ある種の超人間的存在によって目的や意図をもってデザインされている。それゆえ、そうした存在は超人間的力を有している。*自然界は唯一の神によって創造された*。

- 超人間的存在は一般に、人間が知らない物事を知っており（これらの存在は超越的な知識か超越的な知覚、あるいはその両方を有することがある）、とりわけそれは人間関係にとって重要な物事であることが多い。神は絶対的に知りうることは全て知っており、神の視線から逃れられるものはない。他方で天使やサタンなどの超人間的存在の知識は限られている。
- 超人間的存在は目に見えず不死であることもあるが、時間や空間の外にいるわけではない。神や他の超人間的存在は基本的には不可視だが、目に見えるようになることもできる。神は不死であり永遠である。他の超人間的存在は生物学的な意味で死ぬことはないが、神がそうなるよう望んだ場合にのみ不死であり、時間の内に存在している。
- 超人間的存在は善悪の性格を持っている。神は完全に、変わることなく善である。他の超人間的存在は善にも悪にもなりうる。
- 超人間的存在は、人間のように、自由意志を持ち、人々と接触することができ、実際にそのようにしている。時には人々に報い、時には人々を罰する。神は時折、悪い行いを直接罰する。
- たとえ超人間的存在でも、道徳規範は変えられない。道徳規範は神の無限の性格の表れの一つであり、それ自体は変えられない。
- 人々は死後、現世の肉体なしに存在し続けることができる。神は死後に人々を甦らせ、天国で存在させ続けることを選ぶことができる。

できるだけ簡潔な記述に努めたが、このような例は自然宗教が提供する出発点に比べて理解が難しく、表現に苦心することに注目してほしい。神学的観念が複雑になればなるほど、すなわち自然宗教を下支えしている日常的認知から離れれば離れるほど、それを教え、維持するために必要な努力も大きくなる。この点についてさらに例を示してみよう。

一般的な自然宗教とは異なり、特定の神学的主張を把握することが相対的に難しいのだとすれば、青年や大人と同じ知的情報源を持たない子どもが、そうした神学をしばしば誤って理解したとしても驚くにはあたらない。自然的に発達する人間の脳のネットワークが一般に、神々は知性を持っており、自然界をデザインした意図を持つ存在であると信じさせ、時には神は誤ることのない信念と、超越的な知覚、超越的な力を持ち、不死であると信じる傾向のある心を生むとしても、子どもは一部の大人が獲得しているような洗練され、具体化された神学を有しているわけではない。実際のところを見てみよう。神についての考えの一部は明らかに理解困難で、言うまでもなく信じることしかできない。ピアジェが、これらの中の多くの考え方は幼い子どもの把握能力を超えているとしたのはまったくもって正しかった。いくつかの神学的概念は、大人の理解力からも逃れるものである。

三位一体の教義を例にとってみよう。伝統的なキリスト教は、神は唯一であり、かつ神は三つの「位格」——すなわち父なる神、子なる神、聖霊なる神——からなるとしている。この教義と、それが何を意味して何を意味しないのかを慎重に練り上げることは、一〇〇〇年以上もの間、多くの公会議と神学論文の主題となってきた。世界の二〇億人のキリスト教徒のほとんどにとって、この教義は理解困難な神秘のままであり、あまり時間を費やして頭を悩ませる類のことではないと見なされているのではないかと私は疑っている。キリスト教への批判の多くは、この教義は完全に理解不可能であり、それゆえ無意味だと結論づけて（それは早計だと思うが）いる。(1)私が言いたいのは、認知的に非自然的で、概念的に扱いづらい神学概念が誤りなのかどうかということではなく、それらは獲得するのにより多くの時間と努力が必要であり、子どもの自然的な傾向からは確かに漏れてしまうということである。こうした観念がうまく広まるためには、文化的な特別条件が必要なのである。

文化的個別状況からではなく成熟した自然的システムから生まれる認知的バイアスと傾向は、子どもを生まれながらの信仰者にする。しかしそうであっても、子どもが自然的に獲得する超自然的信念と、大人の神学者が文持して広める神学的信念の間には依然として開きがあることを指摘しないと、誤解を招くことになるだろう。子どもは生まれながらの信仰者かもしれない。しかしそのことと、子どもを生まれながらの神学者と呼ぶことの間には大きな隔たりがある。神学者が発展させた考えも、神学という知的実践も、相対的に言って非自然的なのである。

あまり自然的ではない宗教

以降の段落では、ある程度非自然的であり、子どもが選び取る傾向にないと考えられる神学的観念を列挙する。その後、子どもは生まれながらの宗教的な信仰者であっても、生まれながらの神学者ではないという点を示すために、宗教と神学の違いについて簡潔に述べる。

厳密な一神教

小学校で耳にしたゼウス、アポロン、ヘルメス、ヴィーナスについて覚えているだろうか。アヌビス、ラー、オシリス、イシスについてはどうだろう。古代アステカ人、バビロニア人、エジプト人、ギリシャ人、インカ人、ローマ人は皆、それぞれの役割を持った神々の体系を有していた。太陽神、豊穣神、死の神等々である。同様に、ヒンドゥー教は何百もの男神と女神を特徴としているし、今日のマヤ族も大規模な神々のパンテオンを有している。歴史研究および異文化研究のエビデンスを検討すれば、唯一の神への信仰が多数の神々への信仰よりも「自然的」だと主張することは難しいだろう(2)。

キリスト教、イスラム教、ユダヤ教はとても大きな一神教として知られており、その全てが神は唯一だとしている。しかしこうした伝統においてすら、人々は天使や悪魔、聖人や幽霊など多数の超自然的存在を信じている。

ある観点からは、多数の超人間的行為者を信じることは最も自然的な信念体系だと言える。子どもが厳密な意味で生まれながらの一神教徒だということを示すエビデンスは存在しない。過敏な行為者探知装置（ＨＡＤＤ）が見つけた全てのあいまいな経験（思いがけない幸運や不運のエピソードや、先日亡くなった人が現れたという経験など）を一つにまとめることや、自然界のデザインと目的は一人の存在によってなされたと考えることが一般的に行われるには、あまりに大きな抽象化と機知を必要とするのだ。

非時間性

イスラム教、ユダヤ教、キリスト教の神学者の多くは、神は時間の外にいる非時間的存在だと教えている。このことは、聖書のペトロの手紙二3章8節「愛する人たち、この一事を忘れてはなりません。主のもとでは、一日は千年のようで、千年は一日のようです」などから理解できるかもしれない。神が時間の外にいることは、なぜ神が私たちの自由意志を奪うことなく未来を知ることができるのかについての説明においても見られる。しかし、神が時間の外にいるということは何を意味しているのだろうか。私には、時間の外にいる存在がどのようなもので、どうすればその存在について語れるのかを想像することは難しい。このことを真面目に受け入れるならば、「私が祈っている時に、神は私の祈りを聞いている」とか「かつて神はアブラハムに語りかけた」という言い方はおかしなものとなる。幼い子どもが神の非時間性を容易に理解できるとしたら驚くべきことである。

非空間性

空間内のどこにも位置を占めない存在という考え（その存在について正確にここにいるとも、あそこにいるとも、どこにいるとも、至るところにいるとも言えない）を、子どもが容易に受け入れるとはとうてい考えられないという印象を受ける。非時間性と同様に、非空間性についても多くの神学者が言及している。神が物質的存在でないならば、神が天にいるというのも、至るところにいるというのも誤りということになる。どのような場所にもいない存在という概念は子どもにも大人にもあまりにも扱いづらいので、こうした表現は比喩だと見なされている。

無限の注意力

閉じた箱の中や壁の向こうを見通せることや、宇宙の果てからの音を聞くことができるということは神的なものの特性であり、子どもの間でも理解や受容の用意が整っていると思われる。このことと、全ての閉じた箱の中身や、宇宙のあらゆる場所で発せられた音に注意を払っていることは別である。ここで言っているのは、見ることができるという能力と実際の注視との間の、また聞くことができるという能力と能動的に聴くこととの間の違いなのだ。この無限の注意力に関する問題のより一般的な表現としては、神は常にあなたのことも他の人のことも見ており、神は世界中のあらゆる人の祈りを同時に聴くことができるという考えがある(3)。

子どもや大人が、無限の注意力という特性を自然的にあるいは直観的に存在していると見なしていると信じる理由はまったくない。私たちに注意の限界があることと、同時に全ての人の考えに耳を傾け、全ての人の行動を見るということがどのようなものなのかを想像できないこととが、そのような特性を持った存在を容易に把握することを困難にしている。全てに注意を払っている存在という考えに直面した時、私たちはその特性を単に全てを知っているという特性に置き換えがちなのではないかと私は考えている。つまりこういうことだ。神は全ての物事に同時に注意を払えるのか。それはどういう意味なのだろうか。それはきっと、神が全てを知っているということだろう、と。全てを知っている神や、どのような場面にも現れることのできる神は、そこまで理解が難しいものではない。

恵み――子どもにとっては容易な考えでも、大人にとってはそうではない?

子どもが比較的自然的に把握できる神学的概念として私が取り組み続けているのが、恵みである。恵みは時に、不相応な好意あるいは受けるべき罰を免れることと定義される。恵みはキリスト教神学において、救いは稼ぎ取るものでも受け取ってよいと認められるものでもなく、神から受け取る人への無条件の贈り物である、という考えと結びついている。子どもの頃のお祖母ちゃんからのクリスマスプレゼントを考えてみてほしい。それは稼ぎ取ったものではないし、お返しが期待されているものでもないし、何かの見返りでもない。それを受け取るためには、「ありがとう」と言って包みを開けさえすればいい。多くのキリスト教徒は、神の恵みはこのプレゼントのようなものだと言っている。正しい反応は、それを受け取って感謝を示すことだけでよいのだ。(4)

お祖母ちゃんからのクリスマスプレゼントを例に挙げたのは、このことが恵みという考えに対する子どもと大人の反応の潜在的な違いを示しているからである。私は講義や講演の後の質疑応答の場で、キリスト教の恵みの教義はそこまで自然的ではないと述べてきた。少なくとも大人は、大きくなるに従って救いの贈り物に対して条件をつけ加えるよう強いられているように見える。行儀よく振る舞いなさい、教会に通いなさい、(伝統的な民族衣装ではなく)男性ならズボンをはき、女性ならドレスを着なさい、よく聖書を読みなさい、毎日祈りなさい、等々である。多くの牧師が毎月、毎年の説教の主題に恵みを選んでいることは、そのメッセージが十分伝わっていないことを示している。人々の間には、等価交換の実践の感覚が深くしみ込んでいるように思われる。もしあなたが私に何かをくれたならば、同等の価値のものであなたに報いなければならない。私が報いなければ、私はあなたに借りができるが、誰かに借りがある状態は落ち着かないので、つけを払おうとするというわけである。誰か他の人が応報の代わりに恵みを受け取った時に、事態はさらに悪くなる。神学者のドナルド・マカラーはこうした状況について次のように述べている。

音楽の優美さ(grace)はいいとしても、恵み(grace)それ自体についてはどうだろうか。概念としての恵みはどうか。行為として、あるいは力としての恵みはどうか。私たちはそれを好んでいない……確かに、健康保険料を支払い忘れた際に、「猶予期間」（grace period）だから心配要りませんと伝えられた場合など、それとのちょっとした出会いには感謝する……私たちはこうした小さな猶予、小さな恵みはありがたく思っている。しかし、現実に出来事が起こり、徹底的に深い恵みに襲われた時に、私たちはよりアンビバレントな感情を抱く。筋骨隆々とした慈悲の腕が私たちの襟首をつかんで、稼ぎ取ったのでも受け取ってよいと認められたのでもない、より良い場所に新たに降ろしてくれた場合には、どうもありがとう、でも自分でその場所にたどり着くこともできたし、そんな乱暴な扱いはないじゃないかと後になって抗議するかもしれない。さらに悪いことに、もし恵みが誰か別の人に、その人はそれに値しないし、我慢ならないと思っている人に与えられたら、もはや私たちは恵みの話を聞きたいとは思わないし、それが施されるのを見たくもないだろう。このような状況においては、恵みは応報の配り間違いのように見なされているのである。(5)

進化心理学者のレダ・コスミデスとジョン・トゥービーは、人々が社会的交換の規則にいかに敏感かということを述べ、この敏感さは進化によって獲得された認知能力だと論じている。(6) 感謝の感覚すら、私たちには辛いものとなるのだろう。誰かがきわめて寛大な親切を与えてくれたら、私たちは感謝するどころか困惑し、やましい思いをし、借りがあると感じるかもしれない。(7) そのため、牧師がどんなに「神はあなたからは何も求めません」とか「イエス・キリストの払った代価は全ての人間が報いることのできるものよりも大きなものです」などと伝えても、神は救いの代価として私たちに何かを求めているという厄介な感覚を揺るがすことができるようには思えない。この種の考えがあるので、私は時折、恵みは人々の考え方にとって反直観的なのではないかと思うようになったのである。(8)

だが、子どもは大人が抱えるような恵みと感謝の問題を有していないかもしれない。強い義務感と等価交換の感覚を持っている大人とは異なり、子どもにはそのような感覚はないようである。とりわけ非常に幼い子どもは、他者からもらった分をお返しするような資源も能力もなく、何かをもらうことも、何かをしてもらうことにも困惑することはあまりない上に、プライドが邪魔をすることもない。もしお祖母ちゃんが孫にディズニーランド旅行をプレゼントしたとしても、その子は居心地悪く感じることもないだろうし、どんなお返しをすべきか悩むこともない。興奮したその子に「ありがとう」と言わせる必要はあるかもしれないが、それは決してありがたく思っていないからでも、感謝があふれていないからでもない（メイベルおばさんが五足セットのアーガイル柄の靴下をくれた場合、その時こそその子はありがたく思っておらず、礼儀正しく振る舞わせる必要のある時である）。もし他者が自分への寛大な扱い（稼ぎ取ったものでも正しくそれに値するものでもないものを与えること）をすることに対して子どもが実際に抵抗を感じているのであれば、彼らは不安でいっぱいになって、10代の青少年になるとすぐに自分の給料を貯め始め、数え切れない借りを早急に返すしおらしい約束をして、直ちに親にそれを支払うだろう。

こうした考察は理論的な推論ではあるが、子どもの方が神からの恵みもまたより良く受け入れることができ、救いを稼ぎ取る必要性も、救いに条件を付ける必要性も感じないのではないかと思われる。このように恵みを容易に受け入れることこそ、「子どもたちをそのままにしておきなさい。私のところに来るのを妨げてはならない。天の国はこのような者たちのものである[9]」というイエス・キリストの言葉が意味するところのものではないだろうか。

アニミズム

これまでに挙げたものは、自然宗教から逸れた神学的考えの例である。一方で、伝統的宗教と結びつけられるアニミズムは、自然宗教の一部だと思われるかもしれない。しかし実際には、アニミズムもまた自然宗教から知的ないし神学的に作り出されたものなのである。いくつかの伝統的ないしニューエイジ的信念体系は、岩や山、川が魂や生命力を持っており、動物でないものも意識を持っていると見なしている。子どもは何が生物で、何がそうでないかを取り違え、子どもはしばしば意識を持たない存在を意識と意図を持つ行為者と見なすという、一般的ではあるが誤った見方の一部に基づいて、こうしたアニミズム的考えは時折、最初期の宗教的信念と考えられることがある。こういった推論は、子どもが何が生物で何がそうでないかを学ぶ必要があるのなら、初期の人類もそうであるはずだという考えに基づいているように思われる。過去の人々の心を現代の子どものようなものとして推測する危うさの他にも、子どもが自然的なアニミストだというエビデンスは疑わしいと言わざるを得ない。

第1章で、私の娘が2歳の時に、庭の大きなミミズをつまんで持ち運び、それが赤ちゃんであるかのように話しかけて喜んでいたという逸話を紹介した。娘は羽ぼうきに対しても同じようにしていた。野菜の缶詰めをおもちゃのベビーカーに載せ、缶詰めがあたかも赤ちゃんであるかのように振る舞っていたこともあった。こうした振る舞いは、幼い子どもが人間とミミズの違いや、生物と無生物の違いを知らないことのエビデンスと受け取りたくなるかもしれない。しかしこれは本当に妥当なエビデンスなのだろうか。羽ぼうきを赤ちゃんのように扱っていた娘は、羽ぼうきを部屋の掃除にも使っていたし、「死んで」しまうといけないからとミミズを地面に帰していたが、彼女はミミズや缶詰めで部屋を掃除しようとはしなかったし、死んでしまうからと缶詰めや羽ぼうきを地面に帰すことは決してなかった。2歳児でもまったく愚かというわけではないのである。彼らは人形や羽ぼうきのようなものが生きていて意識があるかのようなふりをするが、実際はそうではないことを知っているのだ。

多数の実験によるエビデンスが、未就学児でも生物と無生物を十分に識別できるということを示している。たとえば、子どもは生まれてから二、三年以内に、植物やボールなどを動かすには直接触れなければならないが、人間のような生物は離れていても交流できることを知る。[10] 5歳までには、子どもは生物に関する幅広い生物学的予測を有し、それが岩やボールなどの無生物には当てはまらないことを理解していると思われる。例として、子どもは機械類が人工的な部品から成ると考えるのに対し、生物は自然的な内部の器官から成り、成長や動作を可能にする内的な生命力を持つと考えている。生物は、（スカンクをアライグマのような見た目にするなど）外部の手で、あるカテゴリーから別のカテゴリーに移すことはできないが、道具などの人工物はそれが可能である。動物は子どもを持ち、食事や生存のために動くが、岩や木の棒はそうではない。生物は自らのために何かを行う器官を有しているが、一方で人工物は人間がそれを使って何かを行うための部品を有している。[11] 実際に、幼い子どもが、生きているという概念をさまざまなものに過剰に当てはめるのではなく、（植物や菌類、動かない原生生物などを除外して）より狭く当てはめているということを信じるに足る理由がある。すなわち、子どもは犬や鳥、カタツムリが生きていると理解する時期にはまだ、苔やキノコ、カビ、木々は生きていると認識しないということである。[12] それゆえ、子どもや初期人類が全ての物体は生きており、意識を持つと見なしているという考えは、科学的には正しいとは言えない。そのため、諸宗教の伝統に見られるアニミズムに子どもが直観的に惹きつけられるとは考えにくいのだ。

しかし、大人の信念体系の多くに見られるようなアニミズムのいくつかの側面は、まったくもって非自然的というわけではなさそうだ。自然的な素朴生物学の主な要素の一つである、生物は生命力や活力を有しているという考えは、熟慮の末構築された多様な文化的信念を組み上げる際の、熟慮不要な素材を提供しているかもしれない。そうした文化的信念としては、精霊や生命力、気、ないしは人間に（時には物体にも）生気を与える目に見えない内的エネルギー（あるいは霊）についてのさまざまな信念が挙げられる。ユダヤ教とキリスト教は、神の息ないし霊とは無生物を生物に変え、人間や動物を生き生きとした生命力のあるものにするような、生気を与える力であるという考えを共有している。おそらくこうした生命力としての霊という考えは全て、生物についての自然的・認知的思考において直観に訴えるものがあるのだろう。アニミズムに関して少し非自然的で反直観的なのは、岩や木々でさえ人間や動物と同等に霊を持つという発想である。

生まれながらに特定の神学的伝統を信じるのではない

私は本書を通して、近年得られた科学的なエビデンスは、子どもが多くの主要な宗教的信念――とりわけ超自然的存在に関する信念――への受容性を自然的に発達させることを示している、ということを伝えようとしてきた。周囲の環境の助けがほとんどなくとも、子どもは超人間的行為者を信じるようになるのだ。しかし、この宗教的考えへの自然的受容性には限度がある。宗教的な専門家が発展させ、多くの信仰者が歴史的な信条の一部として受け入れているような多くの神学的な考えは、子どもが自然的に獲得する傾向のあるものには含まれていない。むしろ、こうした神学的信念（前述の非時間性や非空間性など）は子どもにとって（また大人にとっても）概念的に難しく、うまく広まるためには特別な文化的土台を必要とする。この観点からは、神学的概念というのは、特定の文化的状況下で熟慮によって生み出された他の概念、たとえば現代科学において見出されたものと共通性を有する。

生まれながらの信仰者説に対してこの限界が意味することの一つは、子どもは特定の宗教や神学的伝統を「生まれながらに信仰している」わけではないということである。ある講演で生まれながらの信仰者説を語った後で、私はイスラム教徒からたくさんのメールを受け取り、このことに言及しているブログの記事も見つけたが、そこでは生まれながらの信仰者説はイスラム教の標準的な教えと似ていると述べられていた。次がその一例である。

こんにちは。私はバレット博士の神への信仰についての記事を読みました。イスラム教徒として私は神を信じており、あらゆる人間は生まれながらにして神を自然に信じているというバレット博士の説明についてもよく理解しています。預言者ムハンマドは一四〇〇年以上前に、あらゆる胎児は生まれながらに神を自然に信じているが、その子の父母が、子どもの考えを変えてしまうのだと述べています。

このような賛同には感謝するが、現時点でのエビデンスは、力強い創造神への信仰の自然性を支持するのみであり、子どもは生まれながらに正統的なイスラム教、ユダヤ教、キリスト教神学といったものを信じるとはしていない。子どもたちは他の宗教よりも、一部の特定の宗教に対して、一般的な意味でのバイアスがかかっているかもしれない――おそらくこれがある宗教が他よりも広まる理由の一つなのだ――が、子どもが信じる傾向にある考えを完璧に反映した宗教的伝統は存在しないだろう。

子どもは堕落していないので、だからこそ生命の真理に最も直接的に接近することができるというロマンチックな見方をしている人は、子どもの自然的な宗教的性向をもとに神学を構築しようとするかもしれない。子どもが基本的には愚かだと思っている人は、子どもが特定の宗教的信念に対して自然的な受容性を持つことを、そうした信念を否定する根拠と見なすかもしれない。しかし次章で論じるように、どちらの方向性も誤りだと私は考えている。

宗教は神学ではない

私が取り組んでいる宗教認知科学は一般に、宗教的思考と神学的思考を区別する。人々が自動的な、通常の仕方で信じる傾向があることと、人々が立ち止まって熟慮して、何を信じており何を信じていないのかということを体系的に理解することとの間には違いがあるように思われる。いくつかの考え、たとえばクリシュナはヴィシュヌ神であるが、厳密には同じものではないという特有の感覚や、キリスト教の神は同時に三つの位格を持つという考え、あるいはカルマがいかにして作用するのかや、厳密に言うとモルモン教徒にとっては死後にどのようなことが起こるのかといった概念は、神学者が綿密に考え、正しい答えを得ようとして議論する類のものである。神学者たちは、神（や神々）などの事柄に関するさまざまな命題の妥当性を打ち立てるために、多大な思慮と精力を費やしてきたし、現在も費やし続けている。彼らは結論に至るために、哲学、科学、原典研究、言語学および歴史的考察に依拠してきた。こうした知的活動は子どもはもちろんのこと、信心深く宗教的な大人の振る舞いを必ずしも代表するものではない。ほとんどの個々の信仰者はこのような神学的営みには携わってはいないにもかかわらず、その宗教的な生き方に満足している。宗教的になることは神学者になることではないし、その逆もまた然りなのである。

素朴な概念と形式的で熟慮された信念との間の同様の区別は他の分野にも見られる。たとえば、子どもは4歳までに自分の母国語の基礎的文法についての感性を獲得する。その子が英語話者であれば、“the dog likes to eat cucumbers”（犬はキュウリを食べるのが好きだ）という文章は（変な内容であれ）文法的には正しいが、“the likes to cucumber to eat dog”という文は無意味であることを理解している。しかしこの素朴な言語能力は、大人の専門家が言語を学ぶ際に獲得する言語使用についての熟慮的知識とは区別される。言語学者は、英語の会話に含まれる言語的諸要素の関係についてより正確に説明できるし、なぜ“the dog likes to eat cucumbers”が（『スター・ウォーズ』のヨーダの話し方のような）“the dog, cucumbers to eat, he likes”よりも形式的に良いのかを伝えることもでき、さまざまな他の専門知識（電話での会話やレストランでの注文、井戸端会議でうまく英語で話すためには必要ない知識）を有している。したがって言語に関しては、言語の素朴知識と言語学的知識との区別は明らかである。

発達心理学者は時折、子どもが自然界について学ぶ仕方と科学者がそうする仕方との間に類似点を見出すこともあるが、自然界を素朴に理解する仕方と科学的に理解する仕方の間には大きな違いが存在する。科学、言語学、神学の側と、素朴知識、言語、宗教の側では、意識的な熟慮、労力、普遍性の度合いが異なっている。前者のグループは、必ずしも全ての人が関わっているわけでも、気にかけているわけでもない比較的複雑化した思考の例を含んでいる。この種の思考を行うためには時間と労力が必要なので（つまり、そうした思考は自然的に生まれるものではないので）、それらは全ての人が持つものではないし、あらゆる文化的文脈において発達するものでもない。これらのことは、科学、言語学、神学と呼ばれる知識をあまり持っていなくとも、自然界や言語、宗教についての知識を得ることができるということを意味している(13)。

自然宗教から神学的多様性へ

多くの研究の中でも、これまでに述べてきた研究から導かれる宗教性発達の図式は、まず子どもは自然的に、ある基本的な宗教的考えと、それに関連する実践（自然宗教）に惹きつけられ、その後両親が教える宗教的・神学的伝統が徐々にその骨組みに肉付けを行う、というものである。世界の信念体系を調べていると出会う神学的信念の途方もない多様性は、この後から肉付けされた文化的形成によって生み出されるのだ。

世界中で見られる神についての考えは、めまいを覚えるほど多様である。ある神は動物の、ある神は人間の形をとり、ある神はいっさいの形を持たない。ある神は全知であり、またある神は人間と同程度の物事を知っている。ある神は道徳的に立派であるが、またある神は残忍である。ある神は超人間的能力を有しているが、またある神はきわめてわずかな力しかない。神は時には不可知の存在とされることや、言葉で表せないほどまったくの他者だとされることもある。

パプアニューギニアのマリ・バイインの人々の間では、セガと呼ばれる森の精霊はきわめて人間的な存在である。人類学者ハーヴィー・ホワイトハウスは、セガがあまりに人間に似ているので、人間と区別することが難しいとされていることを観察している。「ほとんどの人が夢の中以外で実際に出会ったことがないにもかかわらず、セガは人間のように見えると考えられている。彼らは自分たちが異邦人に出会ったのではなく、超自然的存在に遭遇したのだということをどうやって認識したのかをうまく説明することができない」[14]。しかしセガは普段は目に見えず、その存在は幸運や不運を通して知られる。

セガは人々にとって有害な道徳的違反に腹を立てるのではなく、彼らの活動を不用意に妨げる人を罰するのみである。問題なのは、目に見える森の危険（蛇やイラクサの棘、尖ったもの）と異なり、セガは普通見つけることも避けることもできない点であり、人々がセガを妨げてしまったり、呼び覚ましてしまったりしたということは、不幸が襲って初めて明らかになるという点もまた厄介なのである[15]。

バイインの人々から見たセガの人間らしさとは対照的に、巨大な一神教はきわめて複雑かつ、抽象的に神を理解している。そこではしばしば、いかに神が人間と異なるか、いかに私たちの神の理解が不完全であり、不適切であるかということが強調される。例を挙げるならば、イスラム神学者のモハマド・ジア・ウッラーはこのように述べている。

神は無限であり、至るところに存在するが、人間は一つの場所に限られている。人間は他のものを理解するようには、神を理解することはできない……神に限界はなく、次元もない……限界がなく無限の存在が、人間のような有限の存在の心の中にどうして収まりうるだろうか[16]。

同様に、キリスト教神学者のゴードン・スパイクマンは、聖書における神の見方についてこのように語っている。

この見方においては、神とこの世界は二つのまったく異なる現実である。両者の違いは量的なものだけでなく、質的でもある。神は単に私たちよりも量的に大きいものではない。あたかも神が私たちより「先に進んでいる」だけであるかのような、単なる程度の違いでもなく、連続的な多い少ないの違いでもない、本質的な不連続性が存在しているのである。神は単なる「別のもの」なのではなく、絶対的で至高の「他者」である(17)。

このような神の概念に対しては、最善で入念かつ厳密な知的探究によっても、神とは本当はどんな存在なのかということの表層に触れることしかできない。

場合によっては、一つの信仰体系の中でも、神々はほとんど人間のようなものから抽象的なものに至るまで多種多様な形態を取りうることもある。人類学者エマ・コーエンが北ブラジルでの研究で見出したアフリカ系ブラジル人降霊術者の信念についての記述からは、人々の間でいかにオリシャ（霊や神々）が多様に受け取られているかがわかる。私たちの世界と非常に似た霊界に住んでいる亡くなった祖先の霊は私たちとおおむね同一の姿をしているため、多くのオリシャは人間のような見た目をしており、人間のように振る舞う。「これらの物語で語られている神々は、相互の社会的関係において非常に人間的な振る舞いを示し、欲求や気まぐれに従って行動する。嫉妬、報復、恨みや権謀術数が、この天上的なドラマの登場人物の間のやり取りを彩っている」(18)。コーエンの情報提供者の一人は、オリシャには人間的な姿形、振る舞いをするものもあれば、より抽象的なものもあると考えていた。

しかし私は、肌のとても黒い人間の姿のオリシャを見た……あるものは強そうで、あるものはそうではなく、あるものの身体はモデルのようで、別のものはそうではなかった……私はオリシャが自然の力でもあることを発見した。それは常に私たちと共にある。世界の創造にオリシャが関与していることや、王や女王、都市の建設者など英雄的な偉業を達成した者はオリシャになる特権を有することにも気づいた。つまり、実に私たちの見るもの、感じるものの全てはオリシャなのである……私はさらに、オリシャは長所と短所を持つこと、正しいこともするし、過ちも犯すという点で人間にそっくりであることも発見した[19]。

人間なのか自然の力か、はたまた「まったき他者」なのか。大人は単に、自ら作り出すいかなる神も信じることができるということなのか。もしかしたら、「天空がその限界」、つまりは際限なく神々を作り出し際限なく信じるということかもしれない。

意識的に考えていないときに大人は何を信じているか

子どもの宗教を研究する理由の一つは、子ども自体に関心があるからである。しかし幼年期に目を向けるもう一つの理由は、私たちがかつて通った道に着目することによって、大人の状況に対して洞察が得られることがあるためだ。初期に発達する自然宗教は、大人になれば神学で置き換えられるような単純なものではない。むしろ、自然宗教は私たちの宗教的思考や行動に一生を通じて影響を及ぼし続けている。大人も、自然宗教として現れた、成熟した自然的認知のもたらす影響と無縁ではない。

おそらくどんな人であっても、ある瞬間に、人間的な宗教的想像力が漏れ出してしまうものであろう。しかし、一般的に言って大人は完全に自由ではない。神は不可知であり、記述できないものであり、時間の外に存在するまったき超越的他者であり、現実の無限の次元に存在するものだと真摯に信じる人がいたとしても、このような神の概念は私にとっては頭の痛いものである。私はそれを理解できないし、そのためいくらそうしたいと思っても、その概念を（少なくとも実践的には）用いることはできない。私の頭が例外的に悪いだけかもしれないが、何が理解できて信じられることとなのかに関する正真正銘の限界があるのは、私だけではないという感覚はある。幸運なことに、この直感を支持する実験によるエビデンスを私はいくつか有している。

私たちは、大人が神について信じていると口で言っていることと、あまり熟慮する余裕のない差し迫った状況で物語を理解したときに、神についてどう考えるのかとを比較対照する一連の実験を行った。[20] こうした研究のきっかけは、大人、それも神学的な知識が豊富な人でさえ、常日頃からそうした神学的に洗練された概念を用いているわけではないかもしれないという感覚からだった。神（非場所的で、人間のような姿形をしておらず、時間の外にいる神）を信じる人々に囲まれていれば、彼らが「私があの試練を耐え抜いていた時、私は神がすぐそばを歩いているのを感じました」とか「私が祈っていると時折、私は神の御腕に抱かれているではないかと思います」といったことを話すのを聞くだろう。この種の発言は、ここでの神の概念が、神学者が伝えて信仰者が受け入れているものよりもずっと人間的で、はるかに具体的なものだということを示している。とはいっても、これらは単なる比喩、つまり感覚やイメージを伝えることを意図した表現であり、彼らが神について本当に考えていることを実際に指し示しているのではないかもしれない。彼らの用いる言葉のみに依拠して、実生活の日常的な状況において人々が神についてどのように考えているかを判断することは難しい。こうした理由から、私たちはこの問題を明らかにするためのいくつかの実験を試みた。

物語は、それを読んだ人または聞いた人が、その物語に対して何を持ち込むかを明らかにする絶好の機会を提供してくれる。それは彼らの考えと、直観を間接的に聞き取る手段である。物語がこの目的にとって効果的な理由は、それが常に不完全なためだ。物語の中には、多くの場合は意識すらされないような隙間がある。ある物語の内容全てを語り直せるような人はいない。もし私が、「昔々あるところに、シンデレラという女の子がいました。彼女は意地悪な継母とその娘たちと一緒に住んでいました」と語れば、あなたは直ちに（おそらく自分でも気づかないうちに）登場人物について知っていること、意地悪の中身、継母、その娘たちなどについての細部を埋める。もし物語を聞く人が自分の知っていることで自動的に隙間を埋めなければ、その物語はうまく進むことができないだろう。その場合に語り手は、「昔々あるところに女の子が……ああ、女の子というのは人間の女性で、ふつう性的な成熟に至る前の女性を指していて、成熟した大人の男女の体形よりも比較的小柄な身長で……」などと説明しなければならない。もしあなたが知りたがりの子どもに、まだその年齢に適していない物語を話したことがあるなら、私が何が言いたいのかがわかるだろう。どんな物語でも、理解するのに多数の背景知識が必要なのだ。

記憶や思考を研究している認知心理学者は、大人は容易かつ自動的に物語の隙間を埋めるので、元の話の実際の内容よりもある程度完全なものとして、物語を誤って記憶してしまうことを示してきた。つまり、私たちは手元の知識を用いて、提示された物語に手を加えたり、歪めたりしてしまうのである。

この種の誤った追加と歪曲を示した最も著名な心理学的実験は、フレデリック・バートレットが行ったものである。[21] バートレットはイギリスの大学生に、馴染みのない北米先住民の物語「幽霊の戦い」を聞かせた。その後彼らにこの物語を別の人に話すように言い、伝えられた人は次の人に、その人はまた次の人に、と伝言ゲームのように次々と繰り返させた。この物語がどのように記憶されるかに関するバートレットの多くの実験結果は、聞き手には、自らの先入見に合致するように情報を歪めたり付け加えたりする強い傾向が存在するというものだった。そのため、カヌーに乗っている人はボートに乗っている人になり、あまり覚えやすくない、あるいは馴染みのない概念は覚えやすい馴染みのある概念と取り違えて記憶されていた。この実験の追試において、メラニー・ナイホフと私は、アメリカの北米先住民でない学生に、バートレットとは別の北米先住民の物語を提示することによって、バートレットの研究の追試を行った。[22] この場合も同様に、あまり馴染みのないもの（たとえば、バッファローチップ、つまり乾燥させた牛糞）はより馴染み深いもの（ウッドチップ、木片）と取り違えて記憶されていた。別の研究者は、内容に関係しているが実際には語られていない知識などが、物語の中で語られていたものとして誤って記憶されることを報告している。[23] たとえば、ある実験において参加者はこのように聞かされた――「ジョンは鳥小屋を修理しようとしていました。彼が釘を打っているところに、ジョンの様子を見て父親が、その作業を手伝おうとやって来ました」。その後、聞き手の大多数は、自分が聞いた文章は次の文章だと自信満々に認めた――「ジョンが金槌で鳥小屋を修理しているところに、ジョンの様子を見て父親が、その作業を手伝おうとやって来ました」。元の文章では、金槌については言及されていないのに注目してほしい。釘はふつう金槌で打たれることを知っている聞き手は、自分の記憶の中の文章に、金槌を自然に挿入してしまったのである。

私たちは、聞き手や読み手が手元にある考えを用いて物語の隙間を自動的に埋めてしまう傾向を利用して、人々の神についての考えを間接的に測定する尺度を作り上げた。[24] 私たちは神を登場人物とする多数の物語を作り、聞き手が埋められるような隙間を注意深く設けた。たとえば、このような物語である。

男の子が流れの速く、岩の多い川で一人で泳いでいました。その子は二つの大きな灰色の岩の間に左足を挟んでしまい、足が抜けなくなってしまいました。木の枝が流れてきて、彼にどんどんぶつかっていきます。彼は溺れてしまうと思い、もがきながら祈り始めました。彼が祈り始めた時、神は世界の別の場所で別の祈りに答えていましたが、程なく神は岩を動かし、男の子が足を引き抜けるようにして彼の祈りに答えました。男の子はどうにか川岸にたどり着くと、へとへとになって倒れました。[25]

この物語を用いて私たちが答えようとした問いは、この物語を理解するために、聞き手や読み手は神についてのどのような考えを用いるのかという問いや、その考えは彼らが神について話していたことと一致しているか、という問いである。

こうした疑問に答えるために、この物語を聞いた大人の参加者に対して記憶問題を出した（私たちは年配の聞き手に、できるだけ自分なりの神の概念を用いるよう促し、神はどのような特性を持つと考えているかについての多くの質問を直接尋ねた）。私たちはとりわけ誤りの追加——物語の中にないものを思い出すこと——に着目していたので、このように尋ねた。「次に示す情報のうちどれが物語に含まれていましたか？」。聞き手はそれらが物語の中にあったと覚えていれば「はい」と答え、覚えていなければ「いいえ」と答える。参加者には、文言は必ずしも正確である必要はないと安心させた。いくつかの項目は、物語の一般的記憶を尋ねるものである。たとえば、「男の子は一人で泳いでいました」といったものである（先ほどの文章を読み返さずに「はい」か「いいえ」で答えてみてほしい）。別の項目は、神についての考えに関する誤りの追加を確かめるものである。たとえば、ある項目は「神が男の子を助けた時に、神はちょうど別の祈りに答え終わったところでした」である（これは物語にあっただろうか）。

結果は、これらの物語と質問に対して聞き手が誤りを追加していたことにより、彼らがこの物語を理解する際にきわめて人間的ないし擬人的に神を理解していることが示された。神が男の子を助けた時、神はちょうど別の祈りに答え終わったところだったか。「はい」というのが最も一般的な答えだった。しかしもう一度物語を見返して、「神」とは同時にいろいろな場所でいくつものことを行えるような存在を指していたことを思い出してほしい。あの物語は本当に、神が一つのことをやり終え、その後別のことを行ったと言っていただろうか。あの物語は、神が世界の別の場所で祈りに答えながら、一方で川の中の男の子を助け始めたと理解できないだろうか。確かにできるのである。別の成人のグループに対し、同じ物語の中で、神を超越的能力を持った宇宙人に置き換えたところ、回答者がこの種の誤りの追加を犯す割合は他の誤りの割合と変わらなかった。しかし、遍在し、全能で擬人的でない神についての物語を理解するには何かしらの困難が伴う。少なくともこうした課題において神の概念を用いる際には、きわめて人間的な神概念のほうがより容易で、より自然なものに思えるのである。

私たちはこの実験を、アメリカ在住のさまざまな宗教的背景と宗教的関わりを持つ大人を対象に行った。ある参加者は神を信じておらず、自分が信じていない神についての概念を用いなければならなかった（これはそれほど奇妙なことではない。あなたは竜を信じていないかもしれないが、竜がどんなものかについて知っていることはたくさんあるはずだ）。全てのグループ（信仰者もそうでない人も、キリスト教徒もユダヤ教徒も、カトリックもプロテスタントも）を通して、あらゆる人が同じパターンの誤りの追加を示していた。彼らは物語の中で神を人間的なものとして理解していたが（注意深く記述された宇宙人はそうではなかった）、直接尋ねられると一様に、神を人間的なものとして信じていることを否定した。物語の中では、彼らは神が一つの場所に存在していると誤って記憶していたが、直接尋ねられると神は至るところにいてどこにもいないと答えた。物語の中では、彼らは神が同時に一つのことしかできないと誤って記憶していたが、直接尋ねられたときには神は同時にいくつものことができると答えていた。物語の中の神は行動を妨げられることも、視野が遮られることも、雑音により何かを聞き損なうこともあったが、参加者は明示的にはこうした神の限界を全て否定していた。

物語を聞いて、その理解を問う質問に答えるという方法は、他のところで人々が神概念を用いている状況に比べて、擬人的な神概念をいくぶん不当に押しつけているのではないか、という懸念を考慮して、私たちは読者が自身で物語を読んで、問いに答えるという形の課題を試した。結果は同じだった。さらに、ある物語を読んで自分でその言い換えを書くという課題も試した。やはり、擬人的な誤りの追加がこちらでも見られた。

こうしたことを講演で話すと、ユダヤ教正統派のラビ（宗教指導者）の妻であった同僚の心理学者が「あなただったらどう考えたと思う？」と尋ねてきた。この状況で、人は神について他にどう考えられるというのだろうか。当然、私たちはより単純で、より馴染みある神の概念を用いなければならないときもあるのだ。

確かにそうだ。これらの実験結果を紹介したのは、大人がある意味で、実際は二種類以上の神の概念を持っているということを示すためである。一つは熟慮できる状況において現れる、遍在し、全知で、通常とはまったく異なった特別で神学的な神の概念であり、もう一つはそれよりはるかに人間的で、日常的な状況で容易に用いられるものである。私たちの自然的概念形成の傾向から大きく逸れる考えは、用いるのが難しいのだ。

この実験結果がアメリカ人の大人に特有なものかどうかを知るために、私はインドを訪れた。インド人の多くが信じているヒンドゥー教では多様な神々が存在するため、インドは比較に最適な場所である。こうした神々は多種多様な形をとり、絵画や彫像で視覚的に描写されている。それにもかかわらず、ヒンドゥー教の神学はブラフマンという、より抽象的な究極的存在について教えている。この神は万物の中におり、万物に浸透していると見なされている。彼らはキリスト教の神よりも具体的な神々を持っている一方、キリスト教よりも抽象的な神を持っているのである。こうした考察だけでも、ヒンドゥー教では神々の表象が二重に存在することが理解できるだろう。それは抽象的な面を持つ一方、擬人的な特徴を持つものである。

インドで行ったのは、同じ物語の再現実験である。つまり前述の物語理解の実験に多少の修正を加えた上で実施した[26]。最初に、読者が物語を読んだ後、自ら問いに答えるという形式の課題を出した。次に、神という語を用いる代わりに、四つのヒンドゥー教の神（ブラフマン、シヴァ、ヴィシュヌ、クリシュナ）を用いた。これまでと同様に、物語理解の課題を終えた参加者に対し、それぞれの神についてどう考えているかを問う質問紙に記入するよう求めた。

その結果は次の通りである。質問紙への回答における神についての考えや、物語理解課題において、参加者間で差はほとんど見られなかった。ただし、アメリカでの結果同様、これらの神がどのようなものだと信じているかという回答と、物語を理解する際に用いた神の概念との間には大きな差が認められた。

ここで、驚くようなことがあった。

アメリカでの研究とインドでの研究のもう一つの違いは、参加者の年齢層だった。アメリカの実験では、サンプルは20代前半から成っていた。インドの実験では、参加者は9歳から55歳までと幅広かった。この46歳もの年齢差が存在していたおかげで、神に関して言明された信念と物語で用いられる神概念との間のずれが、年齢とともに変化するのかを調べることができた。驚くことに、そこには統計的に信頼できる変化が見出された。それは予測していたものとは反対だった。というのも、このずれは年齢とともに大きくなるのである。予想に違わず、質問紙への回答で言語的に表明される信念については、大人は子どもよりも神を擬人化する傾向が弱い。しかし、物語理解課題においては、子どもよりも大人の方が神の擬人化を行っていたのである。年配の参加者には、神々が人間的な限界を持つとする誤りの追加がより多く見られた。この結果は近年、トラヴィス・チルコットとレイ・パルーツィアンによって、より厳密で、文化的文脈を考慮した方法の下で再現された[27]。ここでも、教育や大人向けの宗教の学習とは関係なく、年配のヒンドゥー教徒の方が物語課題においてより擬人的な神概念を用いていた。

この主題に関してはさらなる研究が必要かもしれないが、いくつかの事例では、子どもは実際は大人よりも宗教的思考の呑み込みが早いのではないかと思われる。つまり、私たちが歳をとればとるほど、自然宗教から大きく逸れるような考えを用いるのが難しくなるということである。この可能性は、これまでの章で紹介した宗教性発達の敏感期の説と一致する。子どもは、幼少期に宗教的思考についての自然的能力を適切に用いることができなかった場合、それを失ってしまうのかもしれない。

私が大学生だった頃、友達の一人は神をしばしば「空にいるでかいやつ」と表現していた。ずいぶん子どもっぽく聞こえないだろうか。この生意気な表現は決して冒瀆を意味しているのではなく、この若者が神の感覚にいかに親しみを持っているかを指し示している。彼は神を、宇宙の支配者であると同時に身近な友人であると考えていた。この工学専攻の学生は神学書を読むのを楽しんでおり、将来はキリスト教の聖職者として活動したいと望んでいた。彼が、神とは雲に乗る背の高い人間だと本当に信じているわけではないことも明らかだった。実際に、この若者は尋ねられると、神は実際にいかなる空間も占有することはないと答えた。神がここやあそこにいると言うのは誤りであり、空にいることも、大きくも、やつ（guy）でもないと。それならばなぜ彼は神を「空にいるでかいやつ」と呼ぶのだろうか。このとても賢い男は、リラックスした状況で神について考えたり、語りかけたりしたいときに、神のことを空にいるでかいやつと考えたほうが容易だと思ったのである。遍在する宇宙的至高者よりも、空にいるでかいやつの方が、彼にとって理解や語りかけ、信じることがたやすいのだろう。そのため、キリスト教徒が神について、進んでこのように歌っていることも驚くにはあたらない。神は「その手に世界全てを収め」〔黒人霊歌の一曲から〕、「主の眼は雀を見守り」〔有名なゴスペルの曲名〕、「主がその袖をまくるのは、単に金持ちを気取っているからじゃない……主の足跡には雷光が、主の拳には雷鳴が生まれる」〔シェーン＆シェーンの楽曲、Awesome God の一節〕。

第7章　子どもっぽくってもいい

神や神々を信じることは、幼稚で子どもっぽいのだろうか。ある意味では、その答えは明らかに「はい」である。神々を信じることは、おそらく子どもの発達の初期に発現しやすい。自転車の乗り方や、水の沸点や、かけ算や、読み方を習う前に、世界中の子どもは、親たちによって語られる、幽霊、森の精霊、祖先の霊、天使、悪魔、神々、または唯一の神といった超自然的存在について知っていて、それを信じている。5歳以前の正常な発達をしている人間の子どもの中には、少なくとも一人の超越的な力や、超越的な知識、超越的な知覚を持った、道徳に厳しい神を信じる者が、一定程度いるように見える。しかし、このような信念が幼稚であると見るかどうかと、大人になってもその信念を持ち続けるべきかどうかはほとんど無関係である。

この本で述べた考えの一部を、2006年の秋に、ペンシルベニア州ランカスターにあるフランクリン&マーシャルカレッジで発表した。講義の後の活発な議論の中で、聴衆は、信念の基礎や、信念そのものがまだ幼稚園の頃に自然に現れるということに強く関心を持ったようだった。私がこれまでのエビデンスをもとにこの解釈を断言すると、前列にいた紳士が「神を信じるのは、子どもっぽいことではないか」と鋭く尋ねた。非常に礼儀正しい聴衆は、無礼で敵対的に聞こえるこの質問に驚きのあまり息を飲んだ。しかしこれは、妥当な質問だった。

神（あるいはその他の超越的な存在）を信じることは、子どもっぽく、幼稚で、ある種の子ども時代の名残ではないかという疑問は、信念の本質を考える時に繰り返し出てくる問いである。神はサンタクロースや歯の妖精と同じで、子どもは信じても、その後卒業すべき存在なのだろうか。

宗教は幼稚であるという攻撃

宗教は幼稚であるという説の最も有名なものの一つは、ジークムント・フロイトによる議論である。著書『幻想の未来』の中で、フロイトは繰り返し、神への信念は幼児期の不安が自然界に投影されたものだと主張している。

さて子供は思春期に達しても、自分がいつまでも子供のような存在であり、外部からの強大な威力からの保護が不可欠であることに気づくようになる。するとこの保護を与えてくれるものに、父親の像を与えるだろう。こうして神々が作りだされたのだ。人々は神々を恐れると同時にこれから利益をえようとして、みずからを守ってくれる役割をゆだねるのである。(1)

フロイトによれば、大人は未知のものに対して子どものような恐怖心を持ち続け、宇宙の父の似姿としての神を創作する。これは、父親に守られたいという欲求を持ちながら、同時に父親を恐れていた幼児期の心を投影しているのだ。

フロイトの分析は、ある特定の子どもや、幼児期から成人期の個々の発達過程にとどまらない。むしろ彼は、なぜ神への信念は人間の普遍的性質であるのかを説明しようとする。そのために、彼が提案するこの発達に関する物語は、人類が誕生して以来直面してきた問題を、個体レベルで再現しているだけだと提案する。

このように人間の〈寄る辺なさ〉を、どうにか耐えられるものとするという必要性から、さまざまな［宗教的な」イメージが生まれることになる。これらは人間存在そのものの寄る辺なさと、人類の幼年期の寄る辺なさの記憶を素材として生まれたものなのである。[2]

要約するとフロイトは、神々への信念を骨の髄まで幼稚で子どもっぽいものと見ている。私たちはコントロールできない自然を前にして感じる不安により、神を信じているというのだ。

私たちは、ある存在またはある存在たちに、幼児期に父親の中にあるとした属性を映し出すことで、この不安に対処している。私たちは、幼児期に（無意識的に）感じた、力強いが恐ろしい父親によって守られた感覚を覚えている。私たちはこの子どもの頃の記憶を（再び、無意識的に）、神の概念の創造に使うのだ。しかし、フロイトはさらに一歩進んで、神への信念は幼児的な幻想であり、過去の遺物であるという。

同様に、人間は自然のもつ力に、単に対等の立場でつきあえる人間のイメージを与えているのではなく（それでは、人間がそれに与えた圧倒的な印象の意味がない）、人間は自然の持つ力に父親の特徴を与え、神々とした。その結果、子どもの頃の原型に倣うだけではなく、私が示そうとしたように、系統的な原型にも倣うことになった。[3]

フロイトが言う「系統的」とは次のことを意味する。神々は各個人の発達の観点から言って原初的な産物であるだけではなく、原始的な先史時代の私たちの祖先が生み出したものである。

もしかしたら、私たちは原始時代の祖先、あるいは人間以前の種であった時から神を信じているのかもしれない。神への信念は、子ども時代のものであり、人間以前が持っていたものでもある。

多くの宗教心理学者や他の宗教の科学者の間では、フロイトのエビデンスの乏しい宗教の起源に関する説を真面目にとらえない。しかし、神を信じることは、恥ずかしくなるほどの子どもっぽさが完全になっていないということだという考え方をする人もいる。例を出して説明すると、リチャード・ドーキンスは最近のインタビューと著作で、宗教は子どもっぽいものという立場をとっている。以下は、ドーキンスが２００６年のインタビューで述べた考え方の例である。

私は、何が真実かに非常にこだわる。サンタクロースと神の一つの大きな違いは、明らかに、サンタクロースを信じる大人はいないのに、残念なことに、神を信じる大人は多いということだ。そういう人はそろそろ大人になって、サンタクロースを信じなくなる年頃には神も信じなくなってほしい。もし信仰を失って苦しんでいる人たちがいたら、私はその場で踏みとどまるようにと言いたい。なぜなら、もしあなたが本当に立ち上がり、現実を見つめることができたなら、それは宗教の見せかけで子どもじみた世界よりもずっと素晴らしいものになるからだ。(4)

フロイトと同じくドーキンスにとって、神や神々を信じることは子どもっぽいことで、人は成長したら「神を捨て去るべき」なのだ。

宗教的信念や実践に子どもっぽいというラベルを貼り、だからこそ放棄されるべきものだと結論づけることは、説得力があるが、空虚なレトリック以上の何者でもない。

神を信じることを、よくサンタクロースと歯の妖精を信じることと比較することは、不誠実であり、知的怠惰であり、そして深刻な無知を示すものだ。まず第一に、大人は神を信じ、サンタと歯の妖精は信じないが、幼い子どもたちは三つ全てを信じるかもしれない。実際、科学者であり神学者のアリスター・マクグラスが指摘するように、多くの大人(彼自身も含めて)は、子どもの時は信じていなかったのにもかかわらず、ある特定の神を信じるようになる。この事実も、サンタクロースや歯の妖精のケースと一致していない点である。子どもの時にそれらを信じていなかったのに、大人になってから信じ始めたり、再び信じたりする人はいない。(5) 子どもそして大人には生まれながらに持っている認知があるので、サンタクロースも歯の妖精も子どもや大人の概念空間に適合しない。サンタクロースも歯の妖精も、世界の秩序や目的、大きな幸運と不運、道徳、生と死、死後の世界のことを説明できない。さらには、それらは非常に限られた範囲での関心事（クリスマスプレゼントや、歯とお金の交換）以外の、日常的な事柄にはほとんど関係がない。また、親が意図的に子どもを騙して、欺きと偽りによってそれらを信じさせていることにも注意してほしい。大人は（通常は）神への捧げ物を食べて、それを彼らがサンタのクッキーを食べるように、神が食べたと見せかけたりしない。もし神を信じることが、教え込みと芝居がかったごまかしによる概念の結果であるとしたら、大人はそれにも気づいて成長するだろう（サンタや歯の妖精というごまかしに気づいたように）。

「子どもっぽい」または「未熟な」思考は、大人になったら捨てるべきという考えには、ほとんどの大人が共感するだろうと想像する。言うまでもないだろう。しかし、私の無邪気さを許してほしいのだが、どうしてか。どうして、子どもっぽいと思われる考えが、自動的に悪いこと、危険なことで間違っていることになるのだろう。あなたはこのように考えているかもしれない。「確かに、子どもたちは大人よりものを知らなくて、推論上の間違いをより多くする。だから、彼らの判断は信頼に足らない」。その通りかもしれない。とはいえこれに続くのは、子どもの信念については、特に大人の常識から逸脱している場合は、大人の信念以上に注意深く吟味する必要があるということだ。しかし、大人だってたいてい神々を信じている。

神への信念は子どもの頃に始まり、一般的には大人になっても続く。それは、重力、固体の永続性、時間の連続性、自然法則の予測可能性、原因が結果に先行すること、動物が自分に似た子どもを産むこと、人間は思考と欲求が行動の動機と指針になること、あることが道徳的に正しいか間違っているか、それぞれの母親は子どもを愛していること、そして世界に関してはさまざまな考え方があると信じることと同じようなものだ——その一部はこの本の前章で検討したものだ。これらの信念は全て子ども時代の早い時期に発生し、通常、成人期まで持続する。もし、神を信じることがこの種の信念と同じように「子どもっぽい」あるいは「未熟」であるなら、神を信じることは決して悪いことではないように思われる。

私たちの心は、正しい信念を持つという点で基本的に信頼できるので、私たちが自然に生み出す「子どもっぽい」信念は、それが問題だと疑うべき理由が見つかるまで、真実と見なされるべきだというアプローチに私は賛成する。そうすることなしに、私たちが正常で正気の人間として機能できるのか、私には確信がない。私たちの核となる知識や指針となるものの多くは、子ども時代に生まれて、私たちの人生を形成する。私たちは、間違っていることが証明されるまでは、この「子どもじみた」信念を信じるべきだ。ダーウィン的無神論者は、全ての神についてではないにしろ、多くの神の信念に反対する十分な理由が他にもあると言うかもしれない。おそらくそうだろう。しかし、有神論が「子どもっぽい」ものという発見は、十分な理由の一つではない。

ある考えや信念が子どもの時に一般的に生まれるのではなく、大人になってから生まれたからというだけで、その信念が真実になるわけではないということを覚えておくべきである。生涯発達の初期に生まれるから、神への信念は「未熟」とか「幼稚」だと考えるなら、多くの「成熟した」あるいは「大人の」信念が子どもの頃の信念に比べて、真実性、価値、望ましさといった点で必ずしも優ってはいないことを、念頭においてほしい。大人は、後になって間違っていたり役に立たなくなったりして捨て去るような科学的な理論や哲学的な立場を思いつく。子どもは、自分以外は本当は存在しないとか、外界は存在しないとか、私たちはどこかの桶の中で培養されている脳なのだとかいうことを信じない。大人がこの種の信念を持とうとするのだ。大人が、喫煙とニコチン消費は無害で楽しい暇つぶしだと考えたり、血を抜いたり頭蓋骨に穴を開けたりすることは気分障害の良い治療だと考えていたのだ。子どもは、そのようなことは思いつかない。大人の方が、自分や他の誰かを殺すのはいい考えだと子どもよりも信じやすい。どんな状況でもあなたに同意する5歳児を探すのには、苦労するだろう。大人は子どもよりも知識が豊富かもしれないし、おそらくより頭が良いだろう。しかし、正しいことが多いだけでなく、間違っていることも多いかもしれないのだ。

このような問題提起をするのは、信念が子ども時代に生まれたという意味で「幼稚である」ことは、それが真実や善であるかには、直接関係しないからだ。幼少期の信念については、その有罪が証明されるまでは、無実であるとして扱うのが最も賢明なのかもしれない。

徳の高い幼稚さ？

神を信じることは、子どもっぽくて幼稚なのだろうか。ある点においては、明らかに答えは「はい」である。神への信念は、子どもの発達初期において現れやすい。私がこれまで証明してきたように、神への信念を持ち始めるために必要な認知的ツールは、すでに就学前の時期に整っている。

しかしある信念を幼稚なものとすることは、その信念を大人になってからも持ち続けるべきかどうかには関係しない。子どもっぽいという言葉がもつ表面的なニュアンスを拭い去れば、幼児期に基盤があることは、その信念が正しいか間違っているかには関係ないことがわかるだろう。ある信念を幼稚だとか子どもっぽいと呼ぶことは、誰かをその信念から遠ざけるための悪口の安っぽい手口に過ぎない。

イエス・キリストは、子どもたちとの交流によって、そのような罪悪感をほとんど持っていないようだ。それどころか、弟子たちが子どもを追い払おうとした時に、彼は「子どもたちをそのままにしておきなさい。私のところに来るのを妨げてはならない。天の国はこのような者たちのものである」と言ったと伝えられる(6)。彼は、弟子たちが子どものようであることは歓迎すべきことで、恥ずかしいことではないとした。イエスがどの特性を、または子どもたちが持っているどんな特性を望ましいものと見なしたのかは、神学的に未解決の問題である。しかし、その答えの一つは、謙遜であろう。なぜならイエスは他のエピソードでこう説明した。「よく言っておく。心を入れ替えて子どものようにならなければ、決して天の国に入ることはできない。だから、この子どものように、自分を低くする者が、天の国でいちばん偉いのだ」[7]。作家のG・K・チェスタトンが書いた文章も、おそらく正しい道筋をたどっている。彼は、子どもは、物事をありのままで見ることができる「無垢なリアリズム」を持っていると書いた。彼によると子どもは、物事の良いことも悪いことも、困惑することも、嫌なことも、奇跡的なことも、物事の事実を歪めて見せる装飾的な理論的な潤色を加えたり、大人のように合理化や自己欺瞞の層を加えたりすることなく見ることができる。その代わりにチェスタトンは、大人が神を正しく理解して信じるためには、「最も荒々しく高揚した想像力を呼び起こす必要がある。そこにあるものを見ることができる想像力だ」と書いている[8]。あるいは、イエスが言ったのは、好意、贈り物、そして赦しでさえも、気遅れや恩義を感じることなしに受け取ることができる子どもの姿だろう。これも、彼が大切にしていた謙遜さの一つなのだろうか。大人にとっては、恵みや慈悲深さとは、前章で述べたように、適切な社会的交換や、公正な世界についての感覚に反するのかもしれない。おそらくイエスは、子どもには揺るぎない信頼を寄せることができる能力があることを強調したかったのだろう。子どもたちは、「どのように」とか、「どうして」を全て理解する必要がなく、必要なのは「誰が」だけであるのだ。彼が弟子たちに幼子のようになりなさいと言った理由は何であれ、イエスは、彼らの信念が幼稚であるとする言いがかりによって、弟子たちが恥じることを拒んだのである。

郵便はがき

料金受取人払郵便

銀座局
承認

4307

差出有効期間
2024年2月
29日まで

104-8790

628

東京都中央区銀座4－5－1

教文館出版部 行

◉裏面にご住所・ご氏名等ご記入の上ご投函いただければ、キリスト教書関連書籍等のご案内をさしあげます。なお、お預かりした個人情報は共同事業者である「(財)キリスト教文書センター」と共同で管理いたします。

●今回お買い上げいただいた本の書名をご記入下さい。

書名

●この本を何でお知りになりましたか

1．新聞広告（　　）　2．雑誌広告（　　）　3．書　評（　　）
4．書店で見て　5．友人にすすめられて　6．その他

●ご購読ありがとうございます。
本書についてのご意見、ご感想、その他をお聞かせ下さい。
図書目録ご入用の場合はご請求下さい（要　不要）

教文館発行図書　購読申込書

下記の図書の購入を申し込みます

書　　　　名	定価(税込)	申込部数
		部
		部
		部
		部
		部

- ご注文はなるべく書店をご指定下さい。必要事項をご記入のうえ、ご投函下さい。
- お近くに書店のない場合は小社指定の書店へお客様を紹介するか、小社から直送いたします。
- ハガキのこの面はそのまま取次・書店様への注文書として使用させていただきます。
- DM、Eメール等でのご案内を望まれない方は、右の四角にチェックを入れて下さい。□

ご氏名　　　　歳	ご職業

(〒　　　　)
ご住所

電　話
●書店よりの連絡のため忘れず記載して下さい。

メールアドレス
(新刊のご案内をさしあげます)

書店様へお願い　上記のお客様のご注文によるものです。
着荷次第お客様宛にご連絡下さいますようお願いします。

ご指定書店名	取次・番線
住　所	
	(ここは小社で記入します)

を越えて

いてのキリスト教的解釈をめぐるエッセイ

バー ✣著　アメリカの神学者

文／柳田洋夫 ✣訳

誉教授・2021年逝去／聖学院大学教授

アメリカを代表する神学者の一人であり、
「冷静を求める祈り」でよく知られるニーバーの
神学思想の端緒となった著作の、待望の翻訳！

仰による知とその預言者的な洞察力！
ルド・ニーバーは高貴な人間と高度文明こそが逃れられない罪の悲
、それを越える悔い改めと希望の可能性を示す」。
彦氏（東京神学大学理事長）

教の歴史観は、それが、悪を、最高の精神活動にさえ必然的につ
ものとして認める限りにおいて悲劇的である。他方、キリスト教
は、悪を、存在それ自体における本来的なものではなく、最終的
神の支配のもとにあるものと見なす限りにおいて、悲劇を越え
（序文より）

● 定価3,190円　10月刊行

注文は、お近くの書店にお申し付けください。
直接ご注文の場合には、e-shop教文館（http://shop-kyobunkwan.com/）
ト教書部（Tel: 03-3561-8448）へどうぞ。　●価格は10%税込表示《呈・図書目録》

配給元：日キ販

教文館

出版のご案内

2022年8月－10月

日本人神学者による書き下ろし、ついに完結！

キリスト教教義学　下

近藤勝彦 ✣著

東京神学大学理事長・名誉教授

現代日本を代表する神学者によるキリスト教教義学の決定版！　聖書神学を尊重し、遠大な神学史・教義学史を検討し、現代世界の思想的難題にも応答した教義学の記念碑的著作（全２巻）。下巻では教会論から、救済論、神の世界統治、終末論などが扱われる。

● 定価14,300円　8月刊行

教文館
〒104-0061 東京都中央区銀座4-5-1
TEL 03-3561-5549　FAX 03-3561-5107
http://www.kyobunkwan.co.jp/publishing/

キリスト教教父著作集第５巻

アレクサンドリアのクレメンス3

パイダゴーゴス(訓導者)他

アレクサンドリアのクレメンス ✣著 ギリシア教父

秋山 学 ✣著 筑波大学教授

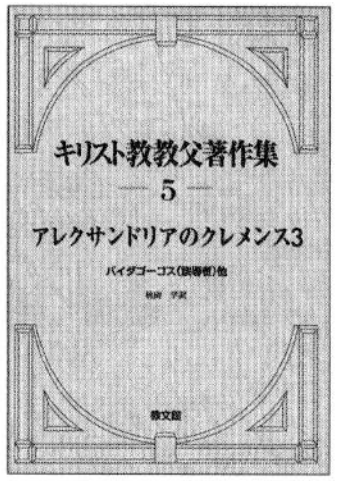

ギリシア思想と福音を調和させた、初期ギリシア教父
アレクサンドリアのクレメンスの全貌が明らかに！

本巻には、『パイダゴーゴス』(訓導者)、『プロトレプティコス』(ギリシア人への戒告)、『テオドトスからの抜粋』、『預言書撰文集』、『救われる富者とは誰であるか』、「断片集」を収録。これにより、先に出版された『ストロマテイス』と合わせ、クレメンス関係の残存作品のすべての邦訳が完成！

● 定価13,200円　9月刊行

神の物語としての聖書

J. ゴールディンゲイ ✣著 フラー神学校名誉教授

本多峰子 ✣訳 二松學舍大学教授

旧新約聖書66巻に紡がれた、神の物語の中へ――

聖書が書かれた歴史的・地理的背景を知り、各書の文学ジャンルごとの特色を味わう。世界に向けて語られた神の言葉の受け取り方を、今日の私たちに教える入門書。

● 定価2,640円　10月刊行

ヘロデ大王

C. G. シュウェンツェル ✣著 ロレーヌ大学教授

波部雄一郎 ✣訳 関西学院大学非常勤講師

「冷酷な暴君」か「勇敢な指導者」か？

エルサレム神殿再建などの業績を残すも、聖書では幼児を虐殺させた凶悪な王として描かれるヘロデ大王。その真実の姿とは？　先行する歴史研究や最新の貨幣学・考古学的成果から、ヘロデとその後継者たちの実像に迫り、イエス時代のユダヤと周辺世界を読み解く意欲作！

● 定価3,300円　8月刊行

短く簡単な祈りの方法

内的祈りの手引き

ギュイヨン夫人 ✣著 17世紀フランスの神秘思想家

大須賀沙織 ✣訳 東京都立大学准教授

キエティスム（静寂主義）の主唱者が説く「完徳へと至る道」

「私たちはみな祈りに招かれています」――オノレ・ド・バルザックに多大な影響を与えた、17世紀フランスの神秘思想家による信心書。心の奥に神を探すことで、誰もが容易に高次の完成に至ることができると説く。新たな祈りの霊性を求める人々に贈る沈黙の祈りのすすめ。

大学にキリスト教

新しい時代を拓くもの

梅津順一 ✣著 青山学院大学名誉教授

キリスト教教育の未来を探る

世俗化によって宗教と人間教育が分離され、学
つつある現在、日本のキリスト教主義学校にはどの
ているのか。青山学院院長、キリスト教学校教育
著者が語る、価値ある考察と提言をまとめた講演

● 定価

世代から世代へ

教会における信仰形成教育の適応課題

チャールズ・フォスター ✣著
米国エモリー大学キャンドラー神学校名誉教授

伊藤 悟 ✣訳 青山学院宗教部長・同大学教授

子どもたちはなぜ教会からいなくなってしまったのか!?

信仰的伝統を継承していくために、私たちはいま何を始めるべきなのか？　教会教育の碩学が提言する適応課題（アダプティブ・チャレンジ）と取り組み！

● 定価3,

悲劇

歴史に

R. ニー

高橋義

聖学院大学

20世紀の
日本でも
成熟した

「聖書的
ラインホ
劇をあに
――近藤

「キリス
きまと
の歴史
に善な
ている

本
小
キ

第8章　何かを信じるなんて馬鹿みたい？

私はまったく信仰を持っていません。でも、驚いたことに、うちの4歳の娘は神様を信じ、時々、神様について語るのです。私は一度だって神様について教えたことはないのにです。とにかく不思議なんです。これも人間の性質の一部なのかもしれません。

この引用は、私の「生まれながらの信仰者」の講義の一つが電子版『ロンドン・タイムズ』誌に掲載された時に投稿されたコメントであり、子どもが信仰を持つのは、単に親が子どもに教え込んでいるからであり、信仰は教え込みによってのみ獲得されるという考えを直接反証するものである。

簡単に言うと、教え込み仮説とは、子どもが神を信じるようになるのは、教え込まれるからであり、教え込みさえすれば、子どもは神を信じるようになるという主張である。幼い頃に、子どもは、アッラーや、祖先、イエスや、ヴィシュヌについての話を聞く。親をはじめとして子どもから見て偉い人たちが、神とはどのようなものか、そのさまざまな特徴の全てを明示的に教える。さらに親は、永遠の地獄や、飢餓、嵐、火山噴火といった恐ろしい話を通して、神に対する不信仰や神に背いた結果として引き起こされる過酷な結末を子どもに印象づける。実に、親や牧師や僧侶といった宗教的な教えを指導する者たちの中には、神を疑ったり、神が禁じたことをしたり、命じたことに背いたりした子どもには身体的に罰を与える者もいる。そして親たちは、子どもが神への信仰や服従を表明したときには褒めたり褒美を与えたりし、天国での穏やかな暮らしや、現世での豊かさや成功を約束することでそれを奨励する。神というものは、よく知られているように、反証も証明も困難であるし、このような状況ならば、子どもは自分が反証することのできないものを何でも信じるであろう。教え込み仮説によると、この明らかに明示的で、強制的な教え込みシステムによって、子どもは何らかの神を信じるようになるのだ。

教え込み仮説を提案する人は、ジム・ジョーンズの人民寺院の悲劇やデイビッド・コレシュのブランチ・ダビディアンのようなもの〔カルト教団〕をおそらく思い描いている。これらの事件では、ごく普通の良識ある大人が、過激な急進的宗教的信仰に囚われ、それまでのキャリアや家族を捨て去り、そして多くの場合、その信仰のために自ら命を落とした。もし大人が一貫した教え込みの圧力に屈しうるなら、ただの子どもがその影響に抵抗することのできる可能性はどれほどあるだろうか。

本章で私は、子どもにさまざまな宗教的な考えを信じるように（あるいは信じないように）教えたいと願う人にとって重要な、教え込み仮説とその関連理論について論じる。どんなことであっても、子どもに信じさせ、うまく洗脳するということは可能なのだろうか。

哲学者のアンソニー・グレイリングは、キリスト教の高等教育に触れる中で、以下のように述べている。(1)

このキリスト教の指導者、教師の訓練が全て、若者、特に年少者の宗教的洗脳を目的としているということを意識しなければならない。若者を洗脳しない限り、宗教はそれ自体の不合理によって衰退し消滅してしまうだろう。あらゆる宗教は結局、子どもの心を捕らえることによって信者を集めることができるかどうかに全てがかかっているのである。

しかし、ありとあらゆる宗教は本当に、子どもを「洗脳」しない限り「それ自体の不合理によって衰退し消滅してしまう」のだろうか。グレイリングの考えを支持するような証拠はなく、そうではないことを示す証拠にあふれているのではないかと私は思う。

いくら教え込み仮説が一見正しそうに見えても（実際、私自身は何度も世間話の折や学術講演の後に研究者からこの仮説を提案されてきたのだが）、この仮説は宗教の研究者から注目されることはほとんどなかった。このように無視される理由はすぐに思いつく。

まず最初に、文化人類学者、宗教研究者、そして宗教的共同体で育った人は、教え込み仮説を、宗教的共同体でよく見られる光景を誇張したものだと捉える。そこでは子どもに信仰を強制し、脅し虐めるというよりも、大人は、森の精霊や祖先、魔女や神の存在を信じ、実際に存在しているものとして振る舞う。彼らは、それにふさわしい儀式を執り行い、祈り、人生で起こる物事の意味を議論し、神の業を恐れ、神が空気や重力や病原菌と同じくらい自然で、普通で、確実に存在するものであるかのように人生を過ごす。伝統社会における宗教的信念と実践を記録したエスノグラフィー（民族誌）は、宗教的な語りであふれ、それがいかに日常生活に密接に織り込まれているかを強調する。[2] 宗教的思考や信念が、日常的な思考や実践にとって、余計なもの、あるいは付加的なものとして取り扱われ始めたのは、最近のほんの数百年、かつ世界のごく一部のコミュニティにおいてなのである。

西洋世界でさえ、信仰の篤い家庭の子どもが生きる宗教的文脈は、通常の文化的に存在するもの全てに密接に結びついている。私の祖父母の人生は、まさにその実例だ。二人はきわめて保守的で伝統的な、とても敬虔なキリスト教徒である。透明人間がこっそり彼らの生活を覗いたとしても、彼らが神を冒瀆するような言葉を使ったり、お酒を飲んだり、ダンスを踊ったり、際どい映画を見たり、日曜日に働いたりする場面を目撃することはないだろう。彼らは食事の前には欠かさず祈りを捧げ、欽定訳聖書（King James Version Bible）を毎週読み返し、週に二回教会に行く。祖父は髪を短く整え、常に長ズボンを履いており、シャツをきちんと着ずに外に出ることはなかった。祖母の装いは控えめで、いつもワンピースを着て、腰まである長い髪を頭の上で束ね、宝石もほとんど身に着けず、化粧もしなかった。祖父はそれほど出かける方ではなかったが、祖母は高齢者施設や病院にボランティアに出かけた。二人とも、もし友人や家族、近所の人が助けを求めていたらどんなときでもそれに応じた。彼らは、自分たちがそのようにすると決めた理由や、そのように暮らす理由について話すことはほとんどなかったが、他の人がしないことをなぜ彼らがするのかと聞かれれば、聖書の教えには従うべきだからと答えただろう。彼らは、アメリカ中西部から南部の小さな町に住む人々としてイメージされる、物静かな、伝統的なキリスト教徒の典型である。彼らの生活における要素の中に、家の中での子どもへの教え込みと言えるようなものはあるだろうか。教会に行けば子どもたちは信心深い生活の重要性と、それに背いたときの恐ろしい結末を聞くことになるかもしれないが、子どもを教会に連れて行くことを除いて、強引な教え込みが行われている様子は見られない。宗教的な教えを繰り返し教え、騙し、強制する環境というイメージは、信仰の篤い家族に対する大げさな誤解である。

教え込み仮説が多くの人にとって空々しく聞こえるもう一つの理由は、多くの人が親として経験する事実に基づく。親はしばしば子どもに「教え込み」を行おうとする。それは時には効果があるかもしれないが、たいていの場合効果はない。世界の見方に対して持つ素朴な意見から科学的に証明された真実への好みに至るまで、親は、子どもが自分たちを信じず、言うことを聞かないことにストレスを感じているだろう。幼稚園児に、さっき頭をぶつけたコーヒーテーブルは、ビュンビュン飛び回るたくさんの粒子からなるまったく空っぽの空間であると説得してみよう。地域の持ち寄りパーティに出てくる灰緑色のヘドロのような食べ物は美味しいのだと子どもを説得してみよう。ビリー・ジョエルやポール・マッカートニーは最近はやりの歌手よりもポップミュージック界に偉大な貢献をしたと12歳児を説得してみよう。他にも、いつか算数やメソポタミアの歴史を学んでよかったと思える日が来るとか、やるべきことを先延ばしにするとまずいことになるとか、もう一時間勉強することでテストの成績が随分変わるとか、ニキビがあるからといって永遠に仲間外れにされることはないとか、人間は本当は夜行性の動物ではないと若者を説得してみよう。親ならば知っているように、これらの例の多くで、私たちが望めるのはせいぜい、愛する子どもたちが、私たちを信じているかのように振る舞うことである。子どもは、親をはじめとした偉い人たちに言われたことを単純に信じることはしない。多くの場合、子どもは「疑わしきは被告人の利益に」という法則を（たいていそうすべきでないときに）親以外の他人の証言には与えるが、親の話をうのみにするために使ったりはしない。娘が11歳の時に言った言葉を借りるなら「自分が納得しない限り、年上の言うことは信じるな」なのである。

親の証言に加えて、強力な脅しもまた、「教え込み」を行おうとする人の役には立たない。（捕虜に対する人道的な扱いを取り決めた）ジュネーブ条約以前の軍の刑務所型の洗脳技術を除けば、このような戦略は逆効果であるだろう。不信仰でいたり、神は存在しないと考えたりしたら悲惨な結果に陥ることになると言って脅すことは、そのように考える人に、普通ではないとか特別だというラベルを貼るだろう。逆にそれによって、子どもたちは神の不存在について思いを巡らす可能性が高まるかもしれない。私たちは、この種の教え込み戦略が、子育て家庭で戦略としてうまく機能できるという信頼できる科学的な証拠を持たないのである。

もう一人の新しい無神論者、クリストファー・ヒッチンスは、教え込み仮説の重要さを支持しつつも、部分的にその弱点を認めている。

若者に対する教え込みは、多くの世俗的なイデオロギーがどうなったかを見ればわかるように、しばしば逆効果であるが、信心深い人は、ごく普通の少年少女に十分なプロパガンダを植えつけるために、このリスクを冒すだろう。他に何ができるだろうか。もし子どもに分別がつき、自分で考える年齢になるまで宗教的な教えが許されないなら、私たちは、今とはまったく異なる世界に生きることになるだろう。(3)

そうすると、教え込みは逆効果なこともあるが、それなしには世界は無信仰になってしまうので、信心深い人は選択の余地なくそれに頼らざるを得ないということになる。これまで教え込みによってのみ宗教が存在するという考えには証拠がないことを見てきたが、ここからはヒッチンスの主張を別の観点で論じようと思う。

教え込みは「信心深い人」にとって利用可能な唯一のツールであるが、それが時に「逆効果」をもたらすのであれば、たとえば10人中1人の子どもは、教え込まれても、無信仰者になるということになる。ヒッチンスやグレイリングがきっと考えたように、次のように考えてみよう。人間は、宗教性に向かう自然的傾性を何ら持っておらず、だからもし宗教的に教え込まれなければ、あるいは宗教的な考えと宗教的ではない考えを同程度に教えられれば、非宗教性のほうが勝ち残る。信仰を持つ人の数は維持できなくなり、信仰者の数は、六世代後には現在信仰を持っている人の20分の1以下になるだろう、と。[4] もし子どもへの教え込みが、宗教が生き残る上での生命線なのであれば、キリスト教、ヒンドゥー教、ユダヤ教、イスラム教は、数世紀も残ることはできなかっただろう。しかし、それらの宗教は今も続いている。それは他の何かの要因があったからに違いない。

また教え込み仮説は、人がなぜあるもの信じるようになるのかについての別の説明である、受動的な文化化説と同様の欠点をもつ。それは一世代上への問題の先送りである。人はなぜ神を信じるようになるのか？　親や年長者たちが彼らに教え込んだからだ、あるいは（思いやりをもって）神を信じるよう文化化したからだ。ではその親や年長者はなぜ神を信じたのか？　それは、さらにその親や年長者たちが彼らに教え込み文化化したからだ。ではその親や年長者はなぜ……。このような説明は、幽霊が広く信じられている理由と同じようなものだと思う。

昔々、偶然、誰かが幽霊を信じようと決めた（それは目に見えないジャガイモや、異次元から来た牛、空飛ぶスパゲッティ・モンスター、心を読む靴下などなど何でもいいが、いずれにせよ幽霊である）。この幽霊信者は、自分の子どもに幽霊を信じるように教え込み、その子どもも自分の子どもに幽霊を信じるように教え込み……こうして世代ごとに、教え込みは容易になる。その信念は広く伝播して、文化的信念と考えられるようになるかもしれない。多くの信者が周りにいれば、教え込みは文化化する。その地域の人が幽霊を信じるようになればなるほど、より多くの人が文化化過程を手伝う。だから多くの人が幽霊を信じるようになるのである。

このような説明に満足する人も中には（研究者も含めて）いる。しかし私はそうではない。私は、なぜ他でもなくこの信念や実践が行われているのか、そして、なぜある信念は人々にうまく広がり、他の信念はだめだったのかを知りたい。なぜ心を読む靴下ではないのか。なぜ異次元からきた牛ではないのか。単なる教え込みや文化化では、このことを説明できない。

最後に、グレイリングとヒッチンスの、宗教は幼い子どもに教え込まなければ消滅してしまうという主張には、自文化中心主義的側面がある。世界中の宗教の多くは、一貫してその中心的な儀式や信念から子どもを除いている。たとえば、文化人類学者のフレデリック・バースによるニューギニアのバクタマンに関する有名な研究は、成人男性だけが行うさまざまな実践や信念を注意深く描き出している。男性が十分に成長すると、徐々にその伝統に秘密裡に参加させられる。年長の男性は若い男性よりもよく知っていて、若い男性も未成年者に比べればよく知っている。女性と子どもは公式にはこの中に入れられていない。非常に多くの文化人類学者が示してきたように、このようなパターンは、伝統的な社会の宗教実践では例外的なことではない。これらの事例は、若者の洗脳が、宗教が残っていく上で決定的であるという主張を根源から否定するものである。キリスト教の信念と実践は、子ども（と女性）をほぼ完全に含んでいるが、このような社会的平等性は実のところ、文化的、歴史的には例外なのかもしれない。

教え込み仮説の「エビデンス」の一つとして引用されていると最近聞いたものがある。それは、子どもは親の宗教を「継承する」傾向があるという観察である。ヒンドゥー教徒の親は、将来ヒンドゥー教を信仰する子どもを持っている。イスラム教徒の親は、将来イスラム教を信仰する子どもを持っている。より細かなレベルで、ルター派、バプテスト派、メソジスト派の親は、それぞれルター派、バプテスト派、メソジスト派の子どもを持つ傾向がある。子どもは自分の親の信仰を選ぶ傾向があるという観察は、子どもは親や自分が育った環境から影響を受けるという主張を支持するものである。もしある子どもがヒンドゥー教徒の親のもとで育たず、また他のヒンドゥー教徒との接触がなければ、その子どもがヒンドゥー教徒になることはないだろう。しかし、もしある子どもがヒンドゥー教徒の親のもとで育たず、他のヒンドゥー教徒との接触もなければ、その子どもは何の宗教的信念も持たず何の宗教的実践も行わない可能性が高いだろうとは言えない。人が何らかの、そしてそれぞれの宗教的信念を持つ理由を教え込み仮説は説明しようとしているのであるから、親と社会的環境が特定の宗教的信念を持つことに影響するというこの観察は、証拠として十分ではない[5]。

「親からの信仰の継承」を、親からの食事の好みの継承と比べてみよう。確かに、朝食にシリアル、卵やトーストを食べて育った人は習慣的に、リフライドビーンズやフルーツ、甘いパンよりも、朝食にシリアル、卵やトーストを食べ続けやすくなるだろう。それでもこの事実から、人がある食べ物を他の食べ物よりも自然的に好むようになることはないと結論づけることはできない。親から受けた教え込みが、人が一般的に苦い食べ物よりも甘い食べ物を好む理由や、節足動物（アリやクモやカブトムシ）よりも穀物（米や小麦）を好む理由を説明すると考えるのは、あまりにも愚かであろう。食べ物の好みは、特定の文化的環境で生きることによって調整され、具現化されるが、自然的にもつ特性に起因するものが大きい。同様に、宗教的信念や実践も多くは自然的特性であるが、調整され、具現化される。

進化によって獲得された騙されやすさ

生物学者リチャード・ドーキンスが最近『神は妄想である』において教え込み仮説を再検討したが、その結果ないかと私は恐れている。

を受けても、先に述べた理由で、私の考えが揺らぐことはない[6]。ドーキンスのためにも公正に言うならば、彼自身も何度も書いている通り、子どもが神を信じるようになる理由についての彼の主張は単に、説明のためのものであり、他の説明の引き立て役に過ぎない。にもかかわらず、この物語に一部の人が共感を覚え、それに加えて、ドーキンスの説明が非常にうまいので、ドーキンスが思っている以上に、この話を真に受ける読者もいるのではないかと私は恐れている。

他の人が好んで引用するこの説明以外に、ドーキンスは二つの貢献をしている。第一は、「進化によって獲得された騙されやすさ仮説」と私たちが呼ぶ、教え込み仮説の一種である。第二に、ドーキンスが、この仮説を、彼の有名なミーム理論で増強したことである。ミーム理論によると、文化的概念は、（遺伝子のように）その生存特性によって良くも悪くも再生産される。ドーキンスの提案である進化によって獲得された騙されやすさ仮説によれば、子どもは親から言われたことには何であれ騙されやすいように、人間は進化したことになる。もし親が神について子どもたちに話せば、子どもたちはそれを疑いなく完全に信じる。ドーキンスは、教え込みが成功する理由について進化論的な説明を加えたのである。この騙されやすさに加えて、神への信仰は、信じないと発言する（あるいは神という考えに疑問を持つ）だけでひどい目に合うので「心のウィルス」あるいはミームのように、特に拡散するのに成功し、神への信仰が持続する基礎を持つことになる。一般の人にわかるように科学を紹介した人というドーキンスの名声があるために、このことに関する彼の主張はより注目され吟味がなされてきた。これはダニエル・デネットやクリストファー・ヒッチンスによって書かれた近年の反宗教の本にも現れる類似のテーマに関しても同様である[7]。彼の主張は、とてもありそうにないものでもある。ドーキンスは、彼の二つの提案を以下のように要約している。

もしこの頭の柔軟体操が功を奏したとしたら、あなたはもう、子供の脳と宗教に関する私の議論の行きつく先がおわかりだろう。自然陶汰は、親や部族の長老の言うことは何であれ信じるという傾向をもつ脳をつくりあげる。そのような、「疑いをもたず服従する」という行動には、生存上の価値がある。ガ〔蛾〕が月によって進略決定するのと似たようなものだ。しかし、「疑いをもたず服従する」という態度は、裏を返せば、「奴隷のように騙される」ことにつながる。そのような姿勢の逃れられない副産物として、その人物は心のウィルスに感染しやすくなる。(8)

子どもは、「心のウィルス」に罹りやすい、騙されやすい脳に進化した。その文脈で言えば、宗教的な考えは無防御な幼い脳に感染する「心のウィルス」ということになる。

子どもが騙されやすさを進化させた背景には、他の種に比べて成熟して自立するのに時間がかかる子どもに、蓄積された知識をうまく伝える必要があったからである。ドーキンスは、「人間はほかのどんな動物よりも、先行する世代の蓄積された経験によって生きのびる強い傾向をもっているのであり、その経験は、子供たちの保護と幸福のために、子供に伝えられる必要がある」と書いている。(9)彼は以下のように説明している。

> ダーウィン主義的な生き残りに関するいくつかのすばらしい理由があるがゆえに、子供の脳は親と、親が信じよと教える年長者を信じる必要がある。そこから自動的に導かれる結果として、信じやすい人間は、正しい忠告と悪い忠告を区別する方法をもたないということになる。「ワニの潜むリンポポ川に足を踏み入れるな」は正しい忠告だが、「満月の夜には仔ヒツジを生《い》け贄《にえ》にしなければならない。そうしなければ雨が降らないだろう」はせいぜいよくて、時間とヒツジの無駄遣いにしかならないという、この二つの違いがわからない者が出てくるのだ。彼にとっては、どちらの忠告も同じように信用できそうに聞こえる。両方とも尊敬すべき情報源からのもので、その指示を尊重し、服従することを要求するような厳粛な真剣さをもって発せ

られるからだ。同じことが、世界に関する、宇宙に関する、道徳に関する、そして人間の本性に関する命題についても言える。そして、その子供が成長して自分の子をもったとき、当然のごとくその一切合切《いっさいがっさい》――ナンセンスなものも意味のあるものも同じように――を、同じような感染力のある厳粛なやり方で自分の子に伝える可能性は非常に高い(10)。

この観点から言えば、子どもは、人生における最も重要な問題の一部について、とても騙されやすいということになる。この主張は正しいのだろうか(11)。

子どもと多くの時間を過ごしてきた者として、私は、子どもがとても騙されやすいという考えには共感を覚える。中高生でさえ、権威を信じてしまう脆弱性を持っていてその犠牲になることもあるだろう。私が以前働いたことのある若者の組織「ヤング・ライフ」は、合宿プログラムの中でサプライズを大切にしており、参加する中高生たちが「次は何をするの？」と聞くと、リーダーは、よくふざけて嘘を言う（特に言うのが面倒だったら、「待っていればわかるよ」とか、「サプライズだよ」とか「君には秘密だよ」と）。そのため、「じゃあ、これから駐車場の砂利を全部数えるぞ」といったことをリーダーが言うのを聞いたことがある。4分の1の中高生は、これを信じた（そしてこの予定に文句を言った）。ここの芝生は「回虫の保護地区」に指定されているから立ち入らないようにと言えば、これも真に受けた。さらには「瞬間アイリッシュ・アクセント」という口臭スプレーで本当にアイルランド訛りになると思った13歳の少年を知っている！

この騙されやすさは、子どもでも10代の青少年でも大人でさえも持っているもので（スポーツ新聞の見出しを思い起こしてほしい）、その例を探すのは容易だろう。高校や大学の先生が一番にしなければならないことは、受け持った生徒・学生が持つ、どんな考えでも批判的検討なしに受け入れてしまう傾向に打ち勝てるよう手助けすることである。私が自分の授業でも使ってきた、大学生に一番売れている心理学の教科書の最初には、科学的に考える上で基本となるものではあるが学ぶのが難しいものとして、健全な懐疑主義についての章がある。[12] 駅や街角の売店に置かれたスポーツ新聞に人騒がせな乱暴な主張が並んでいる光景や、ネット上に都市伝説が蔓延している現状は、大人であっても、明らかに嘘らしい主張に影響されやすいことを示している。大人が騙されやすいのなら、子どもも当然同じではないだろうか。

親をはじめとした信頼できる人の話をすぐに信じる人のほうが、生き残る上で有利であるかもしれない、というのは良識のある意見のようにも聞こえる。確かに、ある人の話を裏づけるような証拠や第三者の意見をいくら収集したところで、真偽が確定できることはないであろう。全ての事実が手に入るまで判断を保留するというのでは遅すぎる。羊飼いの少年が「オオカミだ！」と叫んだなら、少なくとも最初の一度や二度は、「疑わしきは被告人の利益に」と考えてその話を信じる方がよいだろう。そうしなければ、私たちの子どもや家畜は、私たちの懐疑主義によって被害を被ることになってしまうかもしれないからである。

しかし、他の多くの一見もっともらしく聞こえる主張と同様、この主張を綿密に精査すれば、進化によって獲得された騙されやすさ仮説には多くの限界と問題があることが明らかになる。簡単に紹介すると、発達心理学からの証拠によると、子ども（そして大人も）は妄信しやすい傾向があるが、信じようとするこの意思は、誰から聞いても、またどの考えについても同じというわけではない。私たちは、ある種の考えについては他の考えよりも信じやすく、ある人から聞いた話は他の人から聞いた話よりも信じやすい。

ドーキンスは、子どもは、親や親が信頼できるとした人からの「この世界とは、宇宙とは、道徳とは、人間の性質とは、といった説明[13]」全てを受け入れると言っている。しかし、科学者ドーキンスは、まさにこの本の中で、世界、宇宙、道徳、人間の性質についての子どもの信念の獲得は、自然的に、基本的に、ある方向（他の方向ではなく）に偏りがちであるとも主張している。子どもは、どんな説明であっても同じように単純に信じるわけではないのであろう。

たとえば、進化によって獲得された騙されやすさについての議論の直後の章でドーキンスが引用し称賛している、道徳的感受性の進化についてのマーク・ハウザーの『道徳心』(*Moral Minds*)に関する記述を率直に受け取ると、道徳に関することなら何でも子どもたちに簡単に教え込めるというわけではないと考えられる。[14] ハウザーによると、人間が文法に対して生まれながらに本能を持っているのと同様、子どもは道徳的本能を持っており、これによって、規範として受け入れられやすく、理解されやすい道徳的ルールの幅が明らかになり、制限される。ハウザーの指摘は、基本的な道徳規範(同じ集団内の人を殺すな、盗むな、同じ集団内の人の配偶者と不倫するな、同じ集団内の人に不必要に危害を加えるななど)が文化を超えて存在する理由を説明するものの一つである。道徳的本能の内容は何でもよいわけではないし、進化によって獲得された騙されやすさだけで人類全体に広まるものでもない。

同じく興味深い見落としが、ドーキンスの進化によって獲得された騙されやすさ仮説の「この世界とは」「宇宙とは」「人間の性質とは」といった問いへの拡張にも見られる。その主張をしたのと同じ章でドーキンスが称賛をもって引用した出版物に記載されているまさにその科学者による研究が、進化によって獲得された騙されやすさ仮説は、「この世界とは」「宇宙とは」「人間の性質とは」という問いに対しては無頓着には拡張することができないことを実証している。実際、スコット・アトランとパスカル・ボイヤー、デボラ・ケレメンは、逆のこと――つまり、子どもは心の自然的な機能によって、ある信念よりも他の信念を持ちやすいことを主張している。アトランは「超自然的行為者は、宗教の中に最も文化的に表れ、人間の認知に関連し、進化にとって必然的な概念である」と書き、驚くほど強い言葉で、神への信念を位置づけている。超自然的なものという概念は、生得的な認知的スキーマが文化に影響された形で発生する。[15] 彼の指摘のポイントは、生物としての私たちは、神を信じるように方向づけられているという点である。無分別な騙されやすさは、それだけで機能するわけではないし、そんなことはできない。第2章で、私は、幼い子どもが、世界はある種の行為者によって意図的にデザインされたものであると考えるように方向づけられていることを証明したケレメンの研究を紹介したが、これとは逆の、自然選択のような説明は、生物の見た目のデザインを説明するものとして、子どもには受け入れにくいと思われる。ある信頼されている権威者が6歳の子どもに、動物は他の動物から進化したと言い、他の信頼されている権威者が同じ子どもに、動物は神によって意図的に作られたのだと言えば、これまでの科学的証拠が指摘するように、子どもの大部分は創造論的な説明の方を信じるだろう[16]。子どもの心は、ある考え方を、別の考え方よりも簡単に受け入れやすいのである（大人もその点については同様である）。

子どもは理解しない限り、信じることはできない

少なくとも極端な「進化によって獲得された騙されやすさ仮説」は誤りである、という比較的率直な応答は、人間は理解しているものに比べて、理解していないものを信じることが難しいという事実による。私の娘に家で勉強を教えていた頃、ちょうど数学を教えようとしたとき、娘は時折、私が教えようとしていることが何であるのかが理解できなかった。まるで私の言葉が彼女の頭の中に入らず、彼女の頭に跳ね返されているかのようであった。問題は、娘が私を信じようとしなかったことではない。私が伝えようとしたある信念を彼女が理解できなかったことである。もし私が、宇宙における物の多くは、惑星や銀河などに対して重力を働かせるが、その多くは目で見ることのできない暗黒の物質であると子どもに言ったとしたら、その子どもはうなずき、一見私を信じたように見えるかもしれない。しかし、私の言っていることが、その子どもには「なんたらかんたらにおける物の多くは、惑星やなんたらかんたらになんたらかんたらさせるが、その多くは目で見ることのできないなんたらかんたらである」のように聞こえているにもかかわらず、その子どもが信じることのできる新しい考えを獲得した、と考えるには無理があるであろう。同様に、自分の子どもに、七次元空間に存在し、人が考える前にその人の心を読み、目で見るだけでいつでも誰でも消すことができ、毎月の素数の水曜日に現れたり消えたりするが、

それぞれの人のエーテルが原生動物として生まれ変わって元いた世界へ戻ってくるかどうかに非常に大きく関わる、特別なジャガイモがあると信じさせようとしたら、その子どもは（大人も）おそらく「ふーん、ジャガイモ。フライドポテトなら好きだけど」と返事をすることだろう。子どもが最小限の理解をするということは、その子どもが信念を獲得するために必要なことであり、そしてその子どもの概念能力は、子どもが理解するものに制限をかける。そのため、どれだけ情熱的に強制的に親から勧められようとも、子どもが信じるものはその子の概念能力によって制限されるのである。ある宗教的信念に関して、その考えがあまりに直観に反しており、子どもの概念能力を超えるものであるならば、それが信じられることはないだろう。逆に、容易に獲得され、子どもに自然的に湧き上がってくる方向に適合する概念は、信じられる可能性がより高くなるだろう。

同様に、子どもの年齢と情報の種類によっては、子どもは親の証言を利用できない場合がある。第5章で紹介した、青と白のカップを使ったジョン・フラベルの実験を思い起こしてほしい。子ども（青いカップが見える）から見て衝立を隔てた向こう側にいる大人ははっきりと、「カップは見えないんだけど。うーん、白いカップがあると思うよ。君は白いカップを持っていると思うな」と言った。大人（エリー）は、子どもに自分の信念――つまり子どもがそれを知るためには他者（この場合にはエリー）の証言に頼らなければならない、子どもからは観察することができないもの――を伝えている。しかし、すでに見てきたように、多くの3歳児は、大人の証言を利用することができない。エリーが言ったこととは逆に、子どもたちは、エリーはカップが青だと思っていると主張する。

進化によって獲得された騙されやすさ仮説は、子どもが4、5歳になってもその問題が解消するわけではない。この年頃までに、多くの子どもはエリーの証言をうまく利用できるようになり、大人のように「疑わしきは被告人の利益に」という原則（エリーの信念が誤りだという確証がないなら、とりあえず証言を信じる）を多く使いやすくなる。心についての子どもの理解は、エリーの信念が間違っていることもあると理解した上で、彼女の信念については彼女の証言を信じることができるまでに発達する。しかし、信念が誤りうる可能性についてのこの理解は同時に、他者の発言について懐疑的になることをも可能にする。たとえば、ある5歳児は、チョコレートが籠から取り出されたときにあなたが外にいたのを知っていれば、そのチョコレートはどこにあるかをあなたに聞いてもあてにならないことをも理解している。この点で、あなたの言うことは、真面目には受け取られない（この年頃から、子どもは自分のために、心の底から嘘をつこうとし始める）。このことが示すように、子どもは、他者の信念が誤りうることを理解する前であっても、大人の言うこと全てを利用できるわけではないのである。そして、他者の信念が誤りうると理解して初めて、子どもは、大人の言うこと全てを意識的に利用しないことを知る。単純で極端な、進化によって獲得された騙されやすさ仮説は、この事実に当てはまらないのである。

ある人の言ったことは他の人が言ったことよりも信頼される

極端な「進化によって獲得された騙されやすさ仮説」のもう一つの問題は、人は（子どもの頃から）、誰が模倣するのに良いモデルになるかに非常に敏感であるという研究結果である。文化人類学者であり心理学者でもあるジョー・ヘンリックは、おそらく自然選択によって、人は、親や信頼できる大人によって示された例であっても（口頭で伝えられた場合でも、そうでない場合でも）、単純に考えもせずに従うことはできないということを実証して見せた。[17] 参加者らは、自分が習得したい情報やスキルの種類に応じて最も適切な役割モデルを見定めるのだ。そのため、伝統社会に生きる少年は、自分が習得しなければならないこと（狩猟や森の道案内や戦闘など）については、地位の高い、成功した男性を模倣する傾向にある。世の中のこれらの事柄や人間の性質について少年の母親が言うことは、集落の戦争の勇者や腕利きの狩人が言うことに比べて重要ではない。この選択的注意は、10代の頃は特に重要だろう。もし私の妻が息子にバスケットボールについてアドバイスをしたら、息子は、私に向かって「パパはどう思う?」と聞くだろう。私が娘のファッションの手助けをしようとしたら、娘は目を白黒させて、母親に相談するだろう。誰の発言かによって騙されやすさは変わる。この種の「騙されやすさ」は、教育による、大人が行う健全な懐疑主義とそれほど変わらない。明らかに専門家と思われる人が私たちの気になることについて話していたら、私たちは耳を傾けるだろう。

ドーキンスはうっかり、子どもの心は書き込まれるのを待っているだけの白板だと想定するような、一昔前の子どもの心の見方を提案してしまったというだけであればよいのにと思う。ニコラス・ハンフリーが「子どもは、それまで聞いてきた言葉でできている」と言っているように[18]。このような見方はまだ多くの科学の中に身を潜めているが、心理科学においては、少なくとも三〇年以上過去のものとされている。

私の娘が7歳の時、父と私は娘と息子を連れて、自然豊かな地域へカヌー旅行に出かけた。船から戻ってくる途中で、道の真ん中で日向ぼっこしているヘビに出くわした。子どもたちが愛し、尊敬している祖父は、世界でたった二種類のヘビしか実際に見たことがなかった。ガラガラヘビとコブラである。私たちの目の前にいるヘビは明らかにガラガラヘビではなかった(「ガラガラ」の部分がなかった)。とするとコブラに違いない。進化上の祖先に対して淘汰圧をかけたと思われるこの場面で、コブラが非常に危険なヘビであることを教えたら、この7歳の娘は、その情報をどのように受け取るだろうか——彼女は、ヘビをつかんだ。子ども時代の騙されやすさは、一見したほど単純ではないのである。

再びドーキンスの名誉のために言うならば、アトラン、ボイヤー、エバンス、ハウザー、ケレメンが明らかにした、子ども時代の騙されやすさがある種のバイアスを持っているという事実は、非常に穏当な「進化によって獲得された騙されやすさ仮説」のみを必要とするかもしれない。人間の心が発達初期に自然的に持っている性質は、子ども(そして大人)を神を信じる方向へ、特定の道徳的態度を受け入れる方向に方向づけ、自分が教わったものは何であれ全般的に(絶対に、ではなくとも)信じるという傾向は、何らかの宗教的信念を定着させる。

生まれながらの心が持っている性質は、宗教的考えの源泉ではあるが、大人の言うことの受け入れやすさは、宗教的信念を広げ、強め、そしてその多様性を拡大することさえ手助けするものである。これがドーキンスの言おうとしていることであるなら、私の立場とは、（少なくともこの点については）それほど変わらないだろう。しかし、ドーキンスは、この物語を私がするであろう方向とは異なった方向に発展させている。特に、私は宗教的信念を心のウィルスに喩えることについては懸念を持っている。[19]

神は、インフルエンザというよりも大腸菌のようなものである

ウィルスとしての宗教という考え方、すなわち感染性ミーム仮説が、宗教の自然的な基盤の研究を積極的に行っている科学者たちによって言及されることはほとんどない。宗教認知科学においてその価値を証明できる説明的枠組みでさえも存在しない。しかし、ドーキンスやデネットのような最近人気の無神論者は、その説明の中でさまざまな感染性ミーム理論を積極的に取り上げている。なぜこれが科学的研究につながっていかないのか。主な可能性は、宗教を危険な心のウィルスに喩えることはキャッチーで、これらの著者の反宗教的主張にとって都合が良いからである。彼らは、読者に以下の推論を伝えたいと思っている。インフルエンザのようなウィルスは悪いものであり、苦しみや死をもたらす。人々は自分たちに感染するウィルスを撲滅しようとしている。宗教はウィルスである。そのため、宗教は悪く、人々はそれを撲滅しようとすべきである。実際、ドーキンスやデネットの本の中で「宗教」が悪いものであると主張する箇所は、ウィルスの喩えが科学的に有用であるという証拠を示す箇所よりも多い。

本書で示してきたことから明らかなように、私の望みは、宗教的思考や行為を研究する私たち――スコット・アトラン、ジェシー・ベリング、パスカル・ボイヤー、スチュアート・ガスリー、ブライアン・マーレイ、ロバ

ート・マコーリー、デボラ・ケレメン、トム・ローソン、イルッカ・ピュシアイネン、ジェイソン・スローン、リチャード・ソーシス、トッド・トレムリン、ハーヴィー・ホワイトハウスやデヴィッド・スローン・ウィルソンといった科学者や学者たち――が、宗教的な考えを人間性の中に侵入してきた侵入者と見なさず、人間の自然的な仕組みの、まったくもって期待通りの延長だと見なすことである。神への信仰は、予防接種できたり、人間性から取り除いたりできるような、寄生生物やインフルエンザ・ウィルスのような侵入者ではない。

宗教が自然的なものだと認めることは、腸内に無数の大腸菌が住んでいるのを認めることに似ている。食べ物や飲み物が大腸菌で汚染されていると、病気や死さえも引き起こしうる。これが腹腔に入り込むと、死に至る腹膜炎を引き起こすことがある。私たちの尿路に入れば深刻な感染症を引き起こし、脳の髄液に入れば髄膜炎を引き起こしうる。大腸菌は殺人鬼なのである。そして、宗教的表現も時に、苦しみや痛み、死をもたらすことがある。大腸菌や宗教に対する解決策は何か。追い出せ！　殺せ！　人類からこの災いを一掃しろ！　ということだろうか。

そんなに急いではいけない。大腸菌と同じく、宗教的表現は、人間生活になくてはならないその一部である。大腸菌は、特定の数少ない、多くは予防可能な状況下で病気や死を引き起こす。しかし、（人間から見て）適切な場所にいて働いている限りは、大腸菌は、通常の人間の消化にとって必要なものである。私たちの腸内に豊富に住んでいる大腸菌は、食べたものを消化し、私たちの生命に必要な栄養を作り出すのを手助けする。もし私たちが、腸内に住んでいる大腸菌を全て殺してしまったなら、結果的に自分自身を死なせることになる。これは宗教についても同様である。宗教的思考と献身的信仰は、特定の、多くは予防可能な状況下で、死の痛みや苦しみにつながることもありうる。しかし通常、宗教は人間存在の根源的で健全な一部であり、もし取り去ってしまったら私たちの人間性をも取り去ることになるような認知システムから湧き上がっている。宗教的思考と行為は、正常な人間の性質の必要不可欠な表現であり、それを取り除くと患者（人間）を死なせる可能性があるのだ。

第9章　無神論は非自然的？

私が講演で、いかに宗教の科学的研究が宗教的信念の自然性を明らかにし、とりわけ子どもの心が神を信じるために整えられているかを説明すると、大学生の聴衆のだいたい50人に1人は、「宗教がそんなに自然的なのだとしたら、私はどこかおかしいのでしょうか？」といった類のことを尋ねてくる。先日のコペンハーゲン大学での講演の後にも聴講者の一人が、「私はこれまで一度も神を信じた覚えはありませんが、この無信仰についてはどう説明するんですか？」とコメントしてきた。おそらく本書の読者も、同様の疑問が頭に浮かんでいることだろう。もし宗教がそれほど自然的なのであれば、宗教を信じない無神論は非自然的であり、特別な説明を要するものなのだろうか。

このことは、さらなる学術的、科学的な注目が必要とされている問題領域であり、以下で示すのは、十分に発展し、科学的に検証された理論というよりは、一般的な観察結果の一つの解釈である。いくらかの人々は無神論者になる。つまり単に神や超自然的行為者に無関心なだけではなく、神、精霊、幽霊、天使、悪魔、魔女、妖精などのありとあらゆる超自然的行為者の実在を否定する。以下では、無神論を支持したり擁護したりするための根拠を示すのではなく、人々が宗教的思考に抵抗する要因について論じていく。

無神論はあなたが思っているより珍しい

もしあなたが、いかなる類の神も（また幽霊も、妖精も、天使なども）信じた覚えのないような人だとしたら、第一にあなたが理解しなければならないことは、あなたはとても珍しいタイプだということである。あなたがこうした点で特別だというのは信じられないかもしれない。あなたはおそらく、あなたと同類のいかなるものも信じたことのないという人を少なくとも一定の数は知っているだろう。だが、心理学者が「利用可能性ヒューリスティック」と呼んでいる、実例を挙げることの簡単さに基づいてその事象がどのくらい一般的かを判断する傾向に惑わされてはいけない。[1]このような推論方策は多くの場合でうまくいくが、時には大きな誤りを生むこともある。利用可能性ヒューリスティックは常に、自分と自分の属する社会集団が全ての人間の代表だという過度な一般化に導く。悲しいことに、そのことを知っていても、私たちはこの自己中心性の餌食になりやすいのだ。

さらに、私たちは自分に似た人々と交流する傾向にあることも心に留めておいてほしい。社会心理学者による研究は、私たちは自分と同じような人を好むことや、「類は友を呼ぶ」ということを繰り返し明らかにしてきた。[2]無神論者もこの点に関して特別ではないならば、無神論者は他の無神論者と一緒に行動しやすいことになり、利用可能性ヒューリスティックによる誤りを生む可能性が増すことになる。

大学で働いている無神論者の学者はとりわけ、正真正銘の無神論がどれほど一般的かということを過大に見積もりやすい。さまざまな社会的・政治的理由により、無神論者は公共の場において自分が無神論者であることを嬉しそうに公言しているが、神や幽霊、精霊を信じる人がその信仰をアピールすることはあまりない。近年開かれたある宗教に関する学会では、無信仰者である発表者の半数以上が、発表の場において無神論者であることを宣言していたが、発表の中で自らの宗教的信念をあらわにした有神論者には一人も出会わなかった（神を信じながら無神論も信じていることを明かした発表者は例外的にいたが）。自分の同僚が無神論を肯定することばかり見ている無神論者は、ますます周りにいる人全てが無神論者だと考えやすくなるだろう。

では、どれくらいの人々が本当に無神論者なのだろうか。それを知るのは容易ではない。現代人の信仰について尋ねる調査（神の存在を信じないアメリカ人は20人に1人だけとするものなど）はおそらく、超自然的存在を信じる人の数を過少に見積もっている。さらに、こうした調査は（普通ユダヤ・キリスト教の神として理解される）「神」は信じていないが、幽霊や精霊、ガイアやオーバーソウル、絶対意識や（私の言う認知科学的な定義における）他の多くの神々は信じるという人を把握できていない。私の家族の一人もこれに当てはまる。もし尋ねられれば彼女は、私は無神論者だけど幽霊は信じていると答えるだろう。私のある友人は神は否定するが、死者は生きている人に何かを伝えることができると信じている。また別の友人は、神に腹を立てているから神を信じないと言っている（何かの存在を疑いつつ、その存在に対して腹を立てることができるとはあまり思えない）。認知的な意味において、誰が超自然主義者で誰がそうでないのかを判断することはしばしば、誰が差別主義者であるのかを判断することに似ている。そうであることを口では否定するかもしれないが、その行動は別のことを物語っているのである。例を挙げるならば、中国における近年の研究は、中国人の10％以下しか自分を仏教徒だと見なしていないにもかかわらず、過去一年間の間に約半数が仏や菩薩に祈ったことがあるという[3]。測定方法に異論もあるが、ヨーロッパは無信仰者の大人の割合が全人口の3分の1（それよりずっと少ないという見積もりもある）に上る唯一の大陸だという。アフリカ、南北アメリカおよびアジアのほとんどにおいて、大人の無神論者を見つけることは難しい。知られている限り最古の時代から、一〇〇年に満たない昔まで、ほとんど全ての人が何らかの神を信じていた。したがって人類全体について述べるならば、人類の全時代を通して、神への信仰が標準であり、無信仰者は事実としても珍しかったのである[4]。

いかなる（幅広い意味での）神をも信じない人は、その歴史上かなり稀少であり、いかなる超人間的行為者も信じたことのない人はなおもって珍しい。では、神を信じたことがないと話した前述の女性はどうなのだろうか。確かに、そのような人がいることを否定はしない。しかし、自分がそのような一人かもしれないと考えたとしても、すぐに結論に飛びつかないよう注意してほしい。いかなる神や幽霊なども信じた記憶がないということは、実際に信じていなかったということとは違う。人が自らの幼少期を正確に思い出すことが苦手なことはよく知られており、幼児期健忘という言葉で呼ばれている。私たちが覚えていると思っていること（たとえそれが鮮明で、記憶に自信があっても）は、しばしば偽りの記憶である。(5) 超自然的なものを信じたことがないと考えている人の大多数は、実際は信じたことがあり、それを忘れているだけだということに私は賭けてもいい。

こうした予備的な考察は脇に置くとして、神を信じていない人々というのは実際に存在する。彼らの信仰の欠如はとても非自然的なものなのだろうか。「非自然的」というのが病気や異常、精神的障害を指すのだとしたら、その答えは「いいえ」である。「自然的」ということが人間本性の典型的な表現を指すのなら、確かに彼らの信仰の欠如は非自然的だと言える。つまり、非自然的というのが日常的な、成熟した自然的認知システムによって十分に支えられていないということを意味するなら、無神論は非自然的ということになるが、それはコンサートピアニスト、最高峰の科学者、現代の神学者についても当てはまる。

超自然的行為者を信じることが人類共通の傾向なのであれば、その信仰の欠如は個人的要因、社会的要因、環境的要因の組み合わせによって説明されるだろう。個人的要因というのは、個人差のある生物学的・心理学的要因のことを指している。社会的または環境的要因というのは、住んでいる場所や関わっている人など私たちの信念と行動に影響を及ぼす周囲の状況のことである。こうした要因を私は、どのような考えが受け入れられるか、どれが信念となりうるか、どれが人々の間で広まるかに対しての因果的影響を及ぼすものとして扱う。要因という言葉は、誰かがその信念を持つことになった理由とは区別して用いている。ある人が、自らの複数の信念のどれについても正当化する十分によい理由を持っていても、あれよりもこれを好むという傾向を生むような何らかの要因に影響を受けるということはあり得る。以下では無神論者になる理由ではなく、無神論者になりやすくする要因について扱うこととする。

個人的要因

大集団の中に自然的に生まれるどんな能力であれ、そこにはばらつきが存在する。きわめて自然的な能力として、歩行を例にとってみよう。大多数の大人はとても自然に、普通に歩くことができるが、それにはばらつきがある。左右の脚の長さがわずかに異なる人は、快適に歩くことはより難しくなる。ひざの関節の弱い人は、長く歩くことが苦手になる。動作を調節する脳の中の運動システムに問題を抱える人は、滑らかで安定した歩行がしづらい。歩行に困難があるか、杖や義足による補助が必要な人を見たことがあるだろう。極端な事例では、不完全な脚で生まれる人や、神経システムに深刻な障害があり、歩くのが不可能な人もいる。そのような人々が集団内に存在しうるという特徴は、歩行が自然的ではないということを意味するわけではない。

どんな神も信じないという特徴が、歩行ができないという特徴と類似していることがわかるだろう。ある人は、信仰を極端に難しくするような生物学的・心理的特質を個人的要因として持っている。そうした人に超自然的な信念を可能にするためには、大規模な介入か「義足」を必要とするだろう。無神論の科学的研究は始まったばかりであるため、どのような個人的要因が自然的に信仰者になるのを妨げているのかについては、不確かな推測しか提供することができない。

多数の宗教認知科学者が通常の宗教的思考や行為、経験にとって重要だとする要因の一つは、心の理論のシステムおよび関連する社会的推論である。すなわち、他者の心の心的状態を推論する十全な能力がなければ、特に幽霊や精霊、神といった不可視の非人間的存在の心を推論することも難しくなるということだ。他の成熟した自然的能力と同様に、心の理論がどれほど容易に、円滑に機能するかは、人によって異なる。心理学者のサイモン・バロン＝コーエンは、こうした心の理論および関連する社会的認知の可変性を調査する一連の研究を行った。

彼は社会的認知能力と関心が大きく欠如していることを男性脳と名づけたが、このことは議論を呼んでいる[6]。

彼がこの個人的特質を男性性ではなく男性脳と呼ぶのは、それが女性の間にも見出され、男性の間でもとても強く見られる人からほとんど見られない人まで、大いに差が存在するためである。Y染色体を有することは男性脳になることに対し決定的ではないようだが、男性は女性よりも何倍も深刻な男性脳に悩まされやすい。男性脳を強く予測する生物学的要因は（ベビーベッドの中でもその兆候は見られる）、子宮内のテストステロンの濃度である[7]。男性脳が臨床的に極端な形として現れたのが自閉症だと、バロン＝コーエンは述べている。

誕生から数時間以内に、強い男性脳をもつ人は人の顔よりも動くものを見つめる好みを示す。よちよち歩きの時期には、男性脳をもつ人は人形遊びやおままごとよりも積み木やおもちゃの機械で遊ぶことを好む。就学期から成人期にかけては、男性脳の人は巧みに体系化をする技能の高さを示し、ものがいかにして機能するかを理解することや、複雑なシステムの中に秩序を見出すことに大きな関心や能力を示す。そうした人は科学や数学、工学や建築に惹きつけられる。あるいはその体系化への関心を政治や経済といった人間のシステムへと応用するかもしれないが、一般的にいわゆる「人当たりのいい人」にはならない。男性脳の人は体系化に強いが、共感は得意でない。彼らは普通、他者の心的状態や感情を理解するのが苦手だが、その能力の相対的な弱さに彼らの多くは気づいていない。男性脳をもつ人は他者の信念、欲求、動機をうまく追い続けることができない。男性脳をもつ人は『ピープル』誌やジェイン・オースティン〔『高慢と偏見』などで知られるイギリスの小説家〕の小説よりも『ポピュラー・メカニクス』誌やポピュラーサイエンスの本を読むのに心地よさを覚えやすい。男性脳的であることは決して病気ではなく、必ずしも目に見える生活上の問題が現れるわけではないことには注意してほしい。事実、男性脳をもつ人は学問の世界を含めた多数の公共生活の領域で業績を残しうるのである。

もし有神論的信念にとって心の理論とそれに関連する社会的認知が必須であり、極端に男性脳的な人が社会的認知能力に劣るか、それを欠いているとすれば、いかなる神をも信じることがどんな場合にも難しいまたは不可能な人は、より男性脳的な傾向があると予測できる。男性脳は誕生時に現れるため（その後の決定や関心によって強化されるとしても）、そのような人には有神論への抵抗も誕生と同時に起こりうる。これは、未解決の研究課題である。しかし、男性の方が女性よりもはるかに（ある研究では5倍以上）無神論者になりやすいというかいくつかのエビデンスは存在する。[8] ある十分に再現され、文化を超えて一定している研究結果では、女性は男性よりも宗教に関わりやすく、参加もしやすいことが示されている。[9]

私たち学者の間で、一般大衆に比べてはるかに無神論者の割合が多いということに気づいた人は、十分な教育を受け高い知能を有することが、宗教的信念の感染に対する特効薬だと結論づけたくなる誘惑にかられるだろう。これは、オックスフォード大学の同僚であるリチャード・ドーキンスが自らの著作の一つで示した、著名な科学者の信念の一覧表が主張していることである。[10] しかし社会科学者であれば誰でも知っているように、そのような見かけ上の相関は、その中に無数の潜在的な交絡因子が存在しうるため、慎重に取り扱わねばならない。たとえば、心理学者デヴィット・マイヤーズは、ドーキンスの示した無神論者の殿堂が、ほとんど白人男性のみの集まりであることを明らかにした。[11] 白人、男性、高等教育そして無神論者という特徴は、これらに関係する何らかの別の因子を持つ可能性があり、知性が要をなすとは言えないのではないだろうか。確かにその可能性はありうる。科学的業績と無神論の相関、および男性であることと無神論の相関があるということは、知性から無神論へ、科学的知識から無神論への因果的な結びつきがあるとする根拠としては弱いものである。この相関が本当に明らかにしてくれることは、バロン＝コーエンの男性脳のような、男性性とエリートの象牙の塔における科学的成功をもたらす傾向とが、徹底的な無神論者になることに影響する要因となる可能性を探究すべきだということである。

宗教学者ベンソン・セーラーと同僚のチャールズ・ジーグラーは、間接的に無神論に結びつきうる別の遺伝的個人的要因を示している。[12] 彼らは、特定の遺伝子群が、神経化学的変異を通して、周囲の環境にいる意図を持った行為者の活動に用心するよう仕向けると述べている。すなわち、個々人の遺伝的変異が、それを持たない人なら単なる偶然の産物か自然な過程だと考えるような出来事に対し、人間あるいは超人間的存在の活動だと考えやすくするような個人差を生むということである。神への信念に関係するこの主張を支持するエビデンスが見出されれば、なぜたいていの人が神を信じるのかを理解できない人は、周囲の意図を持つ行為者をあまり感知しなくなるような遺伝的傾向を受け継いでいるからだと言えるだろう。この遺伝的継承物と（少なくとも部分的には）誕生前のテストステロン濃度に影響されると思われる男性脳によって、とりわけ無神論に惹きつけられ、有神論に戸惑いを感じる人を特定できる可能性がある。

社会的・環境的要因

個人的要因は、人間集団の中に常に少数の無神論者が現れる理由を部分的には説明するかもしれない。しかし、ここ五〇年間で無神論者が増加しているように見えることを説明するためには、環境的要因も検討するのが賢明だろう。おそらく、男性脳は無神論の割合が（見かけ上）上昇しているのと同じ集団でより一般的になっている。おそらくである。だが比較的少数の環境で無神論がまとまって現れることを考えると、社会的要因と他の環境的要因の組み合わせがその答えの一部として有力となるだろう。

社会的ネットワーク

ウィリアム・ベインブリッジは、その要因の一つは人々の持つ親密で相互依存的な社会関係だと考えている。彼は、積極的に他者の面倒を見る人々（伝統的には男性よりも女性）は、しばしば他者の要求を完全には満たすことができないと言う。というのも、そうした要求の一部は、人間の提供できる力と資源を超えたものだからである。あなたは保護者として、自分の子どもを安全で、栄養十分で、健康で、幸福な状態に保つことはできないかもしれない。それゆえ、保護者は宗教的実践も含む補償方策に訴える、とベインブリッジは述べている。彼によれば、「扶養する人を持たない人や、そのような義務を負う何らかの強い社会的絆のない人は、より自由に無神論を信奉できる」[13]。この主張に合致するものとして、ベインブリッジは独身で子どもがなく、若い男性は他よりも無神論者になる割合が高く、子どもを持つことは無神論の強い妨げになることを示す調査データを提供している。彼は大胆にも、社会における無神論の水準が国ごとの出生率と相関しているように思われるデータを示している。人々の持つ子どもの数が少ない国（とりわけヨーロッパ諸国の多く）では、無神論の割合が高い傾向にある[14]。

切迫性が低く、ＨＡＤＤの経験が少ない

第1章で述べたように、神への信念に関わる要因の一つは、周囲の行為者と行為者を探知する人の認知システムである。これを私は過敏な行為者探知装置（hypersensitive agency detection device; ＨＡＤＤ）と呼んでいるが、このシステムは（ある状況下において）、自ら動く物体は行為者である、椅子のきしみは何らかの行為者によって引き起こされたものである、岩の規則的な配置は何らかの行為者によって作られたものであるといった推論をもたらす。人類学者スチュアート・ガスリーは、周囲に人間のような意思を持つ行為者を探知するこの傾向は、わずかな刺激やあいまいな根拠しかない状況で、行為者の（少なくとも一瞬の間の）存在を見出すように自然選択によって形成されたと論じている。それはなぜなのか。もし、ＨＡＤＤが周囲の行為者の証拠が決定的になるまで待っていたとしたら、私たちの祖先はサーベルタイガーの腹の中で一生を終えていただろう。しかし風で草むらがさらさらと音を立てるのを聞いて不必要に大慌てしたとしても、失うものは少ない。そこで両者を比較してみよう。疑いがあるときは、行為者が存在する方に賭けるのがよいとガスリーは主張する。彼はさらに、目に見えない行為者がさまざまな自然現象を起こす方に賭けることで、私たちは神を信じるよう促されていると述べている[15]。

もしＨＡＤＤの過敏性が生存のために役に立っているのだとしたら、それは生存と密接に関係した状況下でより敏感になるだろう。つまり、行為者の存在を見逃さないように迫られていればいるほど、行為者を見出しやすくなるということである。私たちは、夜に連続殺人犯が周辺地域をうろついているという情報を聞いている場合の方が、日中に郊外の家族向けの公園を散歩している場合よりも、森の中で背後に誰かの足音を聞きつけやすい。命がかかっている時に、ＨＡＤＤは通常時よりも活動的になるのである。

ＨＡＤＤの活動が神への信念に関わっており、状況の切迫性がＨＡＤＤの見えない行為者探知の傾向性に影響しているのだとしたら、あまり切迫的でない環境において無神論はより普及しやすいと予測することができる。切迫度合いの低さがＨＡＤＤの活動低下をもたらすのである。そしてＨＡＤＤが活動低下すると、神や幽霊などがあまり探知されなくなる結果をもたらす。

この分析と合致するように、無神論は切迫性が比較的低い場所において最も広まっているように思われる。それはすなわち、比較的裕福で安全な、工業化を終えた社会である。厳密な無神論は狩猟採集社会や、漁業や農業で生計を立てている人々の間ではあまり見られない(16)。無神論は、人々が捕食者や獲物、しのび寄る敵、作物をだめにする嵐の心配をしなくてよい場所で最も一般的になる。食物がスーパーマーケットの棚で育ち、政府機関が人々を保護してくれるような場合には、ＨＡＤＤの作用はずっと少ない。

全能の人間

２００７年に、アメリカ南東部は深刻な干ばつに見舞われ、とりわけジョージア州が大きな被害を受けた。水が完全に枯渇してしまうのではという恐怖が人々を襲い、州政府は隣接した州や連邦政府に対し上流の貯水池を開放するよう要請した。水の使用を制限する緊急事態宣言が政府によって出された。関係組織との何か月もの請願と交渉の後で、ジョージア州政府は人々がそれぞれの信じる神に雨を乞うための多宗教の祈りの集会を設けた。

全ての人がこの活動を生産的だと考えていたわけではないが、この行事は一般メディアの場で議論され、検討された。２００7年11月14日に放送された朝のワイドショー番組「ザ・ビュー」では、州知事の祈りに対してパーソナリティのジョイ・ビハーが批判的なコメントを寄せた。「うーん、彼らは地球温暖化を止めて、環境を大事にしようとしている人々に対して祈るべきだと思います。そっちのほうが現実的でしょう」。

一、二世代前であれば見られなかったであろうこのような市民感情が生まれた理由は、神の行為への信仰が欠けているためではなく、人間の行為への過度な信仰が存在しているためである。ビハーのコメントからは、彼女が干ばつのような自然災害から救う責任と能力は人間にあると考えていることがわかる。そのような人間の能力への信仰は、それが良いにせよ悪いにせよ、新しい現象である。私たちはますます、他の人間や少なくとも人間の組織や政府が病気を治し、洪水、干ばつ、飢餓、嵐、火災、疫病を引き起こしたり防いだりできると考えるようになっている。ある場合では、科学技術がこの感覚を現実のものにしてきた。人間には素晴らしいことができるというわけだ。この人間の力に対する楽観論は、とりわけ強い政府をもつ国に広まっている。そうした国々では、国家はあらゆる社会の病に対処し、人々を貧困から幸福に至らせることができるとする、政府によるレトリックが珍しくない（とりわけ選挙期間においてはそうだ）。技術の発展にこの半社会主義（semisocialism）が組み合わさると、かつては神の業だと思われていた出来事や問題が、ますます人間の手によるものだと考えられるようになっても不思議ではない。

ハリケーン・カトリーナが２００5年にカリブ海とアメリカの湾岸を破壊して程なく、私は講演のために北アイルランドのベルファストに赴いた。驚いたことに、同地のクイーンズ大学ではそこら中の壁や掲示板が、いかにジョージ・W・ブッシュ大統領がハリケーン・カトリーナを引き起こしたかについて論じる催しの開催を伝えていた。アメリカ大統領が神のような力を行使できるなんて驚きである！

人間と人間の組織が力を持っているという見方は、科学技術の進歩ゆえに信憑性を増してきた。そのため私たちの手に負えず説明を要する衝撃的な出来事が起こった場合も、神からの救済をほめ讃えたり悲運のために神を呪ったりするのではなく、別の行為者がその非難や賞賛を受けることになる。それはすなわち、人間である。HADDが大雑把に「誰がやったんだろう?」と尋ねる時にも、「人間」だという答えがますます説得力を持ってくる。それは科学が全ての超自然的存在を否定したからではなく、科学技術が人間の集団的可能性を高めたからなのである。

十の災いがエジプトに降りかかった時〔旧約聖書の出エジプト記における出来事〕、ファラオは最終的に神がモーセを助けていることを認め、ヘブライ人たちを自由にした。今日では、ファラオはいなご、ぶよ、あぶの群れを殺すために殺虫剤を空中散布し、殺された動物の遺体が周辺国によってナイル川に不法投棄されているせいで川の水が血で染まっていると国連に調査を求め、暗闇を晴らすために排気規制を厳しくし、腫れ物を生じさせて人間と家畜の死を引き起こすバイオテロを実行したとしてモーセを訴え、信じられない量の雹を降らせるような気候変動と戦う新たな国際条約を締結するためのロビー活動を行うだろう。現代のファラオは疫病を神がもたらしたものではなく、偶然の一致と環境政策の不足、入念に準備され高度な技術が投入された対立政党の陰謀が組み合わさったものだと考えるだろう。

疑似行為者は至るところにいる

出来事が起こったときに、誰かによって何らかの目的のために、意図的に起こされたと考える強い傾向が私たちにはあるので、偶然だとして簡単に片づけることも、ある個人や集団のせいにしたりすることもできないことがある。一部の出来事や状況は意図的であり、明らかに人間の能力の限界を超えているように見える。人は概して、そのような出来事を神の業と見なしてきた。最も明白な例は宇宙の存在と、脳や眼、手から動物の身体全体、生態系全体に至る、一見して目的を持っているように見える自然界のデザインである。近年では、宇宙全体の特性が炭素を中心とした生命体にとって生存可能となるように微調整されているように思われる点が、事物がいかに機能するかの基礎が意図的に作られたに違いないという強い印象を与えている[17]。このような微調整とデザインの全てに目的があるように見えても、これらは何らかの意図を持つ行為者の存在を指し示すものではないということを、市井の普通の無神論者はどのように納得しているのだろうか。それは、疑似行為者の導入によってである。

かつては、宿命や運命、天命といったものは神々の働きに帰されていた。そのような考え方は今日でも、幸運や不運という衝撃的な出来事を手軽に説明できる疑似行為者として存在し続けている。「宿命がぼくたちを結びつけたんだ」「あれは運命だったと思う」「天があなたに味方している」といった表現に見られるように。これらは本当の意味での行為者とは異なり、行動を意図する心や心的状態は一般に想定されていないため、これらを疑似行為者と呼ぶことにする。むしろ疑似行為者は、一見して意図を持つように見えるために説明が必要であるが、自然界の意図を持つ行為者（規定の説明の第一候補）や、通常の物理的・生物学的因果関係からは引き起こされ得ないような出来事や状況に対するあいまいな、間に合わせの説明のために持ち出される。たとえば、あなたがある日突然仕事を失い、そのまさに次の日にあなたの旧友が、あなたが失業したのをまったく知らなかったにもかかわらず連絡を寄こして、新たによりよい働き口を斡旋してくれたと想像してみよう。経験から言って、これは意図的に引き起こされたように見え、あなたの心がこの偶然に対する説明を探し求めるような類の状況である。これは機械論的に説明できるだろうか――できない。生物学的にはどうか――説明できない。何らかの自然界に存在する行為者に訴えることはできるか――できるとは思えない。そのため、因果的説明を求める衝動は、ある種の超人間的行為者、つまりこの状況について知っており、驚くほど好都合な結果を用意できるような存在にたどり着く。宗教的文脈においては、憐れみ深い神といったものが自然とその候補になるだろう。しかしあなたが神概念を好んでいなかった場合、別の説明が必要となる。そこに天命がぴったり当てはまるのである。

とりわけ科学者など数学的教育を受けた人々の間で人気のある別の疑似行為者が、「偶然」（Chance）である。もし私がコインを一〇〇回投げ、だいたい五〇回が表向きになったとき、そのような結果は偶然であると言うだろう。この場合「偶然」という言葉で表現されているのは、そこで起こったことは普段通り働いている日常的な自然法則に基づいて確率論的に予測されるものであるため、説明を要するようなことは存在しないという主張である。そのため、このような状況で「偶然である」と言うことは、厳密には説明ではなく、説明するものは何もないと言っているのである。起こったことが「ただの偶然」であるかどうか判断することは、（人文科学や社会科学も含む）科学の重要な活動であるが、この大文字のCの偶然（Chance）が時折誤って（実際には説明するものがないということであるにもかかわらず）説明だと見なされる、としばしば言われる。誰かが仕事を失ったちょうど翌日に宝くじに当たったことに驚き、説明を求めたとしよう。彼が神や摂理に訴えることを望んでいなかったならば、彼は「ああ、これは偶然だよ」と言うだろう。この事例の場合、説明すべきことは何もないかもしれないが、説明が求められているようにも思える。偶然は教育を受けた人が提供する一種の説明に聞こえるために、説明と見なされるのだ。より極端な例を挙げるならば、誰かが二四時間の脳死状態に陥ったにもかかわらず、その後快復したとしたら、宗教的な説明を避ける人は、偶然がこの出来事の十分な説明だと考えるだろう。さらに「偶然」といったものは、宇宙の状態を生物が住めるように調整しているように見える仕事もこなすことができる。無数の平行宇宙が存在していたとしたらどうだろうか。「偶然」により、その中には生命に適した宇宙も存在するだろうし、私たちはそのような宇宙の一つにいるだろう。もしそうでなければ、こうした微調整について考えることもできなかったであろう、と。

宿命や運命、天命、偶然および他の疑似行為者が満足のいく説明を与えられないような場合、現代における別の可能性は、「自然選択」である。自然主義的な科学的視点からは、自然選択は目的や心を持たないプロセスであり、どうにかこうにか生存し、再生産することのできる生物を多様な形で生み出しうるものである。しかし、自然選択が自然界の見かけ上のデザインと目的の説明（なぜある動物はこのような形をしていて、なぜある生物学的プロセスはこのように機能するのかなど）に用いられる一方で、秩序をもたらすことができるのは意図を持つ行為者だと私たちが直観的に知っているために、自然選択はしばしば意図を持つ行為者に間違われる。それは、自然選択が何かを「デザインし」「与え」「気にかける」あるいは、自然選択が「盲目」〔原文ママ〕ないし「残酷」だという物言いに現れている。[18] 第3章で述べたように、子どもは自然選択による進化を、動物の創造論的説明に比べて受け入れにくいということが示されている。それにもかかわらず、自然選択は生物システムの諸要素を説明する際には、意図を持つ行為者の概念としての心理的機能を果たすのである。

自然選択は抽象物（理論的プロセス）だが、自然界のある出来事が起こるためには何らかの心が背後になければならないように思える場合、それを説明する際に、目的と意図を持つ行為者として用いられることがある。他の抽象物も同様に、神的行為者や神による秩序の役を奪おうとすることがある。たとえば、何か不満足なことや悪いことが起こった場合の「これは政府の失敗だ」という言い方——たとえば「私の子どもが不十分な教育しか受けられないのは政府の失敗だ」のような——は珍しくはない。この発言において、政府は悪いことの責任を負う行為者である。同様に、私が仕事を失ったとしたら、経済や市場を責めるだろう。たとえ市場（その意味するものが何であれ）がいかに私の失業を引き起こしたのかを正確に特定することは困難だとしても、ある問題に対して特定の人間や神を責める（あるいはその恩恵を讃える）代わりに、抽象物（市場）が原因として挿入されている。肯定的な例を挙げるならば、「自由」がいかに特定の行為を要求するかや、「正義」が悪を正して勝利したといったことを聞くだろう。自由や正義は抽象物であるが、行為者であるかのように語られる。驚くこともないが、人々はしばしば政府、市場、自由、正義などの抽象物を人格化する。アメリカ政府の擬人化としてのアンクル・サム、自由市場経済の見えざる手、自由の女神、目隠しをされた正義の女神〔西欧の裁判所には、公正を期すために目隠しをされた正義の女神像がしばしば置かれている〕などがそれである。

ここで述べているのは、神の代わりに用いられるこれらの別の説明が良いか悪いかや、それらの説明が神や神々の活動とは相容れないものかどうか（私はそうは思わないが）ということではない。そうではなく、私はここで、合わせて用いると超自然主義への自然的性向を妨げうるような推論のいくつかの例を挙げたのである。直観的な因果認知が説明を求め、超自然的な行為者を認めそうになっているときに、（自然的行為者や疑似行為者を含む）別の説明ができることは、論理的にではなく心理的に、超自然主義の重要性を低め、それゆえあまり信じられなくする結果をもたらす。

熟慮のための時間

超自然的な思考に自然的に惹きつけられることに抵抗する最後の社会的・環境的要因は、熟慮のための時間である。物体、生物、心的状態、言語、道徳性などに対する直観的思考を支配する、自然的な認知の傾向に従うのではなく、それらを上書きするためには、より多くの時間、注意と労力が必要である。科学的推論が自然的因果推論による制限から自由になるためには、ゆっくりと慎重に、入念に考える特別な状況が必要であり、筆記システムや数学記号といった認知的補助もしばしば用いられる。同様に、神学者が日常的な認知バイアスに支えられた自然宗教から離れ、より洗練された信念体系を発展させるためには、冷静な熟慮の時間が必要である（第6章参照）。こうした知的営為は容易なものではない（訓練により容易にすることはできる）ため、時間を費やして専念することがその助けになる。厳密な意味での無神論は、近代科学ほどには認知的に非自然的ではないかもしれない。しかしそれは、一般的な宗教的思考よりは非自然的である。そのため、熟慮的推論のための時間と、そのような探究を評価し支援する文化は、無神論の維持に役立つだろう。

発達初期からの指導

私は大英博物館で、同僚の一人に文字通りばったり出会った。彼女は展示に気を取られながら3歳の息子を乗せたベビーカーを押しており、あわや衝突するところだった。良い母親であればするように、彼女は博物館の展示物を指差しては、可愛らしいやんちゃ息子に熱心に説明していた。その時偶然にも、自然選択がいかに今日見られる生物多様性をもたらしたかに関する、彼女の家庭では一般的になっているらしいやり取りを耳にすることができた。子どもの認知能力がまだとても柔軟な発達の初期に用いるのにとりわけふさわしい教育技法によって、子どもはたとえそれがいかに認知的に難解かつ非自然的であっても、自然選択による進化について学ぶことができるのかもしれない。おそらく、子どもの認知システムがまだ形成段階の時期に教育されれば、子どもは自然界に見出されるデザインと神を結びつけようとするのをやめるかもしれない。

宗教的教え込みを安定的に行っているというだけでは、あらゆる時代のあらゆる場所の宗教的思考の共通性を説明するのに不十分だということはすでに述べた。人間は宗教的思考と行為に向かう自然的傾向を有していると思われるが、だからといって一貫した反宗教的教え込みが、その自然的傾向と戦うのに役立たないわけではない。それは、統計的推論や科学的推論の日常的な実践が、たとえそれらが比較的非自然的な考え方だとしても、私たちの統計的、科学的思考能力の改善に役立つのと同様である。

この反宗教的教え込みには、自然界に見出されるデザインや目的、人間以外の行為者を解釈する別の見方を子どもに示すことが含まれるだろう。偶然、政府、（変化を起こす意図的ないし指向的行為者としての）自然選択などの疑似行為者は、その候補に当てはまるものである。

堂々とした無神論者になるためには

宗教的信念が人々の間に比較的普及しているのは主に、初期に発達する概念的傾向によって、子どもが宗教的な考えを理解し受け入れるように仕向けられるためである。確かに、大人の証言や社会的、環境的影響は子どもが特定の宗教的伝統の真の信仰者になるか、それとも不可知論者や無神論者になるかということに寄与する。しかし、無神論が超自然主義に対し、人々の心をめぐる戦いを始めた場合、その戦場は初めから平坦というわけではない。

無神論が存続し広まるためには、さらなる個人的、社会的・環境的要因が必要である。それゆえ、あなたが満足した、堂々とした無神論者になりたいのなら、私のアドバイスは以下の七つのステップに従うことである。

1 他者の心について平均以下の推論能力を持ち、心理的・社会的推論を行わない傾向を持つこと。意図を持つ行為者を使った説明が難しいのであれば、宗教的思考は弱められるだろう。

2 子どもを持たないこと。依存関係を少なくして生活することは、無信仰を可能にする。

3 安全な環境にいること。めったに生存が脅かされず、生存に関わる判断がめったに行われないような環境は、宗教的存在への誘引力を減らすだろう。狩猟をしなければ生き残れないような生活を避け、土地や天気の予測不能性に脅かされない生活をすること。

4 できる限り何でも人間のおかげだと考えたり、人間のせいだと考えたりする習慣を持つこと。とりわけ強い政府と洗練された技術を有する都市化社会に見られるように、その環境に意図を持つ行為者を見出した場合に、人間の活動が十分な説明になりうるのであれば、そのような行為の説明として神を求める必要性は限られたものとなる。

5　疑似行為者を好むようにすること。明らかに通常の人間のコントロールを超えた状況や事態において、運命、偶然、正義、政府、自然選択といった疑似行為者ないし抽象物が説明に利用できるなら、日常会話でそうした見方に慣れることによって、神はより遠ざけられる。

6　熟慮のために時間をかけること。宗教的思考の自然性に抵抗するための重要な要素は、冷静に熟慮を行う時間である。自然的な概念バイアスから逸れる神学が生まれるためには熟慮のための時間を要するのと同じように、非宗教的哲学や世界観も熟慮するための時間を必要とする。

7　これらの要因に、若いうちからの反宗教的教え込みを加えること。そうすれば無信仰が戦い続けるチャンスが生まれるだろう。

ここで無神論の普及に貢献するものとして提示した諸要因は、人類史の上では比較的まれなものであるが、とりわけヨーロッパ社会においてはますます一般的となっていることに注目してほしい。

第10章　神に子どもを引き合わせるべきか？

子どもに神のことをどう教えるか、何を教えて、いつ教えるかは、多くの親、宗教的指導者、宗教教育者が直面する問題だ。宗教的思考に関連する子どもの認知能力についての科学的研究は、これらの問題に影響を与える。この締めくくりの章では、子どもたちが生まれながらの信仰者であることを私たちに教えてくれるエビデンスをもとに、神について子どもに教えることの意味についてのいくつかの試論を提案する。しかしこの章でこれらの問題に触れる前に、人は神について自分の子どもに教えるべきかどうかについて、簡単に述べよう。何といっても、子どもたちに神を信じることを教えるのは間違っていて、児童虐待にさえ等しいと主張する人たちがいる。「宗教は児童虐待か」というタイトルの章で、クリストファー・ヒッチンスは聖職者について、「何世紀もの間、大人はこのように子どもたちを怖がらせて、お金をもらっている（そして、拷問し、折檻し、暴力を振るうこともある。ジェイムス・ジョイスの記憶、そして数えきれない他の人々の記憶の中で行われてきたことだ）」と心情を述べている(1)。同様に、子どもに地獄について教える別の逸話についても、ヒッチンスは、「幼い者に向かってこのように嘘をつく人は、きわめて邪悪だ」と書いている。子どもに神を信じることを教えるのは虐待であり止めるべきことだと提案するのは、ヒッチンスだけではないし、彼が初めてでもない(2)。

尊敬されている学者たちは、宗教的信念を子どもたちに教えることを犯罪とすることさえも検討してきた。イギリスの心理学者のニコラス・ハンフリーのアムネスティでの講演での、次の言葉を考えてみよう。

> 私は主張する。子どもには、その人が誰であろうと他の人たちの悪い考えに触れることで、心が不自由にならないようにする人権があることを。親は自分の子どもを、親が個人的に選んだ形で文化化する許可を神から与えられていない。子どもの知識の幅を狭めたり、教条的で迷信的な雰囲気の中で育てたり、親たち自身の信仰へと真っ直ぐ狭い道を歩むように押しつけたりする権利はない。
>
> つまり、子どもには、ナンセンスなことによって心を奪われない権利がある。そして社会として私たちには、子どもをそれから守る義務がある。だから親には子どもに、たとえば聖書を文字通りに真実として信じることや、星座が人生を支配すると信じるように教えることを許すべきではない。それは、親が自分の子どもたちを歯が抜けるほど殴ったり、地下牢に閉じ込めたりするのを許さないのと同じなのだ[3]。

ハンフリー、ドーキンス、ヒッチンスといった人々は、自分の子どもに宗教の信仰者になることを教えるのは、子どもに対する虐待の一種であると純粋に心から信じている。これらの男性たちは（私が知る限り、このような路線をとるのは男性だ）、愚かなのでも狂っているのでもいない。ただ、彼ら自身の世界観から示唆されるものを正直に表現しているだけだ。

ハンフリーのように、社会は子どもを親の信念体系から守る義務があると主張するまでではないにせよ、ドーキンスは、他者を宗教的信念を持つように文化化することは、身体的・性的虐待に匹敵すると考えている。最近の著書で、ドーキンスはこう書いている。

> かつて、ダブリンでの講演のあとの質問時間に、アイルランドにおけるカトリック司祭の性的虐待としてひろく報道されている事件についてどう思うかと質問されたことがある。私は、性的虐待が怖ろしいものであるのは疑いないが、それによって受ける傷は、子供をそもそもカトリック教徒として育てることによって与

えられる心理的障害よりも酷《ひど》いことはおそらくないだろうと答えた[4]。

ドーキンスは、さらに次のように主張する。キリスト教徒の親の子どもを「キリスト教徒の子ども」、イスラム教徒の親の子どもを「イスラム教徒の子ども」と呼ぶのは虐待である。「実際の行為がともなわずとも、宗教上の事柄について自分の意見をもつにはあまりにも幼すぎる子供に『〜教の子供』というラベルを貼るのは、やはり一種の児童虐待ではないだろうか？」[5]と。不正確なラベル貼りかもしれないが、虐待だろうか。その子どもがこのように自らをラベル貼りしているのだとしてもそうなのだろうか。

繰り返しになるが、私の中には、ドーキンスの疑わしい点を、彼に有利に解釈し、彼は、言いたいことを過度に強調して言っているだけなのだと信じたい気持ちがある。しかし、彼による宗教的な教育と子どもへの身体的虐待や性的虐待の比較は、あまりにも長々と展開されていて、大袈裟なこけおどしとして容易にさっさと片付けてしまうことができない。ドーキンスは、特定の宗教集団の一員として子どもに不適切なラベルを貼ることについて感度を高めることが、彼の著書の「子どもの虐待と、宗教からの逃走」と題する章における主要な目的であったと主張している。

子どもは何歳で自分自身にラベルを貼れるのか、そしてそのラベルが文化的・民族的な目印でもある場合、そのようなラベルが適切なのかといった関連する事柄についての議論にドーキンスが時間を使っているなら、私はそれが真に彼の主要な目的だと大いに納得したかもしれない。たとえば、「ヒンドゥー」や「ユダヤ」という言葉は、民族的な意味を指すのと同様に、宗教的な意味もある。世界中でどの文化圏の一員であるかは、ある宗教集団の一員であることを指すし、その逆もまた然りだ。安易なラベリングについてのドーキンスの指摘に納得した親は、どのようにして自分の子どもの質問に答えるのだろうか。「ママ、ママがモルモン教徒なら、どうして私もそうなれないの？」。自分の立場を強固なものにするためにこの問題を取り上げる以上に、彼は、聖書を教えることと性的虐待を比較するという、より挑発的な問題に多くの時間を費やしている。

地獄について教えられることは、司祭に猥褻行為をされることよりももっとひどい心理的拷問であると報告した少女についての逸話を話した後で、ドーキンスは「教師や司祭は、道徳上の罪を犯しておいて、告解による赦しを受けなければ永遠の地獄で罰せられるぞといった類のことを子供たちにいかにももっともらしく吹きこむ。彼らのこうした行ないを『児童虐待』と呼んでもけっして大げさではないと、私もいまでは思うようになった」と書いている。(6) これらのコメントは、科学的に検証可能な仮説を提示している。それは、子ども時代に永遠の地獄の存在について教えられることは、身体的あるいは性的に虐待されることに匹敵する、(あるいはより大きな)心理的被害をもたらすのかといった仮説である。私の知る限り、子ども時代の性的虐待の結果と、子ども時代に地獄について教えられた結果との比較は、まだ行われていない。しかし、その直接的な関連を示すエビデンスが得られ、ドーキンスの立場を支持したとしても、私は楽観しないだろう。

宗教的な関与と、心理的かつ身体的な幸福の関連については、かなり研究されている。そして一般的に、宗教に関与している有神論者は、無信仰者よりも心理的に健康で、情緒的かつ健康上の問題によりよく対処する能力があることがわかっている。この研究の大部分は、教育の中で地獄について教えられてきた、主にキリスト教徒の集団が対象であり、少なくとも、地獄や他の「虐待的な」教義は、宗教的参加による恩恵を帳消しにすることに成功していないことを示唆している。子ども時代の性的虐待の悪影響についても多くの研究がある。(7) これらを統合すると、より直接的で体系的なエビデンスがない限り、宗教教育を性的虐待と類似したものとすることは、学識のある科学者としての見識が問われる。

ドーキンスもヒッチンスも、自分の主張を裏づける同じような逸話的なエビデンスを非科学的に提示している。それは、永遠の炎のような地獄について学んだことにより心的外傷を受けたと記憶する人々の例だ。もし、都合の良い逸話の交換をするなら、他ならぬ私にもまた、罪や罰や地獄について学んだ子どもの頃の不愉快な記憶がある。新約聖書の一節にある、情け深く憐れみ深いイエスが言ったと伝えられる言葉――「しかし、私は言っておく。きょうだいに腹を立てる者は誰でも裁きを受ける。きょうだいに『馬鹿』と言う者は、最高法院に引き渡され、『愚か者』と言う者は、ゲヘナの火に投げ込まれる」(8)を聞いたとき、私は、これは大変なことになったと思った。兄を「馬鹿」といつも呼んでいたからだ。私は罪悪感、不安、恐怖を感じた。また、おもちゃが木に引っかかったことにいらだって、その木を一喝した後で、「私はみだりに神の名を唱えてしまった」〔冒瀆的な言葉を吐いてしまった〕と気づいて、打ちのめされたのを憶えている。聖書の中で「あなたは、あなたの神、主の名をみだりに唱えてはならない」(9)と読んだのを憶えていたのだ。どんな罰だろうか。炎の湖に沈められるのだろうか。確かに怖い話だ。しかし、ごく少数の子どもたちにとってでさえ、これらの話がヒッチンスの「幼い者に向かってこのように嘘をつく人は、きわめて邪悪だ」というコメントを正当化するほどの害悪であるというエビデンスはどこにもない。私の場合は、これらの出来事がきっかけで兄にやさしくし、言葉に気をつけるようになった。そして、私は基本的に良い子どもであったが、他の人と同程度に罪人であって、神の憐れみを必要とすることを理解するようになった。子どもの頃のちょっとした苦悩は、それによって得られたもので十分全て引き換えることができるのだ。ホロコーストについて学んだときもまた、痩せ細ってハエがたかる腐った死体の山のイメージが幼い私の脳裏に焼きついて苦悩させ、しばらく、私の睡眠と目覚めたときの思考の邪魔をした。実際、ホロコーストの心象は今でも、地獄の心象よりも強く私の脳裏に焼きついている。ホロコーストについて教えられたことは、私にとって邪悪で虐待的だったのか。ヒッチンスは、ホロコーストは嘘ではなく実際にあったのだから虐待とは違うと言うかもしれないが、そのような答えは間違いなく、彼が忌み嫌う原理主義者の術中にはまることになる。「地獄は実在するし、嘘ではない」と言う彼らの声が聞こえてきそうだ。この主張は、虚偽を教えることは児童虐待と同じだとするが、真実を教えることは、それがどんなに厄介なものであってもフリーパスだとする。そしてこの意見の相違は、何が真実で何が真実でないかという問題に戻ってくる。この問題は、その教えが虐待的とか「極端に邪悪」だと非難することでは解決しない。

もっと控えめに言えば、ドーキンスは道徳的な親や保護者が子どもに、教え込みの代わりに何を与えるべきかを提案している。「私は自分の両親が、子供には何について考えるかよりもむしろ、どのように考えるかについて教えるべきだという主義の持ち主であったことに感謝する」[10]。この気持ちに私は共感する。子どもたちにいかによく考え、いかに自ら学ぶかを教え、刻々と変化する社会に対して自立して対処できるよう備えさせるべきであろう。

しかしながら、若い人々に何を考えるかを教えず、どう考えるかだけを教えるとすれば、特に、親子の不思議なやりとりにおいて、実世界の実用主義の中にいる幼い子どもたちには困難が生じる。子どもの「人は死んだらどうなるの？」とか「私は生まれる前はどこにいたの？」とか「なぜ、ママ（パパ）はお祈りするの？」などの質問に、親はこうしたことへの自身の信念に触れずにどうやって答えるのか。教室にいる大学生なら、こういう理由でこう考える人たちもいれば、ああいう理由でああ考える人もいると説明して、「しかしあなたは自分で決めなければならない」と結論づけることができるだろう。「ママはどう思う？」とすぐに聞かない子どもであっても、母親の口調、子ども自身の考えに対する反応、日々の行動、そしてふと耳にした他の大人同士の会話から、母親が本当は何を信じているかを推察し、結びつける。自分の道徳観や形而上的な価値観、またそれらへの関与を、直接的にであれ間接的にであれ、子どもに教えないという理想は、まったくの空想であり、その試みは情緒的にも心理的にも有害であることが証明されるだろう。子どもの心からの質問に答える際に、自分は何を信じているかを親が答えるのを拒否するなら、子どもは愛されて肯定されていると感じるだろうか。

私と子どもの一人（当時11歳）との間で、この困難を示しているやりとりがある。長女が、バプテスト派、カトリック、ルター派などのさまざまな教派の信条について質問した。私は、かなり事実に即して、これらの世界観を公平に評価して説明するように心がけた。11歳の娘は、「私はどれなの？」と口を挟んだ。私は、その質問は自分で決めなければならないことだと説明した。私の答えをドーキンス先生は喜ぶだろうが、娘は「でも私はどれなの？」とさらに尋ねた。私は再び、大きくなって自分自身で考えて、自分で判断しなければならないことを説明しようとした。いくぶん私にいらだちを覚えながら、娘は言い募った。「私は女の子だけど、私たちはどれなの？」。話を続けているうちに、だんだん明確になってきて、私は自分自身をどう考えているのかを答えなければならないと感じた。なぜなら、それが彼女が望む彼女自身を判断するやり方だったからだ。

だから私は「私たち（彼女の母親と私）がどれなのかを教えてほしいんだね。そうすれば、おまえも私たちのようになれるから」と尋ねた。彼女は、「まあ、そうね」と答えた。こういうやりとりは、典型的な光景を捉えている。子どもたちが何を考え、何を信じ、何を大切にして、自分自身が何であると思うかを決めるときが来たら、社会的な配慮が知的な配慮と同じぐらい重要になるだろう。子どもは（一般的に）、多くの宗教的、無宗教的な次元で親たちのようになりたいと思う。子どもたちを社会的な輪に入れないのは、感情的な追放の一形態だろう。子どもが親と自分を同一視するのは自然的なことなのだ。

私が危惧するのは、考え抜かれた信念体系（宗教であろうとなかろうと）を親が子どもたちに与えないという、ハンフリーとドーキンスの戦略は、実際には破綻の運命にあり、家族内に関係性の距離と疎外を生み出すだろうということだ。親の価値、信念、習慣、社会的一体感から意図的に締め出された子どもは、もしそのようなことが本当に可能であるならば、親に自分が心から信じている信念を教えられた子どもよりも「虐待された」と感じるだろう。そのような子どもはまた、洗練されていない自然宗教により引き寄せられやすいだろう。

親は子どもの理解に合わせて、単に何を考えるかを教えるのではなく、どのように考えるかについて学ぶのを手伝ってあげるべきだという、ドーキンスの意見はまったくその通りであろう。残念ながらドーキンスは、問題のある方法で彼の立場を強めている。彼は、「ハンフリーは、子供がまだ幼く、傷つきやすく、保護が必要な状態にある限り、真に道徳的な後見者とは、子供が判断できるだけ十分に大きくなったとき何を選択するだろうかを率直に推《お》し測ろうとする人のことではないかと述べている」と賞賛を込めて書いている。[11] ハンフリーは、「何であれ、ある特定の考え方を子どもに押しつけることが道徳的に許される唯一の状況とは、それに代わる信念に触れたとしても、人生の後半においても、いずれにせよ自分が選択した信念を持つ結果となるときである」と主張している。[12] 子どもが成長したときに何を選ぶかを想像することを試みるという、このわけのわからない戦略は、少なくとも二つの方向で頓挫するだろう。

まず、この戦略は私たち親と保護者に対して、子どもたちが、自分の進むべき道を自ら選択できる年齢になったときに行っているに違いないことや信じているに違いないことを、今すぐに想像しろと言っている。それを想像するのは難しいことだ。喩えるなら、12歳の子どもの親は、性的禁欲（あるいは少なくとも、12歳での気軽なセックスに対する態度）を子どもに「押しつける」べきか。この決断をするためには、私は、12歳である子ども自身が、自分は決断をできる年齢に達していると、いつ決定するかについて想像しなければならない。子どもは何歳のときに自分はそのような年齢になったと考えると想像すべきだろうか。15歳ならまだ健康や安全、社会的なリスクを理解することはできないだろうか。19歳なら、これらのリスクは理解できるかもしれないが、むしろそのときの社会的影響の方が、後の潜在的な健康上のリスクよりも重要と考えるだろうか。あるいはおそらく、26歳であれば満足を遅らせることの価値を理解しているだろうか。子どもがさまざまな種類の情報に基づいた決断をするのに、何歳である必要があるのかは一概に明らかではない。

この問題は、仮定の上で子どもが自分のために行うであろう決断について、私たちがどう決断するのかという、第二の問題と密接に関係している。良い決断をする立場にいるためには、年齢だけでなく、子どもが何を決断するかを想像することによって私たちが決断しようとするときのように、親による決断の結果として累積する経験が大きく関わってくる。私たちの子どものどの潜在的で仮定的なバージョンを、子どもが自分のために選び取ると私たちは想像するのだろうか。私は12歳の時に性行動を考える中で、自制を選んだり、喜んだり、後悔したりする26歳のバージョンを想像することができるだろうか。娘もまた同様なのである。すなわち26歳で自由に体験することを選んで性感染症に罹っている姿も想像できるし、14歳で妊娠して退学し、貧困で後悔している姿も想像できるし、もしくは26歳で妊娠と性感染症なしに自由な経験を選んでいる姿も想像できるし、その時点で、自分がしてきた経験に満足している姿も想像できる。いったいどれを想像すればよいというのか。これと同じ方法で、ドーキンスは、アーミッシュの子どもが自分で決められる年齢になったときに、果たしてアーミッシュとして成長することを選択するかどうかを想像しなさいと私たちに勧めるのだ。さてその際、大きくなった子どものどのバージョンを、私たちは想像すべきなのか。アーミッシュとして育てられた人だろうか。そう育てられた人か。おそらくドーキンス（とハンフリー）は、アーミッシュでなく育てられた姿を私たちに想像してほしいのだろう。しかし結局のところ、誰がアーミッシュで育つことを選ぶだろうか。そうだろう？　このような考え方は自己中心的で自文化中心的だということがおわかりだろうか。（子どもが十分選択できる年齢となったときに）子どもが自分で選ぶであろうものを決めることは、空想的な思索の訓練であり、おそらく道徳的な子育て戦略のための強い基盤によるものではないのである。

私が思うに、この新しい無神論者が不完全に主張した誤りは、子どもに愛情を持って心の底からの宗教への関与と心の中の価値観を伝えているのではなく、親の宗教的な関与を子どもが受け入れて同意するという条件が満たされる限りは子どもを愛するというものだ。確かに、愛情を引っ込めてしまう親、あるいは親の世界観に同意しない子どもを身体的罰で脅す親は、一種の虐待として見なされることができるし、ある側面では道徳的失敗を犯している。それにもかかわらず、子どもに宗教的になってほしいと願う宗教的な親の方が、子どもに無神論者になってほしいと願う無神論者の親よりも、そのような不当な行為を犯す傾向にあると想定する理由は見られないのである。親がその責任を望むかどうか、そして外部の人間がその責任を親が担うことを望むかどうか——それは、親が子どもにとって何がベストかを考えて、子どものことを一番に考えて決断するかにかかっている。これらの決断は、必然的に、宗教的または無宗教的世界観を含む親の文化的視点によって特徴づけられるだろう。

自由な宗教教育という名のもとで、間違った考え方が増殖し続けることについては、この新しい無神論者も（私が思うに、正しく）心配している。親が子どもに、つまらない理由から意味がないことを教えているのはよくあることだ。もっと悪いのは、親が子どもによく練られていない概念を教え、子どもがそれを批判的に吟味することを許さないことである。これらの不適切な考えには、宗教的なことも含まれるが、そうではないものも多くある。理性とエビデンスが何を示そうとも、私たちは真実の探求に価値を置くべきであり、親と教育者は、宗教の領域であろうとなかろうと、子どものために真実を知ることについて不必要な障壁を作らないことを望むべきである。単に「宗教的だから」という理由で、なぜある考えが、真実を発見する正しい道と見なされるかどうかの吟味をすり抜けてよいだろうか[13]。哲学者のロジャー・トリッグが言うように、「宗教的自由の権利は、それがどんなに貴重なものであれ、理性の声を軽蔑する人たちの言いなりで若者の人生を置き去りにすることに関して、決して制限を受けないものであってはならない[14]」。もし、親たちが自分たちの宗教的関与が道理にかなっていて真実であると信じているならば、子どもたちに、真理を見つけるよう勧めることは脅迫にはあたらない。

もし、親たちが自らの宗教的信念をよく考え、それは真実で重要であると考えるなら、愛情のこもっていない方法でそうするのでなければ、子どもたちにこれらの宗教的信念を受け入れることを勧める親に対して、「道徳に反する」または「虐待だ」などと非難することは正しいとは言えない。トリッグはまた、次のように書いている。「もし宗教が次世代に伝えられないのであれば、宗教的自由の権利が自由に行使されているとは言えない[15]」。私は、同じように自分たちの無神論的な信念を次世代に伝達する無神論の親を擁護したいとは思うが、科学的なエビデンスは、宗教的実践に関与することには個人的な価値があることを示していると、一言言わなければならない。

多くの驚くような反例があるにもかかわらず、宗教的信念体系への関与と宗教的共同体への参加は、多くのポジティブな結果に関連があることを研究は示している。積極的に宗教を信じている人の方が、形式的に宗教を信じている人たち、または無宗教を自認している人たちよりも、精神的健康や情緒的健康を享受していて、トラウマからより早く回復し、より長く幸せな人生を送り、より寛容で、より多くのボランティア活動をし、より積極的に地域社会へ貢献している。[16]

なぜ宗教的参加がこのようなポジティブな結果をもたらすのかは、活発に研究されている分野であるが、（養育に関わる共同体からは独立した）宗教的信念の存在は、私たちのさまざまな目標や動機づけを、意味づけ組織化する原理として、個人的な幸福を生み出す方向に作用する。

私たちは皆、日々の目標や努力を必要とする取り組みを数多く持っている。私たちは、友達や仕事仲間の中で人気者であろうとし、知的に見せようとし、あくせく働き、配偶者を幸せにしようとし、良い親であろうとし、健康的な生活習慣で生活をしようとしており、私たちの個人的な取り組みが他に何であれ、努力している。自分自身の取り組みの一部に気づくために、「私はいつも○○しようと努力している」という文章を完成させてみてほしい。努力の内容は、人によってそれぞれ異なる。心理学者のロバート・エモンズらによる、努力についての研究は、神や宗教に関連する努力（立派なイスラム教徒になる、または神を喜ばせようとするなど）の割合が高い人たちは、より身体的・精神的に健康になる傾向があることを示している。[17] 宗教的な努力を相対的に多く行う大学生の方が、抑うつ、不安、その他のよくある情緒的苦悩の発症率は低いことが報告されている。同様に、病気に罹りにくく、大学の健康センターにかかりにくいことがわかっている。宗教的努力は健康と関連があるらしいが、それはなぜなのだろうか。

エモンズらは、大学生たちに、個人的な努力を必要とする取り組みのリストを作らせ、それらの取り組みが、どれだけ他の取り組みを達成することに対して助けになったか、あるいは妨害になったのか、それらの取り組みについて点数をつけさせた。たとえば、もし私の取り組みの一方が「お金に気をつけること」、そしてもう一方が「毎日を、人生の最後の日であるかのように生活すること」であったら、これらの二つはお互いに葛藤し、邪魔しあうだろう。これに対して、「簡素なライフスタイルで生活すること」に取り組むなら、「お金に気をつけること」と調和するかもしれない。取り組みの各ペア同士間の葛藤の度合いを点数化すると、全体の葛藤得点が算出される。すると、予想通りかもしれないが、取り組み間の葛藤の度合いの得点が高い人たちは、人生をストレスフルであると感じており、不安や抑うつ、身体的病気になりやすいという結果になった。つまり、宗教的な取り組みの数の多さと同様に、取り組み間の葛藤が少ないことは、より幸福であることと関連があるということである。取り組み間の葛藤の少なさと、取り組みにおける宗教的なテーマは、互いに関係があるのだろうか。

エモンズの研究は、宗教的な努力を必要とする取り組みが多い人たちは、取り組み間の葛藤が少ないことを明らかにした。宗教を中心に据えた人たちは、競合する価値観や欲求によってばらばらになるよりも、取り組みの間で足並みがそろう傾向があった。「よい市民であること」、「良い友人であること」、「神を喜ばせること」といった三つの異なる取り組みは、全て調和しており、互いに有効に関連している。宗教的信念が日々の目的や努力を必要とする取り組みに対して影響を与えるほどに宗教に積極的に参加していることは、人生において何が重要かを構造化し、順序づけることによって幸福を促進する。それによって、葛藤を減らし、それによって精神的・身体的病気を減らすのである。

特定の宗教的信念と宗教的共同体への参加の内容を含む宗教性に寄与する付加的な要因は、疑いなく、個人の生活にポジティブで建設的な影響を及ぼすことができる。ここでエモンズの研究を紹介する。この研究は、基本的な宗教的信念と日々の生活を結びつけ始めるためにより大きな推論能力を活用する上で、児童期後期から青年期における特に重要な道筋の一つを示している。もしこの推論能力が活用され、「神が存在すること」と、「私が行うこと全てにおいて誠実さを示すべきであること」や「自分自身の要求の前に、他者の要求を優先すること」

などを結びつけることができるのならば、その人の人生はとても豊かなものとして実を結ぶだろう。

宗教的信念を実行に移した時に精神的、情緒的、身体的健康を促進することも、人格的な強みを発揮させることも、これらの宗教的信念が必ずしも正しい（もしくは間違っている）ことを意味しない。私たちは、有益さあるいは有用さと真実さを同列に扱うことはできない。もしあなたの知らない間に台所で火事が起きて、しかし、（奇妙な前提ではあるが）あなたはお腹を空かした熊がそこにいると思ったのならば、あなたはおそらく安全なところに逃げるだろう。台所に熊がいるという信念は、この文脈ではあなたにとって有用で有益かもしれないが、しかしそれは正しくはないだろう。もしあなたがこの世界とそこに住む人間を創造した善い神を信じるなら、神を信じても今ここですぐに利益に直結するわけではないことに驚くかもしれない。とはいえ、利益があることが、神を信じるための正当な理由になるわけではないのである。

宗教に傾倒することは、一般的に、心理的、身体的な幸福を促進し、人生の難題に対処するツールを与え、目標達成のための有意義な枠組みを提供するように見える。このような事実を踏まえると、このような恩恵をもたらす信念を子どもが持つことを、親が積極的に阻止するのは道徳的なことだろうか。おそらく親の世界観において、真理の追求が個人としての人間の繁栄よりもまさるとされる限りは当然のことなのだろう。しかし、これは親が思慮深く考えて決めることである。自らの宗教的な関与は正しく恩恵があると考える親は、愛情を込めて徹底的に子どもを自分たちの宗教の道に導くことを正しいとするのである。次章では、その効果的な方法を、いくつか提案しよう。

第11章　子どもの宗教性発達を促す

あるキリスト教徒の母親が、以下のような話を聞かせてくれた。

ベンが幼稚園の年齢だったとき、私はベンを幼稚園に行かせずに家で教えており、聖書の学びを進めていました。その中心は、イエス・キリストの生涯について学び、彼のように生きようとすることでした。この学びの最後に、キリスト教徒というのは、要するにイエスのように生きることだと一般化をしました。ベンが「僕はそんなことしなくていいんだ」と言うので、私は「あなたがキリスト教徒なら、あなたはそうしなければならないのよ」と言いました。すると彼は、「ううん」というのです。何度かのやりとりの後、私は、6歳にして神から永遠に離れてしまう道を選んだのかと恐怖を感じ、「じゃああなたはどうするつもりなの？」と尋ねました。するとベンはこう答えたのです。「僕は、パパを見るだけだよ。パパはイエスのように生きなければならないし、僕は、パパのように生きなければならないんだ」。

この物語は、多くの真実を含んでいる。第一に、6歳でも考え抜かれた信仰者になることができるということであり、第二に、幼い子どもは、考えもせずに親の言うこと全てに従うわけではないということである。そして第三に、情報を与える段になると、親や教師の行動モデルは、教義や聖書の物語以上に多くを伝えるということである。

本書を通して、私は、神の存在を信じるといった基礎的な宗教的信念を子どもが自然的に受け入れることを示す根拠を提示してきた。読者は、この自然性を踏まえれば、子どもに神について教えようとする必要はないと思うかもしれない。何もしなくても、子どもたちは自分自身で宗教を見出せると言うのではないのだろうか。これまでの章で私が述べてきたように、個人をとりまく特別な環境や条件が子どもの邪魔することがない場合、子どもは、直接的に説明したり教育したりしなくても、信仰を持つようになるのではないだろうか。しかし、宗教が自然的であるということは、あらゆる宗教的信念が、他の宗教的信念と同等に善い、または同等に真実であるということを意味しているわけではない。宗教的信念が人生において決断を動機づけ、健康や幸福に影響する重要なものなのであれば、ほとんどの大人は、できる限り自分の子どもにもっと善いものを持たせたいと思うだろう。第6章で述べたように、子どもが大人から明示的に教え込まれなくても自然的に獲得するある種の宗教心は、世界の宗教的伝統によって考え出された神学から逸脱することがある。子どもたちだけの心理的装置に委ねた場合、子どもたちは、何かを感じとって信仰を持つようになるが、よく考えられて洗練された信念や行動体系というよりも、ある意味では読者の多くが迷信と呼ぶものに近いものになりがちである。子どもたちは、雪が降るようにと下着を裏表反対に着たり、学校の試験でいい成績が取れるようにとお守りを持ち歩いたりするだけではなく、母なる大地への崇拝や、占星術、そして亡霊に対する不健全な思い込みを引き出すことになるかもしれない。

子どもたちの信仰や実践の体系を洗練し、磨きをかけるために神学的議論や、哲学的吟味、集団的経験の機会の与え方を間違えると、子どもたちは宗教的な過激主義に注意を向けたり、カリスマ的なスピリチュアリストの甘言につかまったり、入手可能な宗教的な言い伝えの中でも、最も耳に心地よい言い伝えを選り好みして、道理にかなっていようがいまいが、まるでレストランのバイキングのように自由につまみ食いするようになるかもしれない。子どもの宗教的思考の自然的な性向や霊的な充足への自然的な熱望は、信頼に足る大人が適切な対象を与えようが与えまいが、子どもをある種の宗教的表現に向かわせるのである。

食べ物の好き嫌いと比較してみよう。子どもたち自身に任せていたら、子どもたちは、生きる上で必要な食べ物はとるようにはなるだろうが、それは健康的な生活を送るのに最も好ましい食べ物とは言えないかもしれない。人間の生物的身体と心理は、食べたいと思うものを限定し、おいしいものや、消化しやすいものを見つける。それは、胃のむかつき、毒による危険な発作を避けるのには役立つかもしれない。結果的に子どもは、食べることのできるものとできないものとを見分けられるようになるだろうが、その中で子どもはジャンクフードにも出会うだろう。これらの食品は、脂肪と砂糖であふれている。子どもたちは、料理人のエメリル・ラガッセやジェイミー・オリヴァーのようにではなく、アニメに出てくるシンプソンズのお父さんであるホーマー・シンプソンのようにお菓子を食べるようになるだろう。自然は、子どもが生存するための食べ物を見つけることを手助けはするが、子どもが食品を栄養的に一番バランスよく食べ、単なるカロリー源としてではなく、より滋味のある、洗練された楽しい経験になるように調理して食べるには、親や他者の導きを必要とする。これと同様に、子どもは自ら宗教的になるが、最も理にかなった、最も有益なタイプの宗教を信じるとは限らないのである。

第9章で、私は、人間には超自然的信念を信じる自然的傾向があるにもかかわらず、無神論者であり続けようとする人たちに対していくつかの提案をした。本章では、子どもに宗教的信念を持たせようとする人たちにいくつかの提案をしようと思う。まずは以下の忠告から始める。宗教への参加は、人の信念や価値観の形成に強い影響を与える可能性があり、善い行為にも悪い行為にも人を動機づける可能性があるので、私は、親は何であれ自分たちの信念を子どもに持たせようとする前に、親自身が自分自身の宗教的信念と宗教への関わりが正しいものであるかどうか吟味することを提案する。親は、何であれ信念を持つ理由を考えなければならないが、これはもし子どもたちに伝わった場合に人生に大きな影響をもたらすものであった場合にはなおさらであろう。私が主張しているのは、皮肉な姿勢ではなく、謙遜な姿勢である。私たちは誤った対象に傾倒してしまうこともあるので、宗教を含む知的な慣習、理性の行使、科学的根拠が私たちの信念に挑戦し、修正し、あるいは確証を与える機会を歓迎しなければならない。そうすることで、親が自分の子どもに宗教的な示唆を与えるときには、自分たちは信念の質の管理を行ったという確信や、与えるべき最善のものを子どもに与えているという確信を持つことができる。一人の親として、私は、子どもたちが私の信念のうちの正しいものを受け入れ、誤った部分を取り除くことができるように、善悪や真実を見分ける能力を子どもたちに与えようと努力している。このことに注意して、子どもの宗教性発達を促す方法についていくつかの考えを提案したいと思う。

1　早くから始めよう。子どもは、とても幼いときから神などの宗教的考えを扱うことができる。3歳児のために、全能の神を漫画化して髭づらの男性の姿で表現しなくても、神とは超越的な知識や、超越的な知覚を持ち、不死で、完全に善である存在だということを教えることができる。実際のところ、8歳を過ぎるまで待ってから始めるより、3歳のときに始める方がより効果的かもしれない。抽象的で複雑な言葉を避け、宗教的な理解を具体的に試すことのできる思考課題を与えればよい。その多くは、これまでの章で私が紹介してきた実験に倣うことができる。たとえば、子どもに、あらゆることを見聞きすることのできる神の能力を単に話して聞かせるのではなく、神が見聞きできるものと、人間や他の動物が見聞きできるものを想像するゲームをしてみるというのはどうだろう。「神様は、この暗い箱の中に何が入っているか見ることができると思う?」「そうだね、神様はできるね。じゃあ、お兄ちゃんならできるかな?　犬はできるかな?」。同じく、神は不死であると話して聞かせるだけではなく、子どもに、自分が生まれる前に神はどうであったか尋ねてみたり、今からずっと時間がたったら神はどうなっているかを尋ねてみたりすればよい。神はこれまで存在しないことがあっただろうか。神は誰かから生まれる必要があるのか。神はいつか死んでしまうのか、というように。

幼い子どもは特に、自然界の神的な創造主という概念を理解しやすい。子どもたちの注意を、自然界に見られる機能や目的といった、子どもがもともと見つけやすいものに向けさせるのは容易なことである。その後で、

「でも、このようなデザインはどこからきたと思う?」と問いかけることもできるだろう。太陽や月、山、湖、川、地層といったものを、子どもは何らかの機能と目的を持ったものとして見る傾向があることは、心に留めておくといいだろう。それが生物にまでできたとき、あなたも、多くの現代的有神論者のように、この宇宙が神によって造られたことを子どもには理解してほしいが、自然選択による進化論も、生命の多様性のために神がもたらしたプロセスとして理解してほしいと思うかもしれない。研究によると、進化という考えは、子どもには難しくて受け入れにくいので、目に見える進化の背後には神の力が働いていると考える方が、子どもには実際には理解しやすいかもしれない。

2　愛と謙遜な心で、真実であると考えるものを子どもに教えよう。望もうと望むまいと、世界、人生、関係性、価値、道徳などに関してあなたが真実だと思うものを子どもに教えることである。この責任から逃れるのではなく、最初に自分の信念を丁寧に吟味した後は、あなたが善であり真実であると思うものを養育の中で子どもに与えるために、あなたは教師や役割モデルとなるべきであろう。しかし、自信がありつつも謙遜で、愛情深くいなければならない。自分が教えようとしている背後に、どのような動機が隠れているのかを検討しなければならない。愛情をもって、子どもたちが充実した立派な大人に発達することを助けようとしているのか。それとも自己中心的に、自分と同じように考え、振る舞うようにさせたいと思っているのか[1]。あなたが愛によって動機づけられ、すでに自分の宗教への関与をよく吟味したのであれば、自分の信念を慎重に精査したのだから確信を持って教えればよい。しかしながら、それでもやはり誤ることもあるので、謙遜な心で教えなければならない。

　自己発見は宗教教育の一部を占めるが、それは一部に過ぎない。哲学者のロジャー・トリッグが、繰り返しその著書『社会生活の中の宗教』(*Religion in Public Life*)で焦点を当てているように、子どもの宗教教育についての議論で忘れられがちなのは、宗教は、自己発見の単なる練習台でも、自分にとっての意味を見出すためのものでもないということである。[2] 宗教教育は、世界や、人間、道徳、現実が実際にどのようなものであるかについての主張に関わるものである。少なくとも宗教はある次元では、何が真実であり何が正しいことであるかについて主張する。全ての宗教の考え方が等しく善いというわけではない。宗教教育の理にかなった要素の一つは、子どもに（大人に）最も上手な推論の仕方や、それぞれの主張がどれくらい真実と思われるかを見分ける方法を実際に示すということにある。そこで私の第三の提案は、考え方を教えるということである。

3　考え方、学び方、真実の見分け方を教えよう。宗教は、神々などの超越性や異質性を強調することが多いので、人間の神理解は不完全なものとならざるを得ないとしばしば主張される。しかし、神についてまったく何もわからないわけでも、知るための全ての方法が全て同等に適切なわけでも、同等に正しい方向に向かっているというわけでもない。また、あまり良いとは言えない考え（あるいはまったく馬鹿げたもの）と適切で、十分な支持を受けた考えを見分けることがいつでも簡単にできるわけでもない。そのため、あなた自身とあなたが育てている子どもの両方が、論理的に考え、学ぶためのいくつかの道具を身に着けることの方が、あなたが子どもに教えるあらゆる内容そのものよりもはるかに価値があるかもしれない。

ある特定の主張が何に基づいているかをよく考えるように子どもに勧めよう。それが聖書に基づいているのであれば、それを信頼するには何が必要だろうか。そこから理性的に学びとれることは何だろうか。それが誰かある人に基づいているのであれば、その人は信用できるのだろうか。その人が信用できるという根拠は何だろうか。その人の行動は、その人の教えと一致しているだろうか。

信念体系が内的に一貫しているかよく考えるように子どもたちを促そう。ある考えが他の十分に支持を受けた信念と一貫していないならば、その考えは疑いをもって見た方がいいだろう。ある宗教的な考えがその宗教的な体系における他の考えや他の真実であるとわかっている考えと明らかに矛盾しているならば、検討されているその宗教的考えは、疑わしいもの、すなわち、必ずしも誤りではなくても、さらなる検討が必要なものである[3]。

おそらく最も重要なことは、子どもに対して、答えの探し方を示してみせることである。たとえ誰であっても、たった一人の人が、科学的なものであれ、歴史的、哲学的、宗教的なものであれ、子どもの発した質問に即座に答えられることなどない。ボブ牧師が、善である神が苦難を黙認する理由について適切な説明を与えられないとしても、それは答えがないことを必ずしも意味しない。現代の無神論者ピートが、なぜこの世界は知性によってのみ理解できるように見えるのかについて説明できないからというだけで、それが実際に神によって秩序づけられたときまったわけではない。子ども（また大人）は、自分たちが持ちやすい疑問のほとんどについて、その疑問についてすでに真剣に考えたり探求したりしたことのある人々がおり、たとえその疑問に答えるのが困難であっても、手がかりになるかもしれない提案をしてくれることがあるのを知らなければならない。これらの考えの多くは、どこかの本や雑誌の記事に書かれている。たとえば、私の子どもが、難しい聖書の一節について疑問を持ったとき、親として私が、ベストな答えをしようと努力したにせよ、おそらくさらに良いのは、機会をとらえて「私も確証はないんだ。一緒に探求してみよう」と言うことであり、それから、聖書の注解書や百科事典で、他の観点を得ることである。

これから挙げる三つの提案は、発達心理学者ポール・ハリスの研究から示唆を受けたものである[4]。ハリスは、子どもは他者の証言を通してどのように学習するかについて研究する専門家であり、細菌や酸素のような目に見えない科学的物体についてだけではなく、霊や神のような目に見えない存在を、子どもがどのように学ぶかについての研究を体系的に始めている。彼は、小鬼や妖精のような年齢が上がれば信じなくなる空想上の存在とは違い、霊や神の存在についての子どもの学び方には類似性があると強調する。子どもが大人の証言からどのように学ぶかについての彼の研究では、子どもにある特定のものの存在を確信をもって信じさせるための一助となるさまざまな戦略を提案している。ここでは特別に、神について教えるためにこれらの戦略を言い換え、適用してみよう。ここで紹介するのは、ハリスの提案の中の三つである。

4　それを信じているとか、それを信仰しているとか言うことは避けよう。それについて何の疑問もないように話そう。ハリスは、人が細菌や酸素について話すとき、「私は酸素を信じている」などとは通常言わないと指摘している。これと同じで、人々は、椅子や、猫、靴、太陽を信じているとは言わない。これとは対照的に人々は、神や霊、天使などについては信じていると話す。子どもは、通常、存在が疑わしいものに対して用いられる「信じる」という言い方に敏感なのかもしれない。同じく、人は、座る椅子を信じているとか、運転する車を信じているということは（たとえ実際にそうであったとしても）通常言わない。結果的に、このような言い回しは、細菌や酸素などと明確に区別して、神や霊、天使をより不確実なものとして際立たせることになる。「私は信じている」という言い方は、他の人は違う見方をしているという事実に焦点を当てる場面にはふさわしいのかもしれない。科学者や他の人文科学者は、意見の一致がまだ見られていない最新の研究領域に関してはこれと同じことをする。しかし、自信のある学者は「私はYを信じている」というよりも、「Xを信じている人がいるが、Yで間違いない。これこれ云々がその理由だ」と言うであろう。

「神を信じている」「神を信仰している」と話すとき、大人は、自分が神は存在すると信じているということだけを言っているわけではない。友人や伴侶を信じたり、子どもに「○○ちゃんのことを信じているよ」と言ったりするときと同じように、神に信頼を置いているということも意味しているかもしれない。もし、「神を信じている」「神を信仰している」という言葉であなたが言おうとしていることが、このような関係についての信頼であったのならば、あいまいであってはならない。あいまいな言葉を避け、「私は神を信頼している」と言うべきであろう。

神の業を感知することのできる実際の場面で、神について話そう。最初に、家庭礼拝の説教での実例を紹介しよう。私の教会の副牧師は、プレゼントを開いて、それを別のものに見立てることから説教を始める。たとえば、彼は包装紙からフライパンを取り出して「やったー！　ウクレレだ。ずっとウクレレが弾きたかったんだ！」と言い、フライパンをかき鳴らしながら歌う。大人にとっては面白いことに、目の前で座っている子どもたちは繰り返し叫ぶ。「違うよ。それはフライパン！」。3歳や4歳でも、子どもたちは、現実と空想の違いにきわめて敏感なのだ。しかし、一部の人は、神や霊を空想上の存在として考えることが奨励されるような特殊で数少ない文脈でしか、神や宗教的な存在について話さない。困ったときに助けてくれるおとぎ話の妖精のおばさんについて話すときやレプラコーン（アイルランドの妖精）について話すときとは異なり、酸素や細菌について話すときには頻繁に説明的な文脈が生じ、あるものがなぜそのような形で存在するのかについての説明がなされる。酸素を得られないから水中では苦しくなる。細菌のせいで病気になる。同様に、神を他の目に見えない力の範疇に入れることで、神が癒やしたからあの人は元気になったと言うことができるようになる。困ったときに助けてくれる妖精のおばさんの話は因果律に従うかもしれないが、現実の世界のことではない。妖精たちは、「昔々」かぼちゃを馬車に変えたが、昨日わが家の裏庭でそうしてくれたわけではない。

ハリスは、力や行為者を因果関係（子どもが自然的にかなりの注意を向ける推論の一種）に取り込むことが、あるものの存在を抽象的に仮定するよりも、その力や行為者への関与を育てることになるかもしれないと指摘している。このことは、科学教育だけではなく、宗教にも活かすことができる。もし、ある考えを子どもたちに信じる価値があり信じるに足るものだと見せたいなら、原因と結果の文脈で、その考えを使うべきである。教師が、クォークと呼ばれる六種からなる目に見えない素粒子の存在について、そういうものがあるのだと、ただ単に仮定した小学校の理科の授業を想像してみよう。クラスで一番の科学好きは、この主張を面白いと思うかもしれない。しかし、ほとんどの児童は、クォークが存在することで何が起こるのかがわからずぼんやりしてしまうだろう。クォークは、何をするものなのか。クォークがなければ物事が変わるのか。変わるとすればどのように変わるのか。子どもの心は、それがどのように働くのか、因果関係においてそのものがどのような特徴を持つのかに惹きつけられる。特に、それが子どもにとって重要と思われるものであれば、理解しようと惹きつけられるだろう。自転車や人形、靴、ピザは、子どもにとって、ニュートリノやブラックホール、三葉虫よりも重要である。

この基本原則を心に留めて、今ここで起こっている原因－結果の文脈において神が行っていることについて話すことは、抽象的に神について話したり、神が世界の創造において行ったことについて話したり、ノアと洪水や、モーセとエジプト脱出の話をするよりも、より効果的であろう。この種の物語単独では、神は世界に関与する存在というよりも、妖精や妖怪についての空想話の中の人物のような印象を、子どもに与えることになりかねない。神が人々を和解に導き、身体を癒やし、人々の気持ちを変えるのを助け、あるいはあなたのために車を駐める場所を見つけると信じているなら、ぜひ子どもに聞こえるところでそう話そう。

過敏な行為者探知装置（hypersensitive agency detection device; ＨＡＤＤ［第1章参照］）が機能するためには、習慣的に世の中の出来事を神の業と結びつける必要がある。そうしなければ、世の中の出来事に及ぶ神の力はあまり認識されなくなる。神話時代に何かを行ったという話にしか神が出てこないのであれば、神の業は、今ここでは子どもの注目を惹きにくくなるであろう。市場でトマトがよい値段で取引できますようにとか、友達との外出が特別楽しいものとなりますようにといった平凡な出来事と同様に、家族の健康や幸福といった一般的なことを特に神に願ったり感謝したりする祈りは、祈る人が神の業に気づく上で最良の助けとなるだろう。もちろん、神の業に気づくこと、あるいは、願いに対してなぜ神は何もしなかったのかと戸惑うこと（他にもっと叶えられるべき願いがあったのか、この願いは適切ではなかったのか、などと）も含めて、祈りは、この世界の因果関係の中に神を位置づける思考をもたらすことを促進する。

病気を癒やしたのは神ではなく医学であるとか、悪天候は神の罰ではなく台風が通過した結果であるとか、さらには、駐車場が空いたのはたまたまだ、といったように、これらの説明には神以外の候補もありうるのではないかと不安になる人もいるかもしれない。科学や洗練された確率的推論は、神の業を、日常的な活動の隅へと追いやってきた。ここは、神の業の理解の神学的発展を論じる場ではないが、出来事を説明する際、他の説明と比べてどちらが正しいかを常に競わなければならないわけではない。私が転んだとき、それは重力のせいかもしれないし、バランスを回復する上で私の小脳と運動野が前庭器官からの信号をうまく処理できなかったからかもしれない。あるいは、誰かが足元の階段にミニカーを置き忘れたからかもしれない。これら三つの説明は同時に並立しうる。これと同じように、私は、病原菌のせいで病気になったのであり、同時に悪霊が病原菌を私に感染させたから病気になったとも言える。出来事の自然的・科学的説明は、宗教的説明と競合したり、消し去ったりするとは限らない。複数の説明が同時に真であり、助け合う場合もあるのである。だから、私は神などの宗教的な力が科学的説明に置き換わると言っているのではなく、むしろ直接的な原因の背後に究極の原因が加わったと言っているのだ。(5)

6　宗教的な考えを、特別な場面だけでなく、普段の場面で使おう。先の提案を拡張するならば、宗教的存在は、宗教的儀式や例外的な場面だけではなく、ありふれた日常的な出来事にも結びつけるべきである。歯の妖精は、歯が抜けたときだけ、因果関係の中で触れるに値する。サンタクロースは、クリスマスの時期だけ話題に上る。病原菌は、日時を問わずいつでも話題に上るかもしれない。病原菌は、より多くのことに関連があり、より考えるに値し、例外として切り離しにくい。ハリスは、歯の妖精とサンタクロースは例外的存在であるために、子どもはそれらを酸素や病原菌と同じようなものとしては考えないと指摘している。同様に、もしあなたが神や祖先など、あなたが実在すると考える宗教的存在に話しかけることを、宗教的儀式の中や、礼拝や聖なる空間、あるいは日曜日や休日のような特別な日にだけ行うのであれば、あなたは暗に、それらの宗教的存在は特別な状況でしか私たちに関わりを持たないと伝えているのと同じである。これによって、宗教的な話は、重力やマイクロ波について話すのとはどういうわけか異質なものとなり、生活から切り離しやすくなってしまうのだ。

文化人類学者は、しばしば小規模の伝統社会において、人々は神々を信じているかどうかについて話さないとコメントする。それは誰もが信じているからである。神々は、社会生活や会話の一部として他のあらゆるものとまったく同じように、当たり前のものと見なされている。これらの観察を唯一神に応用するなら、神は病原菌以上に現実であり重要だと子どもに感じとってほしい親や教師は、特定の曜日や祝日にだけ神についての話をするのではなく、日常生活や日々に起こる出来事に神がいかに関わっているかについて当然のことのように言及すべきであろう。

同じように、パスカル・ボイヤーは「宗教的な改宗のための私のアドバイスは、特定の形而上学的主張についての説得力ある一貫した議論で人々を追い詰めるのではなく、その代わりに、多くの場面において伝えようとしている主張そのものを、特定の状況における適切な解釈を生み出すために用いるというものである。しかし、宗教は専門的なコンサルタントを必要としない。どの宗教もいずれにせよそれを実践することができるからだ」と書いている。(6) ボイヤーのアドバイスは自分自身であれ、自分の子どもであれ、あるいは他の人の子どもであれ、宗教的雄弁さや宗教的信念を強固にしたいと思っている人なら誰にでも関係するものである。信念について話す代わりに、さまざまな異なる状況で推論、態度、感情を生み出すためにその信念を用いることは、信念の有用性を深めるのに役立つだろう。

宗教の学習を言語学習と比較してみよう。人が母語を学び、流暢に使いこなせるようになるのは、文法規則についての説明を受けたからではない。人は、時に修正を受けながらも、言語を聞き、使うことを通して学ぶ。人は、言葉で教えられた規則や一般化によらずに、実践と模倣を通して、それぞれの言葉がどのように違う意味を伝えるか、どのような感情反応を引き起こすか、そして、多様な社会的出会いを促進するかを学ぶ。同じように、長期的な関与を引き起こす種類の深く広い宗教的信念は、それらが問題の解決や行為の決定、感情の喚起に使われている場面を繰り返し繰り返し見、また実際に使うことによって、おそらく生まれてくる。私は、ボイヤーの観察に同意するが、宗教的な人々は、しばしばこのことを思い出す必要があると思う。

7　宗教的考えを行動と関連づけよう。日常的な環境を用いて宗教を教えるというハリスの指摘に触発されて、私は、宗教的考えや宗教的関与を具体的な日々の行動に結びつけることを提案する。行動を動機づける考えは、行為をどのように行うかという意思決定に関わるものであるが、そのような考えは、決まり文句のような宗教的考えよりも、より容易に持つことができ、自分がそれに関わっていると感じさせる。たとえば、創世記を教典に含める宗派において、創世記2章と3章に基づくよく知られた教えは、人間は世界に対して特別な責任を負っているというものである。人間は、神の似姿として造られて特権と特別な義務を与えられ、エデンの園を守るようにという指示を受けてそこに住まわされた。これらの聖書の言葉から、人間には環境を保護する責任があるという意味を読み取る人もいるかもしれない。しかし、この教えがここで終わったならば、火事を引き起こす原因となるごみの散乱した道路や枯れた雑木林を掃除しに行くことや、裏庭の野菜畑に精を出すといった、教えの次の段階には至らず、子どもの心に根づくにははるかにもの足りないものになるだろう。これと同じことで、貧しい人々を保護しなさいという神学的な命令は、地域の食糧配給や炊き出しで奉仕した後や、「ハビタット・フォー・ヒューマニティ」〔生活の困窮により安全な住居の確保が困難な人への支援〕で一日働いた後ならばより意味を持つであろう。子どもの宗教性発達は、貧困や自分たちの生活のやりくりに困難を抱えている実在する個人を知り、共感し、彼らの世話をする機会を得ることによって恩恵を受けるであろう。行動を伴う応用は、実際に行動して挑戦するような課題がほとんどないまま教えられる時間を終えるのと大差ないくらい、簡単なものでもできるかもしれない。たとえば、政府機関には従うようにという聖書の説示について教えるとき、子どもにとってそれと関連する課題は、あまり好きではない先生を選んで、どうすればその先生のことをより尊敬するようになれるだろうか、また、なぜそうすべきだろうかと考えることかもしれない。

8　自分自身の宗教的信念に従って行動しよう。あなたが親や教師として、自分の宗教的信念に動機づけられた方法で実際に行動しているのであれば、先の提案は、容易に実行に移すことができ、かつ説得力を持つであろう。あなたが神や祖先の霊など、あなたの人生に明確な違いをもたらした存在について信じていることを子どもが見ることができなければ、子どもがその信念は重要なものだと考えるようになることを期待するのは難しいだろう。加えて、子どもは、それらに対するあなたの関与を疑うようになる。あなたが実際には信じていないのであれば、どうして、子どもはあなたの教えを真剣に受け取るだろうか。

　私の義母の両親は、毎週日曜日に、義母とその八人の兄弟姉妹を教会に送り出していた。彼女の父親はカトリック教徒であると言っていたにもかかわらず、近くて、付き添いなしに歩いて行くことができるという理由で、子どもたちが通ったのはルター派の教会だった。義母の両親は一度も教会に足を踏み入れず、言葉でも行動でも、キリスト教徒としての慣習に何ら関わりを持つような様子は見てとれなかった。想像にたやすいことに、大人になったときに、キリスト教徒としての道を歩み、美徳の鑑となった子どもはほとんどいなかった。その両親は、自分たちが何もしないということを通して、キリスト教徒であることは人生において重要なことではないと子どもたちに伝えたのだ。行為は言葉よりも雄弁なのである。

9　宗教的な関与をあらゆる感情と結びつけよう。発達心理学者のクリス・ボヤツィスが的確に指摘しているように、子どもの宗教的信念とは、子どもが冷静に認知しているものだけではない。子どもが考えていることだけではなく、感じていることもまた宗教的信念なのである。(7)

感情の状態は、記憶と考えにとっての強力な手がかりである。不機嫌な気分のときに考えることができるのは、抱えている別の問題のことや辛かったときのことだけではないだろうか。あるいは、満足や充足を感じている間には、心の中でそれと似た感情を感じた別の出来事のことが駆けめぐったのではないだろうか。考えてみれば、子どもが神をネガティブな感情あるいはポジティブな感情とだけ結びつけているなら、神は、その感情においてのみ重要な存在であり、人生の中のごく一部だけで思い起こされるだろう。神は多くの場合、苦悩を感じているときの生命線として見られがちであるが、神が苦しみや悲しみとのみ結びついているならば、神は楽しいときには思い起こされることが少ないだろう。もし神がアップビートの楽しい歌とのみ結びついているならば、神は調子の良いときの神でしかなく、問題が起こったときにはその不在が際立ってしまうかもしれない。

これと同じで、親、教師、そして養育者は、宗教的教えがどのような性質の感情とともに与えられるのかについて、慎重に考える必要があるかもしれない。脅したり怖がらせたりといった形で示されるのか。子どもたちは、神の話を完全な退屈さと結びつけるだろうか。うっかりとであれ、宗教的な考えがネガティブな感情と繰り返し組み合わせられたときには、その感情は宗教的な考えに影響する形でのネガティブな結合を引き起こし、その後の人生において、その考えを心に留め続けようという動機は削がれてしまうだろう。

多くの教会や宗教者は、自分たちのもつ信念体系をポジティブな感情に結びつける必要があることを理解しているので、子どもや若者のために、教会学校のキャンプや休暇旅行など特別な楽しいイベントを用意している。この計画で取り組むべき課題は、この楽しいイベントがとってつけたおまけではなく、宗教的内容のまさに延長線上にあるものであることをはっきりさせることである。このような特別なプログラムは、宗教をポジティブな感情と結びつける良いきっかけにもなりうるが、普段の説教や教えが厳粛さや陰気さ、罪悪感とだけ結びついているのであれば、時折行われるこの楽しいイベントは、不適切なものになりやすい。夕焼けの美しさを神の素晴らしい威厳の物質的証拠として子どもに示したいと思うなら、アヒルが神のユーモアのセンスの証拠であると観察させることも軽視してはならない。神の力と主権を描くために、エリヤの祭壇を神の炎が飲み込んだ話（列王記上18章）をしたのであれば、神がバラムのろばに「私があなたに何をしたというのですか。私を三度も打つとは」（民数記22章28節）と言わせたときのような物語（バラムは自分の乗り物である愚かなろばに、行く手に天使が道を塞いでいることを教えてもらわなければならなかった）を、神の皮肉の例として示すことを軽視してはならない。

10　強力で、安定した愛着的関係を子どもと形成しよう。宗教心理学の長年の研究は、子どもと親との関係性が、その子どもと神との関係性をいかに特徴づけるかに影響を及ぼすことを指摘している。親たちが厳しく、子どもが情緒的に突き放されていたら、神は、遠く離れた、怒りに満ちた存在として考えられやすくなるだろう。子どもが親に対する愛着を安定したものと感じなければ、その子どもは神ともしっかりと結びついていると感じにくくなるだろう[8]。(1)物質的・情緒的な支援について親を信頼している子ども、(2)権威ある（しかし権威主義的ではない）導きを通して自らの安全を守るために親に頼ることのできる子ども、(3)良識ある、予測可能な範囲内で人生を探索する余地を子どもに与える親を持った子どもは、親と安定した愛着を形成しやすい。これらの安定した愛着は、子どもに、両親の宗教的信念を受け継ぎたいと思わせ、神を自分たちが関係を持ちたい相手としてとらえるように至っていく。逆に、親が子どもの人生に与えるものの構造や支援が一貫しておらず、不安定であったり、過剰にコントロールしようとしたり、厳しい罰を課したり、気まぐれであったりするならば、子どもは、親の信じる神を善い、安定した愛着を築くことのできる存在として近づきたいと思うことはほとんどないだろう。実際のところ、子どもはそのような親に反発しやすく、親が自分たちの宗教をそのような子育てを正当化するために用いていたならば、親が所属する宗教団体を子どもが拒絶する結果をもたらすだろう。

　宗教的信念の大部分は、社会的同一化によって形成される。第10章で述べたように、私の娘は、私と宗教的信念を分かち合いたいがために、私が何を信じているか知りたがった。彼女は私と同じようになりたかったのだ。

もしあなたの子どもが、親であるあなたとしっかりした関係を持つことができれば、その子どもは、あなたの宗教的信念と実践をも受け継ぎたいと思うだろう。否が応でも、あなたはこの文脈の中で役割モデルになる。すると、あなたを見る子どもたちにとって、あなたの宗教的信念とその実践が適切な理論的根拠を持っており、あなたが宗教的確信に基づいて矛盾なく行動しているということは、子どもたちが目指すモデルとしてなおさら重要なのである。

要約すると、子どもが特定の宗派の成熟した信者になる自然的性向を作り出したいのであれば、以下の一〇のガイドラインに従うことを勧めたい。

1　早くから教え始めよう。幼い頃（3―4歳）の僅かな投資は、児童期の終わりのより大きな投資よりも価値がある。子どもは、抽象的にではなく具体的に説明をされた場合には、大人が考えている以上に神学的な内容を取り扱うことができる。

2　愛と謙遜な心で教えよう。信仰を持たせるために子どもを脅してはならない。その代わりに、あなたの人生の中で最も重要な宗教への関わり方を共有できるように、子どもたちを招き入れるのである。「知らない」とか「わからない」といった言葉を恐れてはならない。子どもと共に探求すれば良い。

3　考え方、学び方、見分け方を教えよう。あなたは全ての事実を知っているわけではないだろう。だから、学び方や悪い考えと善い考えの違いの見分け方のモデルになることは、伝えたい内容以上に重要であろう。

4　優柔不断な言葉を使うのはやめよう。神が存在すると信じているのであれば、神は当然いるものとして話さなければならず、「……と信じています」のようなあいまいな言い方はしてはならない。神が信頼できると確信しているのであれば、「神への信仰を持っています」ではなく「神を信頼しています」と言い表そう。

5 神の存在とその業によって現実世界に目に見える違いが現れているような文脈の中で神について話そう。あなたの神は現実世界に違いをもたらしているだろうか。この点を指摘しよう。子どもが時折、神の業を探し当てているのであれば、その信念は強化されるだろう。

6 宗教的な考えを日常生活の中で使おう。子どもにとって神が存在し、子どもと関係を持つようになるためには、神は祝日や宗教的行事だけに限定されないほうが、助けになるだろう。

7 信仰に行動を起こさせよう。霊や神を信じることは、行動の仕方や特定の価値観への動機づけを変化させているだろうか。行動を通してこのつながりを描き出さなければならない。

8 自分の信念に従って行動しよう。子どもは、あなたが言ったことをあなた自身が信じているという、行動による証拠を必要とする。子どもは矛盾や偽善に驚くほど気づきやすい。

9 宗教的な関与をあらゆる感情と結びつけよう。子どもの感情や体験の全てに神を結びつけたいのであれば、神を楽しいときやゲームとだけ結びつけることも、畏怖や厳粛さとだけ結びつけることもすべきではない。

10　子どもと安定した関係を形成しよう。子どもは自分が好きな人のようになりたい。子どもは自分が信頼している人を好み、安心できて支えてくれる対象の近くにいることを好む。

子どもの宗教的信念を促進したいと考えている大人たちへの、最後のコメントは以下の通りである――「最終的に、信じるかどうかは、子ども次第である」。子どもは宗教的思考や実践への強い自然的性向を持った、生まれながらの信仰者かもしれない。それでも、もし宗教的信念を減じさせるものとして私が明らかにした全ての要因がなかったとしても、あらゆる最善の教育方策が適切に行われ、最善の努力、最高度の誠実さ、保護、愛をもって伝えられたとしても、それでも子どもは無信仰者に育つことがある。人は、自分自身の意思決定について究極的には自由である。個人的、社会的、他の環境的要因は、人が何かを信じるようになるよう導いたり、何を信じるかについて制約を課したりする場合もあるが、各個人に関して言えば、自分が信じ、行うことを最終的にコントロールするのは、自分自身である。親、教師、養育者は、誰かが真の信仰者になろうとなるまいと、当然のことながら自分の功績だと主張することも責めることもできない。以上の観察が読者に平安を与えることを願っている。教師として、適切で万全の注意を払ってなすべきことを遂行したら、あとは安心して休みなさい。子どもが生まれながらの信仰者であるとしても、その子どもたちが信仰者として死ぬかどうかは、子どもたちと神の間のことなのだから。

注

序章

（1）Paul L. Harris, Emma Brown, Crispin Marriott, Semantha Whitall, and Sarah Harmer, "Monsters, Ghosts and Witches: Testing the Limits of the Fantasy- Reality Distinction in Youth Children," *British Journal of Developmental Psychology* 9 (1991): 105-123; Henry M. Wellman and David Estes, "Early Understanding of Mental Entities: A Reexamination of Childhood Realism," *Child Development* 57 (1986): 910-923.

（2）Paul L. Harris, *The Work of the Imagination* (Oxford: Blackwell, 2000), 特に第4章参照。

（3）David Ian Miller, "Finding My Religion: Julia Sweeney Talks about How She Became an Atheist," *San Francisco Chronicle*, August 15, 2005, accessed January 14, 2011, http://articles.sfgate.com/2005-08-15/news/17384089_1_religious-los-angeles-dear-god. ついでながら、子どもは、アニメのキャラクターに似ているからという理由で信じやすくなるわけではない。どちらかといえば逆である。

（4）なぜ心を無限の可能性に開かれたもの、特徴のないものと想定するかについては以下を参照。Steven Pinker, *The Black Slate: The Modern Denial of Human Nature* (New York: Viking, 2002).

（5）Andrew N. Meltzoff and N. Keith Moore, "Newborn Infants Imitate Adult Facial Gestures," *Child Development* 54 (1983): 702-709.

（6）はじめに、今まで蓄積された別の観点を示す膨大なデータは合理的なものであり、今後の新しいデータは、本書で提示される最先端の見解に変更を迫る可能性があることを認める。それでも、将来の科学的研究に向けて重要な問題を明確にし、浮き上がらせるために、子どもは自然的な、生まれながらの信仰者であるという強い主張を呈示する。

第1章

（1）本書では「宗教」という言葉を、何らかの神が存在するという信念に基づいて社会的に共有された信念や慣習、という意味で用いる。神には、霊、おばけ、悪魔、憐れみ深い創造神などが含まれるだろう。ここでは、肉体を持たない霊や、一般的な生物学的身体ではなく「霊体」や非生物学的身体を持ち、意図を持つ存在を神とし、それゆえに宗教的であるとする。

（2）Robert N. McCauley, *Why Religion Is Natural and Science Is Not* (New York: Oxford University Press, 2011).

（3）Elizabeth S. Spelke and Katherine D. Kinzler, "Core Knowledge," *Developmental Science* 10 (2007): 89-96.

（4）Renee Baillargeon, Laura Kotovsky, and Amy Needham, "The Acquisition of Physical Knowledge in Infancy," in *Causal Cognition: A Multidisciplinary Debate*, ed. Dan Sperber, David Premack, and Ann James Premack (Oxford: Oxford University Press, 1995).

（5）Elizabeth S. Spelke, Ann Phillips, and Amanda L. Woodward, "Infant's Knowledge of Object Motion and Human Action," in *Causal Cognition: A Multidisciplinary Debate*, ed. Dan Sperber, David Premack, and Ann James Premack (Oxford: Oxford University Press, 1995): see also W. A. Ball, "The Perception of Causality in the Infant" (paper presented at the meeting of the Society for Research in Child Development, Philadelphia, April 1973).

（6）Elizabeth S. Spelke and Katherine D. Kinzler, "Core Knowledge," *Developmental Science* 10 (2007): 89-96.

（7）猫やコンピューターが真の行為者であるという考えには、異議があるかもしれない。私たちはそれらを行為者のように扱うだろうが、実際はビリヤードのボールのように、環境に反応するだけの心を持たない機械かもしれない。あるいは、人間と同じくらい意図的な行為者なのかもしれない。ある講義で、私たちがコンピューターにいらいらして怒鳴ってしまうのは、私たちがそれを行為者だと誤認している証拠ではないかと話したことがある。ある学生は、次のように返答した。コンピューターは悪意を持って人間のユーザーをいらいらさせる行為者なのだから、私たちはそれを行為者と誤認しているわけではない、と。あるものが実際に行為者であるかどうかはここでは重要ではない。重要なのは、子どもは（そして大人も）世界を行為者と非行為者に分け、この二種類の対象に対してまったく異なる推論をするということである。コンピューターを行為者と見なすことに関しては、以下の文献を参考にしてほしい。Batya Friedman, "It's the Computer's Fault: Reasoning about Computers as Human Agents," *Proceedings of the 2004*

Conference on Human Factors in Computing Systems (AMC Press, 1995); and Youngme Moon and Clifford Nass, "Are Computers Scapegoats? Attributions of Responsibility in Human-Computer Interaction," *International Journal of Human-Computer Studies* 49 (1998): 78-94.

(8) Christine P. Ellsworth, Darwin W. Muir, and Sylvia M. J. Hains, "Social Competence and Person-Object Differentiation: An Analysis of the Still-Face Effect," *Developmental Psychology* 29 (1993): 63-73.

(9) Michele Molina et al., "The Animate-Inanimate Distinction in Infancy: Developing Sensitivity to Constraints on Human Actions," *Journal of Cognition and Development* 5 (2004): 399-426.

(10) Elizabeth S. Spelke, Ann Phillips, and Amanda L. Woodward, "Infant's Knowledge of Object Motion and Human Action," in *Causal Cognition: A Multidisciplinary Debate*, ed. Dan Sperber, David Premack, and Ann James Premack (Oxford: Oxford University Press, 1995).

(11) Michael Tomasello, *The Cultural Origins of Human Cognition* (Cam-bridge, MA: Harvard University Press, 1999).

(12) György Gergely et al., "Taking the Intentional Stance at 12 Months of Age," *Cognition* 56 (1995): 165-193.

(13) Gergely Csibra, "Goal Attribution to Inanimate Agents by 6.5-Month-Old Infants," *Cognition* 107 (2008): 705-717. See also György Gergely and Gergely Csibra, "Teleological Reasoning in Infancy: The Naive Theory of Rational Action," *Trends in Cognitive Sciences* 7 (2003): 287-292.

(14) Susan Johnson, Virginia Slaughter, and Susan Carey, "Whose Gaze Will Infants Follow? The Elicitation of Gaze-Following in 12-Month-Olds," *Developmental Science* 1 (1998): 233-238.

(15) Valerie Corkum and Chris Moore, "Origins of Joint Visual Attention in Infants," *Developmental Psychology* 34 (1998): 28-38.

(16) Marjorie Taylor, *Imaginary Companions and the Children Who Create Them* (New York: Oxford University Press, 1999).

(17) ちなみに、この家族は決して信仰深いわけではない。そのため息子が目に見えない犬をシンと名づけても、それはおかしさと戸惑いが入り混じった眼差しで見られていた。

(18) J. Bradley Wigger, "Imaginary Companions, Theory of Mind, and God" (paper presented at the Cognition, Religion, and Theology Conference, Merton College, Oxford University, June 29, 2010), and "See-Through Knowing: Learning from Children and Their Invisible Friends," *Journal of Childhood and Religion* 2 (2011).

(19) 私は、子どもにとって神は空想上の友達に過ぎないと言いたいわけではない。ウィガーが説明するように、目に見える友達と比べれば、神も空想上の友達も、神のように振る舞うと思われているが、それでも子どもは神と目に見えない友達を異なる存在として扱っている。
(20) Philippe Rochat, Rachel Morgan, and Malinda Carpenter, "Young Infants' Sensitivity to Movement Information Specifying Social Causality," *Cognitive Development* 12 (1997): 537-561.
(21) Philippe Rochat, Tricia Striano, and Rachel Morgan, "Who Is Doing What to Whom? Young Infants' Developing Sense of Social Causality in Animated Displays," *Perception* 33 (2004): 355-369.
(22) Fritz Heider and Marianne Simmel, "An Experimental Study of Apparent Behavior," *American Journal of Psychology* 57 (1944): 243-249.
(23) Ibid., p. 247.
(24) Brian J. Scholl and Patrice D. Tremoulet, "Perceptual Causality and Animacy," *Trends in Cognitive Sciences* 4 (2000): 299-308.
(25) Justin L. Barrett and Amanda Hankes Johnson, "The Role of Control in attributing Intentional Agency to Inanimate Objects," *Journal of Cognition and Culture* 3 (2003): 208-314.
(26) Stewart E. Guthrie, *Faces in the Clouds: A New Theory of Religion* (New York: Oxford University Press, 1993).

第2章

(1) Deborah Kelemen, "The Scope of Teleological Thinking in Preschool Children," *Cognition* 70 (1999): 241-273.
(2) Ibid., p. 256.
(3) Deborah Kelemen, "Why Are Rocks Pointy? Children's Preference for Teleological Explanations of the Natural World," *Developmental Psychology* 35 (1999): 1440-1453. 実験参加者の子どもたちには事前に、物質のかけらが積み重なっていくといった物理的説明を、正当で良い説明として教えていた。しかしこのような物理的説明に慣れさせたところで、子どもが目的論的説明を好む傾向は変わらなかった。Deborah Kelemen, "Why Are Rocks Pointy? Children's Preference for Teleological Explanations of the Natural World," *Developmental Psychology* 35 (1999): 1440-1453.
(4) Deborah Kelemen and Cara DiYanni, "Intuitions about Origins: Purpose and Intelligent Design in Children's Reasoning

about Nature," *Journal of Cognition and Development* 6 (2005): 3-31.

（5）Ibid., pp. 29-31.

（6）この三つの選択肢の順番は、いずれかが有利にならないようバランスが取られていた。

（7）George E. Newman et al., "Early Understandings of the Link between Agents and Order," *Proceedings of the National Academy of Sciences of the United States of America* 107 (2010): 17140-17145.

（8）この実験に参加した赤ちゃんは、ボールが無秩序を生み出すという状況と秩序を生み出すという状況の両方を見た。このとき、半数の赤ちゃんはボールが無秩序を生み出すという状況を先に見て、残り半数はボールが秩序を生み出すという状況を先に見た。予想通り、赤ちゃんは平均的に、ボールが秩序を生み出すという状況の方を長く見ていた。後続の実験では、赤ちゃんが単に無秩序よりも秩序を見るのを好むという可能性が否定されている。

（9）Newman et al., "Early Understandings," p. 17141.

（10）なぜ私たちの心が世界にデザインや目的を自然的に見出すのかについては議論の余地がある。一つの可能性として、このような目的論的推論は、世界がどのように機能しているかを理解し、さまざまな植物や動物、あるいはそれらの部位を人間の目的のためにどのように利用できるかを学ぶ上で適応的な戦略であったことが考えられる。

（11）"Lightning Hits Preacher after Call to God," *BBC News*, July 4, 2003, accessed January 14, 2011, http://news.bbc.co.uk/1/hi/world/americas/3044178.stm.

（12）Jesse M. Bering and Becky D. Parker, "Children's Attributions of Intentions to an Invisible Agent," *Developmental Psychology* 42 (2006): 253-262.

（13）Deborah Kelemen and Evelyn Rosset, "The Human Function Com-punction: Teleological Explanation in Adults," *Cognition* 111 (2009): 138-143.

（14）Krista Casler and Deborah Kelemen, "Development Continuity in Teleo-Functional Explanation: Reasoning about Nature among Romanian Romani Adults," *Journal of Cognition and Development* 9 (2008): 340-362.

（15）インテリジェント・デザイン論とは、生物の構造のある側面を説明するためには、神のような知的存在が必要であるという考え方である。この考え方によると、知的な存在が超自然的方法で介入して進化をずっと助けてきたということになる。

第3章

(１) Jean Piaget, *The Child's Conception of the World*, trans. Andrew Tomlinson (Paterson, NJ: Littlefield, Adams, 1960), p. 273.〔大伴茂訳『ピアジェ臨床児童心理学Ⅱ　児童の世界観』同文書院、１９７７年、４６７頁。以下『児童の世界観』。〕

(２) Ibid., p. 269.〔前掲書、４６１頁。〕

(３) Ibid., p. 352.〔前掲書、６３８頁。〕

(４) Ibid., p. 354.〔前掲書、６４１頁。〕

(５) Ibid., p. 381.〔前掲書、６７３―６７４頁。〕

(６) Ibid.〔前掲書、６７３頁。〕

(７) Ibid., p. 354.〔前掲書、６４１頁。〕

(８) George E. Newman et al., "Early Understandings of the Link between Agents and Order," *Proceedings of the National Academy of Sciences of the United States of America* 107 (2010): 17140-17145.

(９) Susan A. Gelman, "The Development of Induction within Natural Kind and Artifact Categories," *Cognitive Psychology* 20 (1988): 87-90.

(10) Susan A. Gelman and Kathleen E. Kremer, "Understanding Natural Cause: Children's Explanations of How Objects and Their Properties Originate," *Child Development* 62 (1991): 396-414.

(11) ゲルマンの知見をピアジェのそれと直接比較することの難しさの一つは、ピアジェが回答率や関連する統計情報を報告していないことである。

(12) Olivera Petrovich, "Preschool Children's Understanding of the Dichotomy Between the Natural and the Artificial," *Psychological Reports* 84 (1999): 3-27.

(13) Olivera Petrovich, "Understanding of Non-Natural Causality in Children and Adults: A Case Against Artificialism," *Psyche en Geloof* 8 (1997): 151-165.

(14) Deborah Kelemen and Cara DiYanni, "Intuitions about Origins: Purpose and Intelligent Design in Children's Reasoning about Nature," *Journal of Cognition and Development* 6 (2005): 3-31.

(15) E. Margaret Evans, "Cognitive and Contextual Factors in the Emergence of Diverse Belief Systems: Creation versus Evolution," *Cognitive Psychology* 42 (2001): 217-266.

(16) Ibid., pp. 226-227.

(17) Ibid., pp. 227.

(18) 幼児が、動物には目に見えない不変の本質があり、（その結果）親は同じ種の子どもを持つという思い込みを持つ証拠としては、Frank C. Keil, *Concepts, Kinds, and Cognitive Development* (Cambridge, MA: MIT Press, 1989) を参照。

(19) Piaget, *Child's Conception of the World*, pp. 378-379.〔『児童の世界観』６７０頁。〕

(20) Ibid., p. 379.〔前掲書、６７０頁。〕

(21) たとえば、フロイトの『トーテムとタブー』（*Totem and Taboo* [London: Ark Paperback, 1983]）参照。同様に、ピアジェの『児童の世界観』（*The Child's Conception of the World*）では、擬人化仮説の一形態として、非擬人化的に考えるためのより大きな概念的道具が児童期後期から青年期にかけてもたらされることを指摘している。

(22) たとえば、ヒンドゥー教の思想には、アブラハムの神と同じように、超越的な知識、超越的な知覚、超越的な力などを持つと解釈される超神（古典ヒンドゥー教ではブラフマン）の概念がある。

(23) Justin L. Barrett and Rebekah A. Richert, "Anthropomorphism or Preparedness? Exploring Children's God Concepts," *Review of Religious Research* 44 (2003): 300-312.

第４章

(1) Douglas Adams, *The Hitchhiker's Guide to the Galaxy* (London: Pan Books, 1979), pp. 108-109.〔安原和見訳『銀河ヒッチハイク・ガイド』河出書房新社、２００５年、２１９頁。〕

(2) 子どもの現実と信念の混同については、たとえば、Deborah Zaitchik, "When Representations Conflict with Reality: The Preschooler's Problem with False Beliefs and 'False' Photographs," *Cognition* 35 (1990): 41-68を参照。この分野の研究の総説としては、Henry M. Wellman, David Cross, and Julanne Watson, "Meta-Analysis of Theory of Mind Development: "The Truth about False Belief," *Child Development* 72 (2001): 655-684.

(3) 子どもは、隠されているものについては母親も知らないと理解する前の年齢でも、隠されたものに対して母親が行動しないことがわかるようだ。つまり、2歳児は親に何かを「隠す」かもしれないが、それは親に知られないためではなく、行動させないための戦略であるようだ。この区別は、意識的に情報を知ることと、その情報に基づいて行動することを切れ目なく結びつける多くの大人にとって難しい。

（4）Jean Piaget, *The Child's Conception of the World*, trans. Andrew Tomlinson (Paterson, NJ: Littlefield, Adams, 1960); Ronald G. Goldman, Religious Thinking from Childhood to Adolescence (London: Routledge and Kegan Paul, 1964).

（5）For a review of several experiments, see Justin L. Barrett and Rebekah A. Richert, "Anthropomorphism or Preparedness? Exploring Children's God Concepts," *Review of Religious Research* 44 (2003): 300-312. いくつかの実験のレビューについては、Justin L. Barrett and Rebekah A. Richert, "Anthropomorphism or Preparedness? Exploring Children's God Concepts," *Review of Religious Research* 44 (2003): 300-312を参照。

（6）Justin L. Barrett, Roxanne Moore Newman, and Rebekah A. Richert, "When Seeing Is Not Believing: Children's Understanding of Hu-mans' and Non-Humans' Use of Background Knowledge in Interpreting Visual Displays," *Journal of Cognition and Culture* 3 (2003): 91-208.

（7）Ibid., pp. 91-108.

（8）Michael J. Chandler and David Helm, "Developmental Changes in the Contribution of Shared Experience to Social Role-Taking Competence," *International Journal of Behavioral Development* 7 (1984): 145-156.

（9）年少の子どもたちは、犬を自分たちよりも物知りとして扱っていたが、神については犬よりもよく知っていると考えていた。

（10）J. Bradley Wigger, "Imaginary Companions, Theory of Mind, and God" (paper presented at the Cognition, Religion, and Theology Conference, Merton College, Oxford University, June 29, 2010), and "See-Through Knowing: Learning from Children and Their Invisible Friends, "*Journal of Childhood and Religion* 2 (2011).

（11）Emily Reed Burdett and Justin L. Barrett, "Children's Intuitions of Memory in Divine, Human, and Non-Human Minds" (in preparation).

（12）Nicola Knight et al., "Children's Attributions of Beliefs to Humans and God: Cross-Cultural Evidence," *Cognitive Science* 28 (2004): 235-243.

(13) Nicola Knight, "Yukatek Maya Children's Attributions of Belief to Natural and Non-Natural Entities," *Journal of Cognition and Culture* 8 (2008): 235-243.

(14) Nikos Makris and Dimitris Pnevmatikos, "Children's Understanding of Human and Super-Natural Mind," *Cognitive Development* 22 (2007): 365-375.

(15) Marta Gimenez-Dasf, Silvia Guerrero, and Paul L. Harris, "Intimations of Immortality and Omniscience in Early Childhood," *European Journal of Developmental Psychology* 2 (2005): 285-297.

(16) おそらく、マクリスとプネフマティコスの研究に参加したギリシャの子どもたちは、神の全知を知らないか、さもなければ、神とは誰なのかについて混乱していたのだろう。親や教育者が気をつけなければ、幼い子どもたちが「神」をイエスや、教区の司祭とさえ混同してしまうことは珍しくない。非常に人間的な神の像を使っているところでは、子どもたちが混乱しても不思議はない。

第5章

(1) Harvey Whitehouse, *Inside the Cult: Religious Innovation and Transmission in Papua New Guinea* (Oxford: Oxford University Press, 1995).

(2) この例については、人類学者のリチャード・ソーシスに感謝する。彼は次のように書いている。「ローシュ・ホーデッシュ（ユダヤ教の新しい月の第一日目）の祝賀は、ローシュ・ハッシャーナー（ユダヤ教の新年祭）やヨム・キップールに至る一〇日間の悔い改めの期間（畏れの日［Days of Awe］として知られている）の不吉な感覚とは、折り合いがつかない。祝賀は延期されたのだ。これが現実的な説明である。もっと庶民的な説明は、悪魔を欺いてヨム・キップールの正確な日付を知らせないように、ティシュレイの新月の祝福を遅らせるというものだ（この説明は、16世紀にポーランドで書かれたラビ、モルデカイ・ヨフの'Levush'（「衣服」の意味）にある。Levushはかなり無名なラビ法典だが、このような説明は珍しくない）。（私信、２００８年3月）

(3) 私は、この観察を手抜きの意味で言っているのではない。多くの概念は人々にとって、ほとんど意味をなさないが、しかしそれは真実かもしれない。科学にはその例があふれている。

(4) John H. Flavell et al., "Young Children's Understanding of Fact Beliefs versus Value Beliefs," *Child Development* 61 (1990):

915-928.

（5）Justin L. Barrett, Rebekah A. Richert, and Amanda Driesenga, "God's Beliefs versus Mother's: The Development of Nonhuman Agent Concepts," *Child Development* 72 (2001): 58-60.

（6）Nikos Makris and Dimitris Pnevmatikos, "Children's Understanding of Human and Super-Natural Mind," *Cognitive Development* 22 (2007): 365-375.

（7）Rebekah A. Richert and Justin L. Barrett, "Do You See What I See? Young Children's Assumptions about God's Perceptual Abilities," *International Journal for the Psychology of Religion* 15 (2005): 283-295.

（8）Marta Gimenez-Dasf, Silvia Guerrero, and Paul L. Harris, "Intimations of Immortality and Omniscience in Early Childhood," *European Journal of Developmental Psychology* 2 (2005): 288. 質問は次の通りであった。「今、世界には恐竜がいません。でもずっと昔は、世界には恐竜がたくさんいました。こんなふうに（写真を見せる）。さて、○○はどうでしょう？　昔、世界に恐竜がいた頃、○○はそれは存在していたのでしょうか？」「今、あなたは小さな男の子／女の子ですが、ずっと昔は小さい赤ちゃんでしたね？　さて、○○はどうでしょう？　昔、○○は、小さい赤ちゃんだったのでしょうか？」「来年、再来年になるとどうでしょうか？　○○はどんどん歳をとるでしょうか、それとも変わらないでしょうか？」「今からずっとずっと将来は、どうなるでしょうか、○○は死ぬでしょうか、それともずっと生き続けるのでしょうか？」。

（9）統計的分析や親からのコメントから、恐竜についての質問は若干の混乱を招き、他の三項目とは違うことを測定していることがわかったので、分析から外した。

（10）なぜ世界中の人々が歴史を通じて、死後の世界を信じる傾向があるのかについてのよくある説明は、願望充足である。人々は、本来、死を恐れ（死を恐れるのは生存のために都合が良いから）、死の不安は、より快適な代替物の探索に私たちを向かわせる。それゆえに、人々は自発的に死後の世界というものを考案し、それが死の恐怖を和らげている。このような説明の問題点がすぐわかるとよいのだが、もし私たち人間の本性が、生存のために死に対する恐怖を与えたのであれば、それがなくなることを願うことは、深刻な障害である。死を恐れない人たちは、軽率にも災難に突進して、すぐに遺伝子プールから排除されるだろう。その結果、死後の世界に懐疑的な人だけしかいなくなるのに、そう時間はかからないだろう。同様に、死後の世界に関する多くの概念は、あまり心地よくも魅力的でもない。ギリシャ人は三途の川（ステュクス河）の向こう岸に、死者の住む暗い場所があると考える。古代ヘブライ人の陰府（シェオル）は、影に覆われた境界的な場所で、ダビデ王は神にそこからの救出を嘆願した。古代エジプト人は心臓——自分の存在の座——の重さを描き、（もしあなたの徳が高いなら）現世とよく似た来世に行くが、そうでなければワニの頭をした怪物アミットが心臓を食べてしまうとした。このように数多くの死後の世界があるが、いずれも死の不安を解消するための牧歌的な老人ホームではない。それどころか、冷静に考えれば、現代的で世俗的な人間の、単に存在しなくなるだけだという考え方の方が、「死」に対する不安を解消してくれる。もし願望充足が、人々が死にどう対処するかについての答えであるなら、死における自己の完全な消滅といった考えは、多くの宗教的な概念よりも強力な候補となるだろう。死後の世界という考え方は根強く存続している。

（11）For instance, see Jesse M. Bering, "Intuitive Conceptions of Dead Agents' Minds: The Natural Foundations of Afterlife Beliefs as Phenomenological Boundary," *Journal of Cognition and Culture* 2 (2002): 263-308; Paul Bloom, *Descartes' Baby: How the Science of Child Development Explains What Makes Us Human* (London: Heinemann, 2004); Jesse M. Bering, "The Folk Psychology of Souls," *Behavioral and Brain Sciences* 9 (2006): 453-462; Rita Astuti and Paul L. Harris, "Understanding Mortality and the Life of the Ancestors in Rural Madagascar," *Cognitive Science* 32 (2008): 713-740.

（12）これらの事例におけるキリスト教徒の死後の世界への信仰は、D. Jason Slone, *Theological Incorrectness: Why Religious People Believe What They Shouldn't* (New York: Oxford University Press, 2004) が、神学的錯誤と呼んだものである。それは、より自然だからという理由で、（多くの場合、無自覚に）神学的立場を歪曲したものを信じる傾向のことで、第6章で詳しく説明する。

（13）H. Clark Barrett, "Human Cognitive Adaptations to Predators and Prey" (Ph.D. diss., University of California, Santa Barbara, 1999); Jesse M. Bering and David F. Bjorklund, "The Natural Emergence of Reasoning about the Afterlife as a Developmental Regularity," *Developmental Psychology* 40 (2004): 217-233; H. Clark Barrett and Tanya Behne, "Children's Understanding of Death as the Cessation of Agency: A Test Using Sleep versus Death," *Cognition* 96 (2005): 93-108; Paul L. Harris and Marta Giménez, "Children's Acceptance of Conflicting Testimony: The Case of Death," *Journal of Cognition and Culture* 5 (2005): 143-164; Astuti and Harris, "Understanding Mortality."

（14）Jesse M. Bering, Carlos Hernández-Blasi, and David F. Bjorklund, "The Development of Afterlife Beliefs in Religiously and

Secularly Schooled Children," *Developmental Psychology* 23 (2005): 587-607.

（15）ジェシー・ベリング、ポール・ブルーム、パスカル・ボイヤーは、いずれも次のような説明をしているが、その強調点や可能性があるとするメカニズムは異なっている。ベリングの視点は心と身体の分離を認識するものだが、精神活動の終了と生物学的活動の終了の対比を私たちがどのように認識するかという点に重要な違いがある。ベリングは、私たちが死後の世界を直観的に信じることができる理由の少なくとも一つとして、私たちは、精神活動が完全に終わるということを想像するのが難しいからだと主張する。つまり、私たちは自分が意識を持たない、考えない、何も知らないという状態のシミュレーションができないのだ。ロバート・ハインドの観察によると、「存在しないということを想像することは難しい。なぜなら、想像できない自分を想像してしまうから」である。私たちは死によって停止することがどんなことかを想像できないので直観的に、霊魂が十分な状態で生き続けると考えると、ベリングは主張する。ベリング、ブルーム、ボイヤーの説明は、まったく相容れないものとは私には見えない。Robert A. Hinde, *Why Gods Persist: A Scientific Approach to Religion* (London: Routledge, 1999); Pascal Boyer, *Religion Explained: The Evolutionary Origins of Religious Thought* (New York: Basic Books, 2001); Bloom, Descartes' Baby; Jesse M. Bering, "The Folk Psychology of Souls," *Behavioral and Brain Sciences* 29 (2006): 453-462.

（16）Leonard D. Katz, ed., *Evolutionary Origins of Morality: Cross-Disciplinary Perspectives* (Thoverton, UK: Imprint Academic, 2000); Marc D. Hauser, *Moral Minds: How Nature Designed Our Universal Sense of Right and Wrong* (New York: Ecco/HarperCollins, 2006); Jonathan Haidt, "The New Synthesis in Moral Psychology," *Science* 316 (2007): 998-1002.

（17）Hauser, *Moral Minds*.

（18）たとえば、以下を参照のこと。Richard Dawkins, *The God Delusion* (London: Bantam Press, 2006); Daniel C. Dennett, *Breaking the Spell: Religion as a Natural Phenomenon* (London: Allen Lane, 2006).

（19）形而上学的な概念である「タオ」は、道教に由来し、その特徴として仏教、儒教、その他の宗教的、哲学的なシステムを使用する。

（20）C. S. Lewis, *Mere Christianity* (New York: Macmillan, 1960), p. 17.〔柳生直行訳『キリスト教の精髄』（ルイス宗教著作集４）新教出版社、１９７７年、25―26頁。〕

（21）Boyer, *Religion Explained*, p. 189 (emphasis in original).

（22）Ibid.

（23）哲学者リチャード・スウィンバーンは『神は存在するのか？』（*Is There a God?* [Oxford: Oxford University Press, 1996]）の中で、さらに発展的で関連した議論をしている。そして『イエスは神だったのか？』（*Was Jesus God?* [Oxford: Oxford University Press, 2008]）の中で短く要約している。彼は、もし神がいかなる状況も実現する完全な自由（「全能」の構成要素）を持つなら、そして神が全知なら、神は最善の行動が何であるかを知っており、それゆえに完全に善であるはずだと論じている。

（24）John H. Flavell, Patricia H. Miller, and Scott A. Miller, *Cognitive Development* (Englewood Cliffs, NJ: Prentice Hall, 1993).

（25）For more on language acquisition, see ibid.; Steven Pinker, *The Language Instinct: How the Mind Creates Language* (New York: Harper Perennial, 1995).

（26）Peter K. Gregersen et al., "Early Childhood Music Education and Predisposition to Absolute Pitch: Teasing Apart Genes and Environment," *American Journal of Medical Genetics* 98 (2001): 280-282.

（27）Jean Piaget, *The Child's Conception of the World*, trans. Andrew Tomlinson (Paterson, NJ: Littlefield, Adams, 1960), p. 378.〔『児童の世界観』６６９頁。〕

（28）この話を教えてくれたエマ・バーデットに感謝する。また、以下に注意をしてほしい。この事例では、神が存在する必要はないが、５歳児は正しい回答をしている。私はユニコーンを信じないが、それに角があるかと聞かれたら、正しい答えはもちろん「はい」であり、ユニコーンが存在しないからといって「いいえ」ではない。

第6章

（1）ちなみに、この意見の相違は、神学（宗教ではなく）と科学が共通点を有することを別方向から例示している。科学は時折、相矛盾しながらも同時に完全に正しいように見える自然についての発見をする。批判者はこうした科学的探究には明らかな欠陥があるとして批判するが、この不可思議な矛盾への解決策は最終的には見出されるだろう。時には、そうした発見を完全に理解することは不可能であるにもかかわらず、正しいということもある。

（2）私の著書『なぜ誰もが神を信じるのか？』（*Why Would Anyone Believe in God?* [Walnut Creek, CA: Alta Mira Press, 2004]）において、巨大な一神教の神の特性のいくつかは、他の神々に比べて認知的な点で有利だと論じた。その箇所でも本書においても、厳密な一神教（唯一神のみの存在を認め、聖人、幽霊、精霊、悪魔などの超自然的行為者を認めないもの）が最も認知的に自然なものだと言いたかったわけではない。

（3）『神はなぜいるのか？』（*Religion Explained*）において、人類学者パスカル・ボイヤーは次のことを示した。さまざまな宗教的伝統において、神々は人間が実際に気にかけているような物事、とりわけ誰が誰に何をしたというゴシップにのみに注意を払っていると見なされている。ボイヤーは、全知の神（キリスト教、イスラム教、ユダヤ教におけるような）について、人々は抽象的な意味でのみ全知だと考えており、実生活においては、神は私の善い行いや悪い行いは知っているが、私の腸内細菌の数といった些細なことに関する知識は持っていないものとして表象するとも述べている。

（4）他の奉仕的な宗教においても、自らを神の慈悲に委ねるという観念は存在するが、ここでは私自身がよく知っているキリスト教の例に焦点を当てる。

（5）Donald McCullough, *If Grace Is So Amazing, Why Don't We Like It?* (San Francisco: Jossey-Bass, 2005), 第４—５章（強調は原文）。

（6）Leda Cosmides and John Tooby, "Evolutionary Psychology and the Generation of Culture, Part II: Case Study: A Computational Theory of Social Exchange," *Ethology and Sociobiology* 10 (1989): 51-97.

（7）感謝についての巧みで有用な議論については、Robert A. Emmons, *Thanks! How Practicing Gratitude Can Make You Happier* (New York: Houghton Mifflin, 2008)〔片山奈緒美訳『Ｇの法則——感謝できる人は幸せになれる』サンマーク出版、２００８年〕および Robert A. Emmons and Michael E. McCullough, eds., *The Psychology of Gratitude* (New York: Oxford University Press, 2004) を参照。

（8）恵みがいかに認知的に自然的あるいは非自然的かということについては、ニック・ギブソンの見方が助けになった。

（9）マタイによる福音書19章14節。〔聖書協会共同訳。なお、本書で引用される聖書箇所は全て、聖書協会共同訳を用いた。〕

（10）生物と無生物の区別に関する発達初期のエビデンスについては、Elizabeth S. Spelke, Ann Phillips, and Amanda L. Woodward, "Infants' Knowledge of Object Motion and Human Action," in *Casual Cognition: A Multidisciplinary Debate*, ed. Dan Sperber, David Premack, and Ann James Premack (New York: Oxford University Press, 1995), 44-78 および Dan Sperber,

David Premack, and Ann James Premack, eds., *Causal Cognition: A Multidisciplinary Debate* (New York: Oxford University Press, 1995) 所収の他の論文を参照。

（11）動物をある種から別の種へ変えることについては、Frank C. Keil, *Concepts, Kinds, and Cognitive Development* (Cambridge, MA: MIT Press, 1989) を、動物の内部器官についてはDaniel J. Simons and Frank C. Keil, "An Abstract to Concrete Shift in the Development of Biological Thought: The *Insides* Story," *Cognition* 56 (1995): 129-163を参照。この主題に関する異文化間比較による科学的なエビデンスのより近年の総合的レビューは、Kayoko Inagaki and Giyoo Hatano, *Young Children's Naive Thinking about the Biological World* (New York: Psychology Press, 2002)〔稲垣佳世子、波多野誼余夫監訳『子どもの概念発達と変化——素朴生物学をめぐって』共立出版、２００５年〕を参照。

（12）このエビデンスに関する議論については、Henry M. Wellman and Susan A. Gelman, "Knowledge Acquisition in Foundational Domains," in vol. 2 of *Handbook of Child Psychology*, ed. William Damon (Hoboken, NJ: Wiley, 1998), 523-573を参照。

（13）なお、科学と素朴知識、神学と宗教の間の差異の理由について、科学哲学者ロバート・マコーリーは、科学と宗教の性質や関係に関する議論の多くは誤った比較をしていると論じている。科学は神学と比較すべきであり、宗教は素朴知識と比較できるのだ。McCauley, *Why Religion Is Natural and Science Is Not* (New York: Oxford University Press, 2011) を参照。

（14）Harvey Whitehouse, "Apparitions, Orations, and Rings: Experience of Spirits in Dadul" in *Spirits in Culture, History, and Mind*, ed. Jeannette Mageo and Alan Howard (New York: Routledge, 1996), p. 175.

（15）Ibid., p. 176.

（16）Mohammad Zia Ullah, *Islamic Concept of God* (London: Kegan Paul, 1984), p. 19.

（17）Gordon Spykrnan, *Reformational Theology: A New Paradigm for Doing Dogmatics* (Grand Rapids, MI: Wm. B. Eerdmans, 1992), pp. 64-65.

（18）Emma Cohen, *The Mind Possessed: The Cognition of Spirit Possession in an Afro-Brazilian Religious Tradition* (New York: Oxford University Press, 2007), p. 107.

（19）Ibid., p. 111.

（20）この実験の詳細と、その解釈や意味することについては、Justin L. Barrett and Frank C. Keil, “Conceptualizing a Nonnatural Entity: Anthropomorphism in God Concepts,” *Cognitive Psychology* 31 (1996): 219-247; Justin L. Barrett and Brant Van Orman, “The Effects of Image-Use on God Concepts,” *Journal of Psychology and Christianity* 15 (1996): 38-45; Justin L. Barrett, “Theological Correctness: Cognitive Constraint and the Study of Religion,” *Method and Theory in the Study of Religion* 11 (1999): 325-339を参照。

（21）Frederic C. Bartlett, *Remembering: A Study in Experimental and Social Psychology* (Cambridge: Cambridge University Press, 1995).

（22）Justin L. Barrett and Melanie A. Nyhof, “Spreading Non-Natural Concepts: The Role of Intuitive Conceptual Structures in Memory and Transmission of Cultural Materials,” *Journal of Cognition and Culture* 1 (2001): 69-100.

（23）Marcia K. Johnson, John D. Bransford, and Susan K. Solomon, “Memory for Tacit Implications of Sentences,” *Journal of Experimental Psychology* 98 (1973): 203-205. その説明と詳述については、Daniel Reisberg, *Cognition: Exploring the Science of the Mind* (New York: Norton, 1997) を参照。

（24）Barrett and Keil, “Conceptualizing a Nonnatural Entity, Anthropomorphism in God Concepts,” *Cognitive Psychology* 31 (1996): Barrett and Van Orman, “The Effects of Image-Use on God Concepts.”

（25）Barrett and Keil, “Conceptualizing a Nonnatural Entity,” p. 224.

（26）詳細は、Justin L. Barrett, “Cognitive Constraints on Hindu Concepts of the Divine,” *Journal for the Scientific Study of Religion* 37 (1998): 608-619を参照。

（27）Travis Chilcott and Raymond F. Paloutzian, “The Cultivation of Divine Intimacy and Its Relation to Anthropomorphic Attribution: An Experimental Ethnographic Study on the Cognitive Effects of Gaudiya Vaishnava Religious Practices and Beliefs” (Paper presented at the Cognition, Religion, and Theology Conference, Oxford University, June 28-July 1, 2010).

第7章

（1）Sigmund Freud, *The Future of an Illusion*, trans. James B. Strachey (London: Norton, 1989), 42.〔中山元訳『幻想の未来／文化への不満』（光文社古典新訳文庫）光文社、２００７年、50頁。〕

（２）Ibid., p. 32.〔前掲書、38頁。〕

（３）Ibid., p. 30.

（４）Adrienne Burke, "The God Delusion: Richard Dawkins," *New York Academy of Science, Science and the City Podcasts*, October 6, 2006, accessed January 13, 2011. http:www.nyas.org/Publications/Media/PodcastDetail.aspx?cid=a4bb550a-82b2-4a95-8ce8-a495c35ac0c0.

（５）Alister McGrath, *Dawkins' God: Genes, Memes, and the Meaning of Life* (Oxford: Blackwell, 2005).

（６）マタイによる福音書19章14節。

（７）マタイによる福音書18章３―４節。

（８）Gilbert K. Chesterton, *The Everlasting Man* (New York: Image Books, 1955), p. 16 (pp. 29-35も参照).〔翻訳は、別宮貞徳訳『人間と永遠』（G・K・チェスタトン著作集２）春秋社、１９７３年がある。〕

第８章

（１）Anthony C. Grayling, "Onward Christian Teachers?" Guardian, November 12, 2007, accessed January 13, 2010. http://commentisfree. guardian.co.uk/ac_grayling/2007/11/onward_christian_teachers.html.

（２）古典的な例としては、Edward E. Evans-Pritchard's description of the Azande in *Witchcraft, Oracles and Magic among the Azande* (Oxford: Clarendon Press, 1976) 参照。

（３）Christopher Hitchens, *God Is Not Great: How Religion Poisons Everything* (NewYork: Twelve, 2007), pp. 219-220.

（４）信仰を持つ人も無宗教の人も区別なく結婚し、親は二人だけ子どもを持つと想定している。信仰を持つ人が10万人、無宗教の人は０人であったとすると、次の世代に信仰を持つ人はおよそたった90％になる。信仰を持つ人は二世代後におよそ73％、三世代後には48％、四世代後には21％、五世代後には４％になる。90％の成功率を保つのに子どもへの宗教的な教え込みを行う親二人が必要だとすると、まもなく、親が二人とも宗教的な子どもは少なくなり、宗教的な考えはあっという間に消え失せてしまうだろう。

（５）宗教的信仰について反論するのに用いられるこの種の観察を私も聞いたことがある。この議論は、たいてい以下のように進んでいく。あなたはそのように育てられたからその神を信じるようになっただけであり、もし、他の時代や場所に育っていたら他の神を信じるようになっただろうし、今信じている神を信じていなかっただろう。この推論には、さまざまな問題がある。問題をわかりやすくする一つの方法は、この議論の逆を考えることである。あなたはそのように育てられたから神を信じていないが、もし他の時代と場所に育っていたら、何らかの神を信じるようになっただろうし、神がいないなんて信じなかっただろう、と。この種の議論は、信仰の原因と理由を混同するという過ちを犯している。先の主張の問題を明らかにする方法の一つは、それを言い換えてみることである。イギリスのオックスフォードの現代的な都市に住むある人がアマゾンに行って探索しようと決めた。その人は、アフリカから来たある部族の狩人一名と、アジアから来た狩猟採集民族一名、そして北アメリカの辺境地から来たアウトドアマン一名を連れて出かけて行った。アマゾンの熱帯雨林深くで、道すがら、彼らは動物の死体の残骸に出くわし、木に爪痕を見つけ、低いうなり声を聞いた。アフリカ人は「ライオンが近くにいるからすぐにここから避難すべきだ」と言った。アジア人は「トラが近くにいるからすぐにここから避難すべきだ」と言った。北アメリカ人は「熊が近くにいるからすぐにここから避難すべきだ」と言った。オックスフォードの人は、三人を振り返って答えた。「ほら、君たち三人は合意できなかったみたいだね。アフリカから来た君がもしアジアで生まれていたら、君はきっとトラが近くにいると信じただろう。アジアから来た君が北アメリカに生まれていたら、きっと熊が近くにいると信じただろう。明らかに君たちの信じるものに合理的なものはない。近くには何もいないし、避難したいという願望は単に、君たちそれぞれの幼少期のしつけの産物なのさ」。さて、その日食べられてしまったのは誰だろう。

（6）Richard Dawkins, *The God Delusion* (London: Bantam Press, 2006).〔垂水雄二訳『神は妄想である——宗教との決別』早川書房、２００７年。〕

（7）Daniel C. Dennett, *Breaking the Spell: Religion as a Natural Phenomenon* (London: Allen Lane, 2006)〔阿部文彦訳『解明される宗教——進化論的アプローチ』青土社、２０１０年〕; Hitchens, *God Is Not Great.* デネットは、有神論的信念はミームという概念にうまく適合するとしたが、ミームは、合理的あるいは科学的な検証の対象にならないものであり、彼が壊したいと思っていた「迷信」そのものである。しかし彼は、親が考えることが何であっても、子どもはその影響を受けやすいと提案したわけではない。そのような間違いを犯すには、デネットは認知科学をよく知りすぎている。

（8）Dawkins, *God Delusion*, p. 176.〔『神は妄想である』２６０頁。〕

（9）Ibid., p. 174.〔前掲書、257頁。〕

（10）Ibid., p. 176.〔前掲書、260—261頁。〕

（11）子どもが驚くほど騙されやすいという考えは、現在に始まったものではない。18世紀の哲学者トーマス・リードは、彼が「軽信性傾向」と呼ぶものは「子どもには無条件に存在」すると書いている。しかし、リードは、軽信性傾向（他の人の言うことを信じる傾向）を、通常の状況下では完全に合理的なことだと捉えていた。以下を参照。Thomas Reid, *Inquiry and Essays*, ed. Ronald E. Beanblossom and Keith Lehrer (Indianapolis, IN: Hackett, 1983), p. 95; Thomas Reid's *Inquiry into the Human Mind on the Principles of Common Sense*, ed. Derek R. Brookes (Edinburgh: Edinburgh University Press, 1997).

（12）デヴィット・G・マイヤーズの素晴らしい『心理学』(David G. Meyers, *Psychology* [New York: Freeman, 2009])。〔村上郁也訳『カラー版　マイヤーズ心理学』西村書店、2015年。〕

（13）Dawkins, *God Delusion*, p. 176.

（14）Marc D. Hauser, *Moral Minds: How Nature Designed Our Universal Sense of Right and Wrong* (New York: Ecco/HarperCollins, 2006).

（15）Scott Atran, *In Gods We Trust: The Evolutionary Landscape of Religion* (NewYork: Oxford University Press, 2002), p. 57.

（16）E. Margaret Evans, "Cognitive and Contextual Factors in the Emergence of Diverse Belief Systems: Creation versus Evolution," *Cognitive Psychology* 42 (2001).

（17）Joseph Henrich and Robert Boyd, "The Evolution of Conformist Transmission and Between Group Differences," *Evolution and Human Behavior* 19 (1998): 215-241; Joseph Henrich and Francisco Gil-White, "The Evolution of Prestige: Freely Conferred Status as a Mechanism for Enhancing the Benefits of Cultural Transmission," *Evolution and Human Behavior* 22 (2001): 165-196.

（18）Nicholas Humphrey, The Mind Made Flesh: Frontiers of Psychology and Evolution (Oxford: Oxford University Press, 2002), 317.

（19）Dawkins, God Delusion, 191-201参照。ここでドーキンスは、ミームとミーム複合体という観点で宗教的な考えについて議論している。少なくともドーキンスと哲学者のダニエル・デネットが『解明される宗教』(*Breaking the Spell:*

Religion as a Natural Phenomenon [London: Allen Lane, 2006]）で神への信念について提示している点に関し、私がミームとミーム複合体理論について心配している点の一つは、これらの考えが、まるでそれ自体を守る意図を持つ存在であるかのように科学的検討を免れ、読者がそのキャッチーな考えを持って行ってしまうのではないかという点である。ドーキンスとデネットも、こんなふうに読者に誤解されたくはないのではないかと私は思う。信じるか信じないかという実際の行為を行うのは、（ウィルスとしての宗教的概念というメタファーが示唆するような）概念の側ではなく、心の側である。人間の心がどのように構成されているのか、人間の心がもともと持っている方向性、すなわち、他でもないある概念をより容易に作り出し伝えやすくする方向性はどのようなものなのか。結局、何かの概念が、世の中でぶらぶらとして疑いを知らない人間の頭を攻撃する隙を狙っているというわけではない。概念はウィルスだというメタファーは、自分自身で再生産できるかのように見せかける（実際、「良いミーム」は、良い自己再生産者とたいてい言われる）。実際は、概念は自己再生産はもちろん、何もできない。これを行うのは人間の心である。心が、ある思考や、概念、信念を構成するのである。*Explaining Culture: A Naturalistic Approach* (Oxford: Blackwell, 1996)〔菅野盾樹訳『表象は感染する――文化への自然主義的アプローチ』新曜社、２００１年〕の中で、文化人類学者ダン・スペルベルは、ある種の概念が他の概念よりも広がる理由について、より実りあるアプローチから説明を行っている。不幸なことに、ダンは自分のアプローチに、ミーム学のようなキャッチーな名前を与えていない。彼のアプローチには、「表象の疫学」という難しい名前が付けられている。

第９章

（１）Amos Tversky and Daniel Kahneman, "Judgments under Uncertainty: Heuristics and Biases," in *Judgment and Decision Making: An Interdisciplinary Reader*, ed. Terry Connoly, H. R. Arkes, and K. R. Hammond (Cambridge: Cambridge University Press, 2000), pp. 35-52.

（２）Donn E. Byrne, *The Attraction Paradigm* (New York: Academic Press, 1971).

（３）Yao Xinzhong and Paul Badham, *Religious Experience in Contemporary China* (Cardiff: University of Wales Press, 2007).

（４）無神論についての議論と、無作為でない国際的サンプル、およびより代表的なアメリカのサンプルからの数値に関しては William S. Bainbridge, "Atheism," *Interdisciplinary Journal of Research on Religion* 1 (2005): art. 2 を参照。

(5) Eugene Winograd and Ulric Neisser, eds., *Affect and Accuracy in Recall: Studies of "Flashbulb" Memories* (Cambridge: Cambridge University Press, 1992).

(6) Simon Baron-Cohen, "The Extreme Male Brain Theory of Autism," *Trends in Cognitive Sciences* 6 (2002): 248-254.

(7) Simon Baron-Cohen and Sally Wheelwright, "The Empathy Quotient (EQ): An Investigation of Adults with Asperger Syndrome or High Functioning Autism, and Normal Sex Differences," *Journal of Autism and Developmental Disorders* 34 (2004): 163-175; Rebecca C. Knickmeyer and Simon Baron-Cohen, "Foetal Testosterone and Sex Differences in Typical Social Development and in Autism," *Journal of Child Neurology* 48 (2006): 825-845.

(8) Bainbridge, "Atheism"; Benjamin Beit-Hallahmi, "Atheists: A Psychological Profile," in *The Cambridge Companion to Atheism*, ed. Michael Martin (Cambridge: Cambridge University Press, 2007), pp. 300-317参照。

(9) Raymond F. Paloutzian, *Invitation to the Psychology of Religion* (Needham Heights, MA: Allyn & Bacon, 1996).

(10) Richard Dawkins, *The God Delusion* (London: Bantam Press, 2006).

(11) David G. Myers, *A Friendly Letter to Skeptics and Atheists: Musings on Why God Is Good and Faith Isn't Evil* (San Francisco: Jossey-Bass, 2008), 22-25.

(12) Benson Saler and Charles A. Ziegler, "Atheism and the Apotheosis of Agency," *Temenos* 42 (2006): 7-41.

(13) William S. Bainbridge, "Atheism," *Interdisciplinary Journal of Research on Religion* 1 (2005): 7.

(14) ベインブリッジはこのデータを、親でありながら無神論者であり続けることは難しいと解釈している。だがもちろん、無神論者はそもそも子どもを持つことにあまり関心がないというふうに受け取ることもできる。

(15) Stewart E. Guthrie, *Faces in the Clouds: A New Theory of Religion* (Oxford: Oxford University Press, 1993).

(16) 現代の西ヨーロッパおよび北欧において、いかに生活上の安全が神への無信仰の豊かな土壌になっているかについては、Jonathan A. Lanman, "A Secular Mind: Towards a Cognitive Anthropology of Atheism" (Ph.D. diss., University of Oxford, 2009) を参照。

(17) John D. Barrow, Frank J. Tipler, and John A. Wheeler, *The Anthropic Cosmological Principle* (Oxford: Oxford University Press, 1988); Simon Conway Morris, *Life's Solution: Inevitable Humans in a Lonely Universe* (Cambridge: Cambridge University Press, 2003)〔遠藤一佳、更科功訳『進化の運命――孤独な宇宙の必然としての人間』講談社、２０１０年〕; Antony Flew,

There Is a God: How the World's Most Notorious Atheist Changed His Mind (New York: Harper, 2007).

(18) *The Blind Watchmaker: Why the Evidence of Evolution Reveals a Universe without Design* (New York: Norton, 1986)〔中嶋康裕、遠藤彰、遠藤知二、疋田努訳、日高敏隆監修『ブラインド・ウォッチメイカー――自然淘汰は偶然か?』早川書房、1993年〕において、リチャード・ドーキンスは進化と自然選択の専門家でさえ、この種の擬人的な表現を避けることがいかに困難かを率直に告白している。

第10章

(1) Christopher Hitchens, *God Is Not Great: How Religion Poisons Everything* (New York: Twelve, 2007), p. 218.

(2) Ibid., p. 220.

(3) Nicholas Humphrey, *The Mind Made Flesh: Frontiers of Psychology and Evolution* (Oxford: Oxford University Press, 2002), p. 291.

(4) Richard Dawkins, *The God Delusion* (London: Bantam Press, 2006), p. 317.〔『神は妄想である』464―465頁。〕

(5) Ibid., p. 315.〔前掲書、462頁。〕

(6) Ibid., p. 318.〔前掲書、466頁。〕

(7) Kathleen A. Kendall-Tackett, Linda Meyer Williams, and David Finkelhcr, "Impact of Sexual Abuse on Children: A Review and Synthesis of Recent Empirical Studies," in *Children and the Law: The Essential Readings*, ed. Ray Bull (Oxford: Blackwell, 2001), pp. 31-70.

(8) マタイによる福音書5章22節。

(9) 出エジプト記20章7節。

(10) Dawkins, *God Delusion*, p. 327 (emphasis in original).〔『神は妄想である』479頁。〕

(11) Ibid. (emphasis in original).〔前掲書、480頁。〕

(12) Nicholas Humphrey, *The Mind Made Flesh: Frontiers of Psychology and Evolution* (Oxford: Oxford University Press, 2002), 313.

(13) この質問に対して私が共感する答えの一つは、「宗教的」な考え方は「知ること」の伝統の一部であり、それは個人の気まぐれな考えよりもある程度尊重されるべきものだということだ。確かに、何千人、何百万人もの人の知的努力の積み重ねの上に成り立っている信念体系(宗教であれ何であれ)全体をぞんざいに退けてしまうのは、知的傲慢の極みと言えるだろう。謙遜さと理性は、私たちが知的伝統にある程度重きを置くことを要求している。何千人もの人々が互いに挑戦して磨き合う知的努力は、一般的にどんな個人の業績よりも優れているからだ。しかし、特に言及すると、「宗教的」であるからといって理性が適用されないわけではないし、単に「宗教的」であることだけでは、初めから敬意を払われるのに十分ではない。高校時代に、私の知り合いの女の子は、彼女自身の「宗教的」な信念をこのように主張していた。「基本的に道徳的な生活を送っていれば、人間は死後、星になるのだ」と。ある意味での「宗教的」な信念は、吟味と反省を行う世代の産物でなく、風変わりな10代の気まぐれの産物である。同様に、宗教的な信念体系において理性を拒絶する伝統があっても、それがその信念体系に対して、「疑わしくは罰せず」の原則を適用する一番の根拠にはならない。

（14）Roger Trigg, *Religion in Public Life: Must Faith Be Privatized?* (Oxford: Oxford University Press, 2007), pp. 66-67.

（15）Ibid., p. 58.

（16）この領域の科学的調査のレビューについては、以下を参照のこと。Kenneth I. Pargament, *The Psychology of Religion and Coping: Theory, Research, Practice* (London: Guilford Press, 1997); Robert A. Emmons, *The Psychology of Ultimate Concerns: Motivation and Spirituality in Personality* (London: Guilford Press, 1999). この研究の限界は、その大部分が西ヨーロッパと北アメリカの宗教信仰者を対象としていて、結果として、主にさまざまな種類のキリスト教徒を検討したものだということである。

（17）Robert A. Emmons, *The Psychology of Ultimate Concerns: Motivation and Spirituality in Personality* (London: Guilford Press, 1999).

第11章

（1）私の恩師、多くの点で私が見習いたかったある元教授は、私たちの仕事上のつながりのほぼ最後に、誰かを自分の二の舞にすることには耐えられないから、自分のような研究者になることは決して勧めない、と私に言ったことがある。しかしその決断は神だけがすることである。

（2）Roger Trigg, *Religion in Public Life: Must Faith Be Privatized?* (Oxford: Oxford University Press, 2007).

（3）明らかな論理的非一貫性は危険信号であるが、それが他のところから来た考えである場合には、壊滅的なものにはならないこともある。二つの考えは、矛盾を来たすようになるかもしれないが（たとえば、完全に神が未来を知っているということと、人間の自由意思）、現実においては矛盾しないかもしれない。たいてい複数の考えの融和の失敗というのは、それらの考えの間に実際に矛盾があるというよりはむしろ、考える側の努力や創造性の欠如を示しているのである。

（4）Paul L. Harris and Melissa A. Koenig, "Trust in Testimony: How Children Learn about Science and Religion," *Child Development* 77 (2006): 505-524.

（5）ここで私が科学哲学上の複雑な問題から言い逃れをしているということ、そして、適切な科学的な説明が生まれれば、宗教的な説明が困難になる場合があることは理解している。しかし、このような場合は、科学教育を受けた多くの人が思っているよりも多いだろう。これらの両立可能性の問題の一部については、私の著書『認知科学、宗教、そして神学』（*Cognitive Science, Religion, and Theology* [West Conshohocken, PA: Templeton Press, 2011]）で取り上げている。Malcolm Jeeves and Warren S. Brown, *Neuroscience, Psychology, and Religion: Illusions, Delusions, and Realities about Human Nature* (West Conshohocken, PA: Templeton Press, 2009) も参照のこと。読者の中には、この種の複数の説明はオッカムの剃刀（いたずらに説明を増やしてはならないという原則）に反すると、異論を唱える読者もいるだろう。しかしこの原則は、まったく同じことに対して同じ種類の説明を重ねることに当てはまるものであって、私がここで指摘しているようなケースには当てはまらない。アイザック・ニュートンやオッカムのウィリアムのような、科学においてこの発見的方法を提唱した最初の人々は、ともに熱心なキリスト教徒であったことからわかるように、彼らは、科学的説明を宗教的説明と矛盾するものと見てはいなかった。

（6）Pascal Boyer, *Religion Explained: The Evolutionary Origins of Religious Thought* (NewYork: Basic Books, 2001), p. 317.

（7）Chris J. Boyatzis, "Religious and Spiritual Development in Childhood," in *Handbook of the Psychology of Religion and Spirituality*, ed. Raymond F. Paloutzian and Crystal L. Park (New York: Guilford Press, 2005), pp. 123-143.

（8）Pehr Granqvist and Lee A. Kirkpatrick, "Religious Conversion and Perceived Childhood Attachment: A Meta-Analysis," *International Journal for the Psychology of Religion* 14 (2004): 223-250; Pehr Granqvist, "Building a Bridge between Attachment and Religious Coping: Tests of Moderators and Mediators," *Mental Heath, Religion, and Culture* 8 (2005): 35-47; Lee A. Kirkpatrick, *Attachment, Evolution, and the Psychology of Religion* (New York: G.ilford Press, 2005).

訳者あとがき

本書は、ジャスティン・L・バレットの *Born Believers* (Free Press, 2012) の日本語訳である。著者は、キリスト教徒であり、宗教認知科学や、宗教発達心理学といった領域の先駆者の一人である。著作は、本書の他に、いずれも未邦訳で、『なぜ誰もが神を信じるのか?』(*Why Would Anyone Believe in God?* [Altamira, 2004])、『認知科学、宗教、そして神学――人の心から神の心まで』(*Cognitive Science, Religion, and Theology: From Human Minds to Divine Minds* [Templeton Press, 2011])、『宗教の起源――宗教の認知科学の探求』(*The Roots of Religion: Exploring the Cognitive Science of Religion* [Ashgate, 2014], 哲学者ロジャー・トリッグとの共著)、そして『石器時代の心で生きる――進化心理学、キリスト教の信仰、そして人類の繁栄への旅』(*Thriving with Stone Age Minds: Evolutionary Psychology, Christian Faith, and the Quest for Human Flourishing* [Ivp Academic, 2021])、編著に、『宗教の心理学』(*Psychology of Religion* [Routledge, 2010]) や、『オックスフォード宗教認知科学ハンドブック』(*The Oxford Handbook of the Cognitive Science of Religion* [Oxford University Press, 2022]) がある。学術論文は一二〇以上、*Journal of Cognition and Culture* をはじめとして五つの学術誌の編集委員を務め、2010年にアメリカ心理学会ウィリアム・ビア賞(宗教心理学分野で優れた業績を上げた人物に贈られる)や、2016年の宗教と科学の国際学会の顧問にも選出されている。

教育に関しては、コーネル大学で博士号を取得した後、キリスト教改革派のカルヴァン大学や、ミシガン大学アナーバー校、フラー神学校の大学院などで教鞭をとるとともに、オックスフォード大学の人類学・博物館民族誌学部内の「人類学と心の研究センター」の研究員を務めた。

近年では、2020年に「ブループリント1543」を創設し、その代表として活動を行っている。この団体は、科学とキリスト教の統合を目指すものであり、実験宗教哲学なども含め、研究を進めるとともに、関連分野に関する指導やアドバイス、教育機会を提供している。

さて、本書は、そのジャスティン・L・バレットの代表作の一つであり、前半部分は、人間とはそもそもどのような性質を持つものであるのかに関する宗教の発達認知科学的研究を、一般の読者向けに解説したものであり、後半部分では、信仰を持つ親あるいは養育者が、自分の子どもの信仰をどのように育てればよいのかに関して、素朴な疑問に答える形で書いている。第11章では、宗教教育は単なる自己発見の練習台ではなく、何が真実かを判断する土台になることが述べられ、子どもの信仰の発達を促す方法が具体的に提案されている。この点は各方面で議論の俎上に上るだろう。バレットは、ジンクスを信じたり、お守りを持ち歩くことを不健全な思い込みと位置づける一方で、親または養育者が子どもを信仰に導くときに、自身の宗教的信念と宗教的参加が正しいものかを吟味して子どもの役割モデルになることを推奨している。これは宗教にかかわらず、あらゆる信念について言えることだろう。バレット自身は熱心なキリスト教徒であり、本書でも正しい信念と不適切な信念を分けてはいるが、本書の内容は、キリスト教に限らず多くの宗教に当てはまり、信仰を持たない人をも含め、多くの人にとって示唆に富むものであろう。

学問的に見ても、なぜ子どもは神を信じるのかという大きな問いに対して、科学的根拠に基づき、体系的に論じようとした本書は、人間とは何かという問題を、人類史の大部分の中心的存在である宗教との接合において明らかにした貢献がきわめて大きいと言えよう。今後、さまざまな研究が興ることが期待される。

本書の翻訳が必要だと考えた理由の一つは、本書が取り上げている重要な研究が日本で紹介されていないことは、日本の宗教心理学研究の発展を遅れさせると考えたからある。そしてもう一つの理由は、ややもすると子どもの信仰について意識的に考えるのを避ける状況がある日本において、本書が真っ向からこの問題に取り組んでいることが挙げられる。もちろん、後半の信仰の教育論については異なる意見の読者もいるだろう。しかし、一つの向き合い方として、本書のように言語化されることは、多くの人にとって、考え、議論する出発点となるだろう。

本書の翻訳は、各章の担当者が分担して行った後、編訳者である矢吹・荒川が全体を通して確認を行って訳者に戻し、さらに、監訳者である松島が、全体の確認を行う形で進めた。

翻訳においては、わかりやすさと正確さを兼ね合わせるように努めたが、いくつかわかりやすい訳を当てるのに苦労した語があった。それは、agent（agency）、natural、design であり、これらはどれも、本書の中心的な概念であるが、日本語のニュアンスが難しい語であった。agent は、日本語にわかりやすい訳語のない概念であり、主体、行為主などとも訳される、主体的に動く人やものを指す概念であるが、本書では、「行為者」と訳した。また、natural は、「自然的」と訳したが、これもやや日本語とニュアンスが異なり、正しい－間違っているという概念は含まず、成熟に伴って自動的に発現するが環境によって修正できるようなものを指していると思われる（この点、訳者の一人である藤井氏に指摘をいただいた）。この点を強調するため、本書では「自然的」と訳出した。最後の design も、必ずしも美醜の意味を含まず、設計のような意味で使われているが、本書では「デザイン」という表記を基本とした。また wellbeing も、日本語にしてしまうといくぶん意味が変わってしまうが、本書の読者層の広さを考慮して、「幸福」という訳を用いた。

なお本書の出版に際し、教文館出版部の石澤麻希子様には編集の労をとっていただき、髙木誠一様には大変お世話になった。この場を借りて感謝する。

2022年6月

監訳者・訳者一同

索　引

え

お

か

さ

し

す

せ

そ

な

に

の

は

ひ

ふ

へ

ほ

ま

み

む

め

参考文献

Adams, Douglas. 1979. *The Hitchhiker's Guide to the Galaxy*. London: Pan Books.

Astuti, Rita, and Paul L. Harris. 2008. Understanding Mortality and the Life of the Ancestors in Rural Madagascar. *Cognitive Science* 32:713-740.

Atran, Scott. 2002. *In Gods We Trust: The Evolutionary Landscape of Religion*. Oxford: Oxford University Press.

Baillargeon, Renee, Laura Kotovsky, and Amy Needham. 1995. The Acquisition of Physical Knowledge in Infancy. In *Causal Cognition: A Multi-disciplinary Debate*, edited by D. Sperber, D. Premack, and A. J. Premack. Oxford: Oxford University Press.

Bainbridge, William S. 2005. Atheism. *Interdisciplinary Journal of Research on Religion* 1: art. 2.

Ball, W. A. 1973. The Perception of Causality in the Infant. Paper presented to the Society for Research in Child Development, Philadelphia, PA.

Baron-Cohen, Simon. 2002. The Extreme Male Brain Theory of Autism. *Trends in Cognitive Sciences* 6:248-254.

Baron-Cohen, Simon, and Sally Wheelwright. 2004. The Empathy Quotient (EQ): An Investigation of Adults with Asperger Syndrome or High Functioning Autism, and Normal Sex Differences. *Journal of Autism and Developmental Disorders* 34:163-175.

Barrett, H. Clark. 1999. Human. *Cognitive Adaptations to Predators and Prey*. Santa Barbara: University of California, Santa Barbara.

Barrett, H. Clark, and Tanya Behne. 2005. Children's Understanding of Death as the Cessation of Agency: A Test Using Sleep versus Death. *Cognition* 96:93-108.

Barrett, Justin L. 1998. Cognitive Constraints on Hindu Concepts of the Divine. *Journal for the Scientific Study of Religion* 37:608-619.

———. 1999. Theological Correctness: Cognitive Constraint and the Study of Religion. *Method and Theory in the Study of Religion* 11:325-339.

———. 2004. *Why Would Anyone Believe in God?* Walnut Creek, CA: AltaMira Press.

———. 2011. *Cognitive Science, Religion, and Theology*. West Conshohocken, PA: Templeton Press.

Barrett, Justin L., and Amanda Hankes Johnson. 2003. The Role of Control in Attributing Intentional Agency to Inanimate Objects. *Journal of Cognition and Culture* 3:208-314.

Barrett, Justin L., and Frank C. Keil. 1996. Conceptualizing a Non-Natural Entity: Anthropomorphism and God Concepts. *Cognitive Psychology* 31:219-247.

Barrett, Justin L., Roxanne Moore Newman, and Rebekah A. Richert. 2003. When Seeing Does Not Lead to Believing: Children's Understanding of the Importance of Background Knowledge for Interpreting Visual Displays. *Journal of Cognition and Culture* 3:91-108.

Barrett, Justin L., and Melanie Nyhof. 2001. Spreading Non-Natural Concepts: The Role of Intuitive

Conceptual Structures in Memory and Transmission of Cultural Materials. *Journal of Cognition and Culture* 1:69-100.

Barrett, Justin L., and Rebekah A. Richert. 2003. Anthropomorphism or Preparedness? Exploring Children's God Concepts. *Review of Religious Research* 44:300-312.

Barrett, Justin L., Rebekah A. Richert, and Amanda Driesenga. 2001. God's Beliefs versus Mom's: The Development of Natural and Non-Natural Agent Concepts. *Child Development* 72:50-65.

Barrett, Justin L., and Brant VanOrman. 1996. The Effects of Image Use in Worship on God Concepts. *Journal of Psychology and Christianity* 15:38-45.

Barrow, John D., Frank J. Tipler, and John A. Wheeler. 1988. *The Anthropic Cosmological Principle*. New York: Oxford University Press.

Bartlett, Frederic C. 1995. *Remembering: A Study in Experimental and Social Psychology*. Cambridge: Cambridge University Press.

Beit-Hallahmi, Benjamin. 2007. Atheists: A Psychological Profile. In *The Cambridge Companion to Atheism*, edited by M. Martin. Cambridge: Cambridge University Press.

Bering, Jesse M. 2002. Intuitive Conceptions of Dead Agents' Minds: The Natural Foundations of Afterlife Beliefs as Phenomenological Boundary. *Journal of Cognition and Culture* 2:263-308.

———. 2006. The Folk Psychology of Souls. *Behavioral and Brain Sciences* 29:453-462.

Bering, Jesse M., and David F. Bjorklund. 2004. The Natural Emergence of Reasoning about the Afterlife as a Developmental Regularity. *Developmental Psychology* 40:217-233.

Bering, Jesse M., C. Hernandez-Blasi, and David F. Bjorklund. 2005. The Development of "Afterlife" Beliefs in Secularly and Religiously Schooled Children. *British Journal of Developmental Psychology* 23:587-607.

Bering, Jesse M., and Becky D. Parker. 2006. Children's Attributions of Intentions to an Invisible Agent. *Developmental Psychology* 42:253-262.

Bloom, Paul. 2004. *Descartes' Baby: How Child Development Explains What Makes Us Human*. London: Heinemann.

Boyatzis, Chris J. 2005. Religious and Spiritual Development in Childhood. In *Handbook of the Psychology of Religion and Spirituality*, edited by R. F. Paloutzian and C. L. Park. New York: Guilford Press.

Boyer, Pascal. 2001. *Religion Explained: The Evolutionary Origins of Religious Thought*. New York: Basic Books.

Burdett, Emily Reed, and Justin L. Barrett. in preparation. Children's Intuitions of Memory in Divine, Human, and Non-Human Minds.

Byrne, Donn E. 1971. *The Attraction Paradigm*. New York: Academic Press.

Casler, Krista, and Deborah Kelemen. 2008. Developmental Continuity in Telco-Functional Explanation: Reasoning about Nature among Romanian Romani Adults. *Journal of Cognition and Development* 9:340-362.

Chandler, Michael J., and David Helm. 1984. Developmental Changes in the Contribution of Shared Experience to Social Role-Taking Competence. *International Journal of Behavioral*

Development 7:145-156.

Chesterton, Gilbert K. 1955. *The Everlasting Man*. New York: Image Books.

Chilcott, Travis, and Raymond F. Paloutzian. 2010. The Cultivation of Divine Intimacy and Its Relation to Anthropomorphic Attribution: An Experimental Ethnographic Study on the Cognitive Effects of Gaudiya Vaishnava Religious Practices and Beliefs. Paper presented at the Cognition, Religion, and Theology Conference. University of Oxford, June 28-July 1,2010.

Cohen, Emma. 2007. *The Mind Possessed: The Cognition of Spirit Possession in an Afro-Brazilian Religious Tradition*. New York: Oxford University Press.

Conway Morris, Simon. 2003. *Life's Solution: Inevitable Humans in a Lonely Universe*. Cambridge: Cambridge University Press.

Corkum, Valerie, and Chris Moore. 1998. Origins of Joint Visual Attention in Infants. *Developmental Psychology* 34:28-38.

Cosmides, Leda, and John Tooby. 1989. Evolutionary Psychology and the Generation of Culture, Part 2: Case Study: A Computational Theory of Social Exchange. *Ethology and Sociobiology* 10:51-97.

Csibra, Gergely. 2008. Goal Attribution to Inanimate Agents by 6.5-Month-Old Infants. *Cognition* 107:705-717.

Dawkins, Richard. 1986. The Blind Watchmaker: Why the Evidence of Evolution Reveals a Universe without Design. New York: Norton.

———. 2006. *The God Delusion*. London: Bantam Press.

Dennett, Daniel C. 2006. *Breaking the Spell: Religion as a Natural Phenomenon*. London: Allen Lane.

Ellsworth, Christine P., Darwin W. Muir, and Sylvia M. J. Hains. 1993. Social Competence and Person-Object Differentiation: An Analysis of the Still-Face Effect. *Developmental Psychology* 29:63-73.

Emmons, Robert A. 1999. *The Psychology of Ultimate Concerns: Motivation and Spirituality in Personality*. London: Guildford Press.

———. 2008. *Thanks! How Practicing Gratitude Can Make You Happier*. New York: Houghton Mifflin.

Emmons, Robert A., and Michael E. McCullough, eds. 2004. *The Psychology of Gratitude*. New York: Oxford University Press.

Evans, E. Margaret. 2001. Cognitive and Contextual Factors in the Emergence of Diverse Belief Systems: Creation versus Evolution. *Cognitive Psychology* 42:217-266.

Evans-Pritchard, Edward E. 1976. *Witchcraft, Oracles and Magic Among the Azande*. Oxford: Clarendon Press.

Flavell, John H., Eleanor R. Flavell, Frances L. Green, and Louis J. Moses. 1990. Young Children's Understanding of Fact Beliefs versus Value Beliefs. *Child Development* 61:915-928.

Flavell, John H., Patricia H. Miller, and Scott A. Miller. 1993. *Cognitive Development. Englewood Cliffs*, NJ: Prentice Hall.

Flew, Antony. 2007. *There Is a God: How the World's Most Notorious Atheist Changed His Mind*. New York: HarperOne.

Freud, Sigmund. 1983. *Totem and Taboo*. London: Ark Paperback.

———. 1989. *The Future of an Illusion*. Translated by J. B. Strachey. London: Norton.

Friedman, Batya. 1995. It's the Computer's Fault: Reasoning about Computers as Human Agents. In *Proceedings of the 2004 Conference on Human Factors in Computing Systems*, ACM Press (pp. 226-227).

Gelman, Susan A. 1988. The Development of Induction within Natural Kind and Artifact Categories. *Cognitive Psychology* 20:87-90.

Gelman, Susan A., and Kathleen E. Kremer. 1991. Understanding Natural Cause: Children's Explanations of How Objects and Their Properties Originate. *Child Development* 62:396-114.

Gergely, György, and Gergely Csibra. 2003. Teleological Reasoning in Infancy: The Naive Theory of Rational Action. *Trends in Cognitive Sciences* 7:287-292.

Gergely, György, Zoltán Nadásdy, Gergely Csibra, and Szilvia Bíró. 1995. Taking the Intentional Stance at 12 Months of Age. *Cognition* 56:165-193.

Giménez-Dasí, Marta, Silvia Guerrero, and Paul L. Harris. 2005. Intimations of Immortality and Omniscience in Early Childhood. European *Journal of Developmental Psychology* 2:285-297.

Goldman, Ronald G. 1964. *Religious Thinking from Childhood to Adolescence*. London: Routledge and Kegan Paul.

Granqvist, Pehr. 2005. Building a Bridge between Attachment and Religious Coping: Tests of Moderators and Mediators. *Mental Health, Religion, and Culture* 8:35-47.

Granqvist, Pehr, and Lee A. Kirkpatrick. 2004. Religious Conversion and Perceived Childhood Attachment: A Meta-Analysis. *International Journal for the Psychology of Religion* 14:223-250.

Gregersen, Peter K., Elena Kowalsky, Nina Kohn, and Elizabeth West Marvin. 2001. Early Childhood Music Education and Predisposition to Absolute Pitch: Teasing Apart Genes and Environment. *American Journal of Medical Genetics* 98:280-282.

Guthrie, Stewart E. 1993. *Faces in the Clouds: A New Theory of Religion*. New York: Oxford University Press.

Haidt, Jonathan. 2007. *The New Synthesis in Moral Psychology*. Science 316:998-1002.

Harris, Paul L. 2000. The Work of the Imagination. Oxford: Blackwell. Harris, Paul L., Emma Brown, Crispin Marriott, Semantha Whittall, and Sarah Harmer. 1991. Monsters, Ghosts and Witches: Testing the Limits of the Fantasy-Reality Distinction in Youth Children. *British Journal of Developmental Psychology* 9:105-123.

Harris, Paul L., and Marta Gimenez. 2005. Children's Acceptance of Conflicting Testimony: The Case of Death. *Journal of Cognition and Culture* 5:143-164.

Harris, Paul L., and Melissa A. Koenig. 2006. Trust in Testimony: How Children Learn about Science and Religion. *Child Development* 77:505-524.

Hauser, Marc D. 2006. *Moral Minds: How Nature Designed Our Universal Sense of Right and Wrong*. New York: Ecco/HarperCollins.

Heider, Fritz, and Marianne Simmel. 1944. An Experimental Study of Apparent Behavior. *American Journal of Psychology* 57:243-249.

Henrich, Joseph, and Robert Boyd. 1998. The Evolution of Conformist Transmission and Between-Group Differences. *Evolution and Human Behavior* 19:215-241.

Henrich, Joseph, and Francisco Gil-White. 2001. The Evolution of Prestige: Freely Conferred Status as a Mechanism for Enhancing the Benefits of Cultural Transmission. *Evolution and Human Behavior* 22:165-196.

Hinde, Robert A. 1999. *Why Gods Persist: A Scientific Approach to Religion*. London: Routledge.

Hitchens, Christopher. 2007. *God Is Not Great: How Religion Poisons Everything*. New York: Twelve.

Humphrey, Nicholas. 2002. *The Mind Made Flesh: Frontiers of Psychology and Evolution*. New York: Oxford University Press.

Inagaki, Kayoko, and Giyoo Hatano. 2002. *Young Children's Naive Thinking about the Biological World*. New York: Psychology Press.

Jeeves, Malcolm, and Warren S. Brown. 2009. *Neuroscience, Psychology, and Religion: Illusions, Delusions, and Realities about Human Nature*. West Conshohocken, PA: Templeton Press.

Johnson, Marcia K., John D. Bransford, and Susan K. Solomon. 1973. Memory for Tacit Implications of Sentences. *Journal of Experimental Psychology* 98:203-205.

Johnson, Susan, Virginia Slaughter, and Susan Carey. 1998. Whose Gaze Will Infants Follow? The Elicitation of Gaze-Following in 12-Month-Olds. *Developmental Science* 1:233-238.

Katz, Leonard D., ed. 2000. *Evolutionary Origins of Morality: Cross-Disciplinary Perspectives*. Thoverton, UK: Imprint Academic.

Keil, Frank C. 1989. *Concepts, Kinds, and Cognitive Development*. Cambridge, MA: MIT Press.

Kelemen, Deborah. 1999. The Scope of Teleological Thinking in Preschool Children. *Cognition* 70:241-272.

———. 1999. Why Are Rocks Pointy? Children's Preference for Teleological Explanations of the Natural World. *Developmental Psychology* 35:1440-1453.

Kelemen, Deborah, and Cara DiYanni. 2005. Intuitions about Origins: Purpose and Intelligent Design in Children's Reasoning about Nature. *Journal of Cognition and Development* 6:3-31.

Kelemen, Deborah, and Evelyn Rosset. 2009. The Human Function Compunction: Teleological Explanation in Adults. *Cognition* 111:138-143.

Kendall-Tackett, Kathleen A., Linda Meyer Williams, and David Finkelhor. 2001. Impact of Sexual Abuse on Children: A Review and Synthesis of Recent Empirical Studies. In *Children and the Law: The Essential Readings*, edited by R. Bull. Oxford: Blackwell.

Kirkpatrick, Lee A. 2005. *Attachment, Evolution, and the Psychology of Religion*. New York: Guildford Press.

Knickmeyer, Rebecca C., and Simon Baron-Cohen. 2006. Foetal Testosterone and Sex Differences in Typical Social Development and in Autism. *Journal of Child Neurology* 21:825-845.

Knight, Nicola. 2008. Yukatek Maya Children's Attributions of Beliefs to Natural and Non-Natural Entities. *Journal of Cognition and Culture* 8:235-243.

Knight, Nicola, Paulo Sousa, Justin L. Barrett, and Scott Atran. 2004. Children's Attributions of Beliefs to Humans and God: Cross-Cultural Evidence. *Cognitive Science* 28:117-126.

Lanman, Jonathan A. 2009. *A Secular Mind: Towards a Cognitive Anthropology of theism*. Unpublished doctoral thesis, University of Oxford.

Lewis, C. S. 1960. *Mere Christianity*. New York: Macmillan.

Makris, Nikos, and Dimitris Pnevmatikos. 2007. Children's Understanding of Human and Supernatural Minds. *Cognitive Development* 22:365-375.

McCauley, Robert N. 2011. *Why Religion Is Natural and Science Is Not*. New York: Oxford University Press.

McCullough, Donald. 2005. *If Grace Is So Amazing, Why Don't We Like It?* San Francisco: Jossey-Bass.

McGrath, Alister. 2005. Dawkins' God: Genes, Mettles, and the Meaning of Life. Oxford: Blackwell.

Meltzoff, Andrew N., and N. Keith Moore. 1983. Newborn Infants Imitate Adult Facial Gestures. *Child Development* 54:702-709.

Molina, Michele, Gretchen A. Van de Walle, Kirsten Condry, and Elizabeth S. Spelke. 2004. The Animate-Inanimate Distinction in Infancy: Developing Sensitivity to Constraints on Human Actions. *Journal of Cognition and Development* 5:399-426.

Moon, Youngme, and Clifford Nass. 1998. Are Computers Scapegoats? Attributions of Responsibility in Human-Computer Interaction. *International Journal of Human-Computer Studies* 49:78-94.

Myers, David G. 2008. *A Friendly Letter to Skeptics and Atheists: Musings on Why God Is Good and Faith Isn't Evil*. San Francisco: Jossey-Bass.

———. 2009. *Psychology*. New York: Freeman.

Newman, George E., Frank C. Keil, Valerie Kuhlmeier, and Karen Wynn. 2010. Early Understanding of the Link between Agents and Order. *Proceedings of the National Academy of Sciences of the United States of America* 107:17140-17145.

Paloutzian, Raymond F. 1996. *Invitation to the Psychology of Religion*. Boston: Allyn & Bacon.

Pargament, Kenneth I. 1997. *The Psychology of Religion and Coping: Theory, Research, Practice*. London: Guilford Press.

Petrovich, Olivera. 1997. Understanding of Non-Natural Causality in Children and Adults: A Case against Artificialism. *Psyche en Geloof* 8:151-165.

———. 1999. Preschool Children's Understanding of the Dichotomy between the Natural and the Artificial. *Psychological Reports* 84:3-27.

Piaget, Jean. 1960. *The Child's Conception of the World*, translated by A. Tomlinson. Paterson, NJ: Littlefield, Adams.

Pinker, Steven. 1995. *The Language Instinct: How the Mind Creates Language*. New York: HarperPerennial.

———. 2002. *The Blank Slate: The Modern Denial of Human Nature*. New York: Viking.

Reid, Thomas. 1983. *Inquiry and Essays*, edited by R. E. Beanblossom and K. Lehrer. Indianapolis, IN: Hackett.

———. 1997. *Inquiry into the Human Mind on the Principles of Common Sense*, edited by D. R. Brookes. Edinburgh: Edinburgh University Press.

Reisberg, Daniel. 1997. *Cognition: Exploring the Science of the Mind*. New York: Norton.

Richert, Rebekah A., and Justin L. Barrett. 2005. Do You See What I See? Young Children's Assumptions about God's Perceptual Abilities. *International Journal for the Psychology of Religion* 15:283-295.

Rochat, Philippe, Rachel Morgan, and Malinda Carpenter. 1997. Young Infants' Sensitivity to Movement Information Specifying Social Causality. *Cognitive Development* 12:537-561.

Rochat, Philippe, Tricia Striano, and Rachel Morgan. 2004. Who Is Doing What to Whom? Young Infants' Developing Sense of Social Causality in Animated Displays. *Perception* 33:355-369.

Saler, Benson, and Charles A. Ziegler. 2006. Atheism and Apotheosis of Agency. *Temenos* 42:7-41.

Scholl, Brian, and Patrice D. Tremoulet. 2000. Perceptual Causality and Animacy. *Trends in Cognitive Sciences* 4:299-308.

Simons, Daniel J., and Frank C. Keil. 1995. An Abstract to Concrete Shift in the Development of Biological Thought: The Insides Story. *Cognition* 56:129-163.

Slone, D. Jason. 2004. *Theological Incorrectness: Why Religious People Believe What They Shouldn't*. New York: Oxford University Press.

Spelke, Elizabeth S., and Katherine D. Kinzler. 2007. Core Knowledge. *Developmental Science* 11:89-96.

Spelke, Elizabeth S., Ann Phillips, and Amanda L. Woodward. 1995. Infant's Knowledge of Object Motion and Human Action. In *Causal Cognition: A Multidisciplinary Debate*, edited by D. Sperber, D. Premack, and A. J. Premack. Oxford: Oxford University Press.

Sperber, Dan. 1996. *Explaining Culture: A Naturalistic Approach*. Oxford: Blackwell.

Sperber, Dan, David Premack, and Ann James Premack, eds. 1995. *Causal Cognition: A Multidisciplinary Debate*. New York: Oxford University Press.

Spykrnan, Gordon. 1992. *Reformational Theology: A New Paradigm for Doing Dogmatics*. Grand Rapids, MI: Eerdmans.

Swinburne, Richard. 1996. *Is There a God*? Oxford: Oxford University Press.

———. 2008. *Was Jesus God?* Oxford: Oxford University Press.

Taylor, Marjorie. 1999. *Imaginary Companions and the Children Who Create Them*. New York: Oxford University Press.

Tomasello, Michael. 1999. *The Cultural Origins of Human Cognition*. Cambridge, MA: Harvard University Press.

Tremlin, Todd. 2006. *Minds and Gods: The Cognitive Foundations of Religion*. New York: Oxford University Press.

Trigg, Roger. 2007. *Religion in Public Life: Must Faith Be Privatized?* Oxford: Oxford University Press.

Tversky, Amos, and Daniel Kahneman. 2000. Judgments under Uncertainty: Heuristics and Biases. In *Judgment and Decision Making: An Interdisciplinary Reader*, edited by T. Connoly, H. R. Arkes, and K. R. Hammond. Cambridge: Cambridge University Press.

Wellman, Henry, David Cross, and Julanne Watson. 2001. Meta-Analysis of Theory of Mind Development: The Truth about False-Belief. *Child Development* 72:655-684.

Wellman, Henry M., and David Estes. 1986. Early Understanding of Mental Entities: A

Reexamination of Childhood Realism. *Child Development* 57: 910-923.
Wellman, Henry M., and Susan A. Gelman. 1998. Knowledge Acquisition in Foundational Domains. In *Handbook of Child Psychology*, edited by W. Damon. Hoboken, NJ: Wiley.
Whitehouse, Harvey. 1995. *Inside the Cult: Religious Innovation and Transmission in Papua New Guinea*. Oxford: Clarendon Press.
Whitehouse, Harvey. 1996. Apparitions, Orations, and Rings: Experience of Spirits in Dadul. In *Spirits in Culture, History, and Mind*, edited by J. Mageo and A. Howard. New York: Routledge.
Wigger, J. Bradley. 2010. Imaginary Companions, Theory of Mind, and God. Paper presented at the Cognition, Religion, and Theology Conference, University of Oxford, June 29,2010.
———. 2011. See-Through Knowing: Learning from Children and Their Invisible Friends. *Journal of Childhood and Religion* 2.
Winograd, Eugene, and Ulric Neisser, eds. 1992. *Affect and Accuracy in Recall: Studies of "Flashbulb" Memories*. Cambridge: Cambridge University Press.
Xinzhong, Yao, and Paul Badham. 2007. *Religious Experience in Contemporary China*. Cardiff: University of Wales Press.
Zaitchik, Deborah. 1990. When Representations Conflict with Reality: The Preschooler's Problem with False Beliefs and "False" Photographs. *Cognition* 35:41-68.
Zia Ullah, Mohammad. 1984. *Islamic Concept of God*. London: Kegan Paul.

《監訳者紹介》

松島公望（まつしま・こうぼう）
東京学芸大学大学院連合学校教育学研究科博士課程修了、博士（教育学）。現在、東京大学大学院総合文化研究科助教。
著書『宗教性の発達心理学』（ナカニシヤ出版、2011 年）、『宗教心理学概論』（共編著、ナカニシヤ出版、2011 年）ほか。

《訳者紹介》

矢吹理恵（やぶき・りえ）（編訳、第 5 章・第 7 章・第 10 章担当）
白百合女子大学大学院文学研究科発達心理学専攻修了、博士（心理学）。現在、東京都市大学メディア情報学部准教授。
著書『国際結婚の家族心理学——日米夫婦の場合』（風間書房、2011 年）ほか。
訳書『ビッグ・ゴッド——変容する宗教と協力・対立の心理学』（共訳、誠信書房、2022 年）ほか。

荒川　歩（あらかわ・あゆむ）（編訳、序章・第 8 章・第 11 章担当）
同志社大学大学院文学研究科心理学専攻修了、博士（心理学）。現在、武蔵野美術大学造形構想学部教授。
著書『宗教を心理学する』（誠信書房、2016 年、分担執筆）ほか。
訳書『ビッグ・ゴッド——変容する宗教と協力・対立の心理学』（共訳、誠信書房、2022 年）ほか。

ターン有加里ジェシカ（たーん・ゆかりじぇしか）（第 1 章・第 2 章担当）
東京大学大学院人文社会系研究科修士課程修了。現在、同研究科博士後期課程。
論文　"Who incurs a cost for their group and when? The effects of dispositional and situational factors regarding equality in the volunteer's dilemma," *Personality and Individual Differences* 185 (2022); "Social rewards in the volunteer's dilemma in everyday life," *Asian Journal of Social Psychology* 25 (2022) ほか。

今城志保（いましろ・しほ）（第 3 章・第 4 章担当）
東京大学大学院人文社会系研究科社会文化研究専攻修了、博士（社会心理学）。リクルートマネジメントソリューションズ組織行動研究所主幹研究員。
著書『採用面接の科学——採用面接では何が評価されているのか』（白桃書房、2016 年）。
訳書『ビッグ・ゴッド——変容する宗教と協力・対立の心理学』（共訳、誠信書房、2022 年）ほか。

藤井修平（ふじい・しゅうへい）（第 6 章・第 9 章担当）
東京大学大学院人文社会系研究科基礎文化研究専攻修了、博士（文学）。現在、東京家政大学非常勤講師。
著書『海外における日本宗教の展開——21 世紀の状況を中心に』（共著、公益財団法人国際宗教研究所宗教情報リサーチセンター、2019 年）ほか。
訳書『ビッグ・ゴッド——変容する宗教と協力・対立の心理学』（共訳、誠信書房、2022 年）ほか。

なぜ子どもは神を信じるのか？——人間の宗教性の心理学的研究

2023年1月30日　初版発行

監訳者　松島公望
編訳者　矢吹理恵／荒川　歩
発行者　渡部　満
発行所　株式会社　教文館
〒104-0061　東京都中央区銀座4-5-1　電話 03(3561)5549　FAX 03(5250)5107
URL　http://www.kyobunkwan.co.jp/publishing/
印刷所　モリモト印刷株式会社
配給元　日キ販　〒162-0814　東京都新宿区新小川町9-1
電話 03(3260)5670　FAX 03(3260)5637
ISBN978-4-7642-7464-8　Printed in Japan